U0742127

我国视听学习资源开发范式研究

WOGUO SHITING XUEXI ZIYUAN KAIFA FANSHI YANJIU

本书系安徽师范大学学术著作培育项目"我国视听学习资源开发范式的探寻与创生"（编号：2020XJ46）成果

吴文涛◎著

安徽师范大学出版社
ANHUI NORMAL UNIVERSITY PRESS

·芜湖·

图书在版编目(CIP)数据

我国视听学习资源开发范式研究 / 吴文涛著 . —芜湖 : 安徽师范大学出版社 , 2023.3
ISBN 978-7-5676-5772-4

Ⅰ. ①我… Ⅱ. ①吴… Ⅲ. ①听说教学 – 教学研究 – 中国 Ⅳ. ①H09

中国版本图书馆CIP数据核字(2023)第030858号

我国视听学习资源开发范式研究　　　　　　　　　　　　　　　　吴文涛◇著

责任编辑 : 何章艳　　　　　　　责任校对 : 辛新新
装帧设计 : 王晴晴　冯君君　　　责任印制 : 桑国磊
出版发行 : 安徽师范大学出版社
　　　　　芜湖市北京东路1号安徽师范大学赭山校区　　　邮政编码 : 241000
网　　址 : http://www.ahnupress.com
发 行 部 : 0553-3883578　5910327　5910310(传真)
印　　刷 : 苏州市古得堡数码印刷有限公司
版　　次 : 2023年3月第1版
印　　次 : 2023年3月第1次印刷
规　　格 : 700 mm × 1 000 mm　　1/16
印　　张 : 15.75
字　　数 : 250千字
书　　号 : ISBN 978-7-5676-5772-4
定　　价 : 55.00元

凡发现图书有质量问题,请与我社联系(联系电话:0553-5910315)

前　言

　　开发视听学习资源一直是我国教育技术学重要的学科使命之一。随着在线教育时代的来临，视听学习资源的重要性愈发凸显。然而，当前视听学习资源的美育品质尚有待提升，开发方式亦有待优化。究其原因，视听学习资源开发思想的继承不力与发展不足是其主要方面。基于此，在范式理论的导引下，本书转向实践的背后，对我国百余年来视听学习资源的开发实践进行思想层面的"范式"探寻，追问其生成动因，挖掘其历史教益。在此基础上，笔者结合视听学习资源的固有属性与新时代教育发展的诉求，尝试创生出一种新的视听学习资源开发范式。

　　在方法运用上，笔者秉持"范式与实践的互动关系"的研究方法论，主要采取历史研究法、文本分析法、经验归纳法以及理论演绎法等展开研究。通过概念界定，结合我国视听学习资源在历史发展中所呈现的具体样态，选取其百余年来发展历程中的三个阶段，即民国时期的教育电影摄制、改革开放之后的电视教材编制以及21世纪初至今的教学视频录制，对这三个阶段的视听学习资源开发实践进行分析并加以范式归纳。

　　通过对我国百余年来视听学习资源的典型实践及历史资料的细致考察，笔者认为：民国时期，在教育电影摄制的一系列实践中，自发地形成了一种视听学习资源开发的纪实范式。这种纪实范式的生成主要源于当时教育救国思想的助推，有识之士期待通过微观的教育电影实现宏观的救国大任。其间，鲜明的实践关怀是纪实范式给予我们的重要启迪。电视教材编制主要发生在改革开放至21世纪初，其在发展过程中生成了一种视听学习资源开发的移植范式。移植范式之所以生成，是受到当时教育普及行动的推进，人们期盼通过电视教材"多快好省"地修复与发展教育。21世纪初至今，视听学习资源开发实践主要表现为录播式教学视频的制作，并生成了一种视听学习资源开发的复制范式。之所以如此，关键原因在于国家需借此促进优质教育资源共享，进而缓解日益凸显的教育公平问题。

通过上述的范式探寻与原因追问，笔者认为，我国视听学习资源开发范式之所以不断转换，更多的还是为适应教育发展的方向而转变。简言之，教育发展之核心诉求的转变主导了视听学习资源开发范式的转型。教育电影萌生于民国时期，教育救国是时代的呼唤，因而纪实范式随之形成；电视教材兴起于改革开放之后，教育普及是社会亟需，因而移植范式成为主导；教学视频发展于网络教育时代，教育公平是大众关切点，因而复制范式不可或缺。新时代，随着"公平而有质量"这一教育发展诉求的提出，现有复制范式的滞后导致实践陷入瓶颈，视听学习资源开发范式有必要进一步转型。为此，结合视听学习资源固有的美育属性，笔者提出了视听学习资源开发的立美范式。笔者认为，视听学习资源开发应从过往的"借美模式"走向"立美范式"，要对视听学习资源进行深层次的"教育化"改造。这种改造需在实践美学与教育美学的双重观照下，从视听学习资源的形式、结构、意味三个层面一体化推进。

最后，笔者将视野从局部的视听学习资源开发拓展至整体的一般性教育技术实践。结合视听学习资源开发范式的演变，笔者剖析了技术理性介入教育的三个层面（器物层面、制度层面、思维层面），论述了教育技术实践的艺术理性维度，并强调技术理性与艺术理性是教育技术实践中必须处理好的两个维度，教育主体应充分发挥主观能动性，将客体之技术理性与主体之艺术理性充分融合，于技艺之间，追寻一种有教育美感的技术实践。

目　录

第一章　绪论

> 　　任何人做任何事情，都依据被他视为行动原因的观念……其实，人的精神中的观念和意象才是不断地控制他们的看不见的力量。人们普遍地顺从于这种力量。因此，需要高度关注的是，应该细心周到地引导理解力，使之正确地寻求知识，作出判断。
>
> ——约翰·洛克

　　本书以"视听学习资源开发范式"为主题开展研究，最主要的考量是，这是一个符合教育技术学学科"桥梁性"定位的中层命题。关于学科"桥梁性"定位，美国知名教育技术学者Timothy J.Newby曾指出："教育技术为连接教育基本理论与实际问题的桥梁，有着桥梁功能（Dridging Function）。"[①]我国学界前辈李龙教授也认为："教育技术学是教育科学理论与教育、教学实践之间的桥梁。"[②]从这个角度审视，"视听学习资源开发范式"可称得上是连接教学理论与视听学习资源开发这一实践课题的桥梁，契合学科这一定位。至于中层命题，是指符合社会学领域"中层理论"要求的命题。"中层理论"的主要意涵是，它既非日常研究中大批涌现的微观而且必要的操作性假设，也不是一个包罗一切、用以解释所有我们可以观察到的社会行为、社会组织和社会变迁的一致性的

---

　　① NEWBY T J, STEPICH D A. Instructional technology for teaching and learning [M]. Second Edition.Englewood Cliffs: N. J.Merrill, 2000:11.

　　② 李龙.教育技术学科的定位：二论教育技术学科的理论与实践[J].电化教育研究，2003（11）:20.

自成体系的统一理论，而是指介于这两者之间的理论，它的学术导向在于弥合微观经验研究和宏大理论研究之间的鸿沟[①]。依此，"视听学习资源开发范式"既非具体细致的微观经验问题，亦非高度抽象的宏大理论命题，而是对一类重要的教育技术实践——视听学习资源开发的理论反思，在这个意义上，它也称得上是一个具有一定实践指导价值的"中层命题"。

第一节　研究缘起

一、基于一个迫切的实践难题

百余年来，开发视听学习资源一直是我国教育技术（电化教育）领域重要的学科使命之一。随着在线教育时代的来临，视听学习资源在教育领域的重要性愈发凸显。然而，现有的视听学习资源因为并未发挥预想的教育效用，而备受社会各界诟病。一个可资佐证的事实是，过往的视听学习资源开发存在诸多"遗留问题"。譬如，"课堂搬家""利用率低""视觉效果差"等。与此同时，视听学习资源开发面临"时代危机"。譬如，过分依赖社会外包而导致资源技术属性强而教育属性弱，难以满足教育需求。这些新旧问题，已经引起颇多学者的关注[②]。显然，作为以学习资源开发为己任的教育技术人，我们理应要问，究竟如何才能提升视听学习资源的品质，使其发挥应有的或者说更大的教育效用？然而，这一问题的答案似乎无法以实体化、具形化的方式来量化和表达，而是需要更多理性的深入反思。

---

① 吴肃然、陈欣琦.中层理论：回顾与反思[J].社会学评论,2015,3(4):30-43.

② 可参见谢幼如、王芹磊、彭丽丽等的论文《精品视频公开课的教学特征与师生行为研究》(载《电化教育研究》2013年第10期)，许艳丽、马德俊、刘刚的论文《国家精品课程网站中教学视频的应用研究》(载《电化教育研究》2012年第2期)，黄宝玉、项国雄的论文《国家精品课程建设现状分析及思考》(载《中国高教研究》2007年第9期)，黄立新的论文《透析网络课程中教学视频的问题》(载《电化教育研究》2006年第3期)，等等。可以说，十余年来的相关调查研究大体上指出了视听学习资源存在的各类质量问题。

需要反思的首要问题是，视听学习资源为什么会出现上述问题？笔者认同这样一类观点："对于教育而言，教育的技术十分重要，但比技术更重要的是观念和意识。"①早在民国时期，我国早期电化教育先驱陈友松先生便指出"电影的魔力譬如水火，其利害不在它的本身而在乎它的用途和用它的方术"②，说的也是这个道理。很多时候技术之所以出现问题，不是因为技术本身的问题，而更多的是指导技术实践的观念或意识出了问题。具体到视听学习资源开发领域，之所以出现"课堂搬家""利用率低""视觉效果差"等问题，是因为视听技术本身的水平达不到吗？答案显然是否定的，当前视听技术在电影领域取得的成就便是最好的证明。

综上所述，要想改善视听学习资源开发方面的实践问题，理应从指导开发实践的思想层面或者说理论层面努力。这种努力是可能实现的。英国哲学家约翰·洛克曾说："任何人做任何事情，都依据被他视为行动原因的观念……其实，人的精神中的观念和意象才是不断地控制他们的看不见的力量。人们普遍地顺从于这种力量。因此，需要高度关注的是，应该细心周到地引导理解力，使之正确地寻求知识，作出判断。"③依此，在视听学习资源开发实践的背后，必然也存有被视为"行动原因的观念"——一种被开发者们"普遍地顺从"的精神力量。并且，这种精神力量是可以被"细心周到地引导"的。只有当资源开发者们的观念被引导至正确的方向时，开发者们才可能合理地优化当前乃至未来的视听学习资源。这里，观念的东西实际上说的是关于视听学习资源开发的思想。"技艺是重要的，但首先必须有驾驭它的灵魂。"④于视听学习资源这样一种教育制品而言，视听技术自然不可或缺，但是，比视听技术更重要的是驾驭视听技术的灵魂——指导视听资源开发者开展实践的思想。一言

---

① 刘铁芳.比技术更重要的是观念[J].北京教育（普教版），2006(6):17.

② 陈友松.有声的教育电影[M].上海：商务印书馆，1937:11.

③ 转引自：约翰·杜威.我的教育信条：杜威论教育[M].彭正梅，译.2版.上海：上海人民出版社，2017:54-55.

④ 参见：檀传宝.德育美学观[M].北京：教育科学出版社，2006:208.在该书中，檀传宝教授曾复述导师鲁洁先生的谆谆教诲，先生对他说："你是搞教育基本理论的，因此你要奉献给大家的首先是思想，而不是技艺。技艺是重要的，但首先必须有驾驭它的灵魂。"话语很简单，但道理很深刻。并且，鲁洁先生言及的道理具有普适性，不仅适用于教育基本理论领域，也适用于教育技术理论领域。

以蔽之，要想消解当下的各种视听学习资源所显现的种种弊端，其关键并不在于改善视听技术本身（这本就不是学科的任务所在），而在于总结过往的有关视听技术开发的思想，去芜存菁，进而从开发思想层面进行优化。理想的情况下，只要视听学习资源开发思想或者说观念革新了，视听学习资源的质量便能得到实质的提升；同时，也只有视听学习资源开发思想或者说观念优化了，视听学习资源的质量才能得到根本的提升。

鉴于以上认识，本书拟探讨的问题便发生了转换：从对事实层面的视听学习资源质量问题的反思，上升至对价值层面的视听学习资源开发思想问题的探讨。诚然，这是为直抵问题根源而必须经历的转换，然而，却也是极富挑战性的一种转换。原因在于，对思想的探寻从来都不是一件轻松的事。这种不轻松至少体现在两个方面：其一，思想始终存在于人的头脑之中，是一种不可见的内在意识产物。若要探寻，常常需借助外在的事物（如言行举止及由此产生的客观实物）去解析、判断，进而归纳、凝练而得。即便是在这一过程中我们始终力求态度严谨、方法得当、分析准确，也仍存在极大的偏差风险。其二，思想常常又因人而异、因时而异。这是一个常识。所谓因人而异，是指不同的人看待事物的方式与结果常常有所差异；所谓因时而异，是指人们在不同的时间段中，对事物的认识亦有区别。在后续研究中，倘若遇此情形，应当如何决断，实属不易。

尽管不容易，却并未动摇笔者继续开展此项研究的决心。笔者的决心源自一种朴素的判断：正因有挑战性，此项研究才少有人涉足（在教育技术领域，可见零星的尝试，却未见有系统的研究），因而也更凸显出本研究的价值所在。也因不容易，过往的相关研究便可能存在不够完善、不够准确，抑或不够深入的种种问题，因为这些不足，方能体现出本研究的必要所在。

仅有一点决心显然是远远不够的。要提升本研究的可行性，首先需要做的是对研究所指向的问题域进行准确分析。换言之，我们需要分析在视听学习资源开发思想这一大问题之下包括哪些必须解答的小问题。而要发现这些小问题，就必须把握大问题中的两个关键词——"视听学习资源"与"开发思想"。首先，视听学习资源是一个广义的抽象概念，在现实中表现为多种具体的历史样态（这些样态的现实呈现如何尚有待考察）。对于视听学习资源开发思想的探索不能停留于宏观上的理论迷思，而是要结合具体样态的视听学习资源的"生产过程"进行抽象概括。其次，关于思想，可借用观念的定义来理解。所谓观念，是指人们在特定的文化背景下形成的关于某一对象的相对定型化的映像、理解或文化观点①。它是一种抽象与泛化的东西，并不容易把握。因此，笔者尝试引用"范式"②这一概念进行替代。自托马斯·塞缪尔·库恩（Thomas Sammual Kuhn）以降，范式就成为一个"有着多层复合的意义，而且很难完全被说明，永远有着解释和争论的余地"③的概念。在诸多争论中，有一种获得较多认可的观点是，"范式指的是一套被普遍接受的信念、理论或世界观，是一个在新的、迫切的环境下进一步清晰和细化的对象，它可以为实践者提供主题、工具、方法以及前提"④。从这个意义上看，相较于抽象、泛化的"思想"，范式这一概念在学术性与包容性上都更为合适。于是，本研究的选题方向最终转换成相对具体的视听学习资源开发范式问题。

从更高的层面来看，本研究的选题不只是一个单纯的以问题解决为指向的应用型课题，它也是一项有关视听学习资源开发理念的理论型课题。理念是一个形而上的哲学概念，它是通过对"纷然杂陈的感知觉"进行理性分析而"集纳"成的统一体，是一种非物质的观念实体；它包含着"某种预想的东西"，具有前瞻性、导向性和设计性，可以分为"理论的理念与实践的理念"⑤。如席勒所言："在理论理性那里是肯定找不到美的，因为美是绝对不依赖于概念的；而且因为美终究应该在理性的家族里才可望找得到，而除了理论理性以外，就只有实践理性。"⑥依笔者朴素的理解，从比较的意义上看，"实践的理念"比"理论的理念"更

① 翟华,张代芹,等.观念世界探幽[M].济南:山东文艺出版社,1989:3.
② 关于"范式"概念在本文中的具体使用说明,详见后文的概念界定.
③ 赵汀阳.没有世界观的世界[M].北京:中国人民大学出版社,2005:9.
④ 杨素萍.比较教育范式论[M].北京:科学出版社,2016:5.
⑤ 韩延明.理念、教育理念及大学理念探析[J].教育研究,2003(9):50-56.
⑥ 席勒.秀美与尊严:席勒艺术和美学文集[M].张玉能,译.北京:文化艺术出版社,1996:43.

易于把控，因为我们可以摒弃主观的推想而变为对客观的考察①。就本研究而言，对于视听学习资源开发范式的探讨，一方面不回避，也不能回避对"形而下"的各类视听学习资源及其开发实践的考察，相反，它们将成为本研究最直接的分析对象；另一方面，本研究并不拘泥于和局限于"形而下"层面，而是将对事实层面的视听学习资源样态与开发实践的考察上升至理念层面，对视听学习资源开发思想进行凝练与反思。最终，本研究期待通过上述努力，深入挖掘，寻觅经验，分析不足，为构建面向新时代的更加完善的视听学习资源开发范式奠定基础。

二、基于教育技术的学科使命

长期以来，建构学科独有的核心理论体系一直是教育技术学科内被反复提及的学术呼吁②。作为教育技术学科的一分子，很难不被这历久弥新的呼吁所影响、所打动、所牵引。原因在于笔者一直持守这样一种理念：相较于技术更迭之后的应用类研究成果，兼具逻辑自洽性与实践指导性的核心理论思想不仅更具学术生命力，而且更能彰显学科的终极价值。于是，尝试从理论建构层面进行探索性研究的想法便渐渐在笔者心中生根发芽。不过，若真要开启极有难度且极富风险的理论型研究，笔者还是拿出了一百二十分的勇气的。这是因为，在本研究开始之前，"创立我们自己的特色理论体系"③已经是一个被学科同人广泛议论的话题，而且，议论者、阐述者、建构者中不仅有早期的学界前辈，也有当今的学术名家。在这种情况下，理论积淀不足且学术天分稍显不够的笔者即便使出洪荒之力，又能有多大建树？但是，人总是要有一点冒险精神的，

---

① 梁启超.中国近三百年学术史[M].芜湖:安徽师范大学出版社,2016:22.

② 30多年来，这个呼吁历久弥新，先有南国农先生提出要"加强电教理论建设"（南国农.发展我国电化教育要解决的几个问题[J].电化教育研究,1983(1):1-4.），后有桑新民教授呼吁"创建与完善我国教育技术学基本概念和范畴体系，拿出能被世界同行和我国教育学界承认的'教育技术学'理论体系"（桑新民.现代教育技术学基础理论创新研究[J].中国电化教育,2003(9):26-36.）。时至今日，仍可见颇多学界名家在反思这一理论呼吁（王竹立.衰落，还是兴盛？——关于教育技术学科前景的争鸣与反思[J].电化教育研究,2017(1):5-14;陈明选,俞文韬.走在十字路口的教育技术研究:教育技术研究的反思与转型[J].电化教育研究,2017(2):5-12.）。

③ 王竹立.衰落，还是兴盛？——关于教育技术学科前景的争鸣与反思[J].电化教育研究,2017(1):12.

作为一个教育技术人也总要有一点"学科信仰"与"学术理想"①的，并且，即便是再完美的理论也总有一丝缝隙，总有完善的空间。

幸运的是，通过对学科过往理论研究的爬梳，在前辈的启迪与引领下，笔者自以为发现了这样一丝理论缝隙。学界泰斗南国农先生曾指出，在新的形势下，应促进已有两类理论体系框架（一是以 AECT②1994年制定的教育技术定义为依据建立的理论体系框架，二是在不断总结本国理论研究和实践经验的基础上建立的理论体系框架）的更多融合，向重构一个新的理论体系的方向发展③。在这一宏大论断的指引下，站在两类理论体系框架的融合视域中重新审视，笔者窃以为，学习资源开发或许正是这样一个可以在融合中重构的理论生长点。综观学科历史过往，教育电影制作与电视教材编制是我国电化教育学科建立以来一以贯之的核心任务之一，而学习资源开发则是进入教育技术时期以后被重新确立且广受认同的研究对象之一，二者虽称谓因时而异，但意涵基本一致。因而，在继承过往教育电影制作与电视教材编制相关思想与智慧的前提下，以视听学习资源开发为研究对象或范畴，尝试进行理论建构应当符合南先生宏大论断的内在精神。于是，笔者便斗胆确定本研究之选题。申言之，本研究尝试以"视听学习资源开发"为研究对象，从开发思想这一具有实践理性特质的视角对其自身属性与实践问题进行检视与反思。这就意味着，本研究不仅需要对我国教育技术（电化教育）发展史上有关教育电影、电视教材编制与视听学习资源开发的相关理论进行有效的批判与继承，更需要站在"新时代"这个时间点，从上游的智慧宝库中找寻合用的理论工具，从而进行一种创造性的理论演绎。

三、基于个人经历的研究旨趣

攻读博士学位之前，笔者便对教育技术学领域的视觉文化研究产生了浓厚兴趣，很长一段时间里都在研读学习这方面的各类文献。自然而然地，教育技术学领域的视觉文化研究成果为本研究的选题确立提供了

---

① 李芒.教育技术的学科自觉：学格论[J].电化教育研究,2012(11):17-23.

② AECT 即美国教育传播与技术学会（Association for Educational Communications and Technology）。

③ 南国农.教育技术理论体系的重构：路线图[J].现代教育技术,2010,20(4):5-7.

启迪。关于"视觉文化"与"教育技术"之间的历史渊源与理论关联，学界前辈早已言明①，此处不再赘言。需要说明的是，教育技术学科中的视觉文化研究始终关注的一个核心议题是：开发怎样的学习资源方能使得知识表达策略与人文关怀之间实现有效的关联？有前辈曾指出，教育技术学科中的视觉文化研究的重要目标之一是促进教育技术人才开发具有视觉审美与文化品位，真正实现教育、技术与艺术的有效融合的学习资源②。上述论断与学习资源开发的理念息息相关。也正是在这个意义上，笔者选择从视觉文化的角度审视视听学习资源，所要反思的核心问题乃是：如何才能开发出"真正实现教育、技术与艺术的有效融合"的视听学习资源。这便是本选题发轫之初的朴素萌芽。

当选题萌芽不断生长，研究的意识与方法亦随之愈发清晰。作为一项理论研究，本研究期待通过挖掘过往视听学习资源开发的种种范式，汲取当下成熟的教育理论的给养，从而建构面向未来教育的合理的视听学习资源开发范式。具体而言，这一过程至少涉及"向上的意识"与"向下的方法"两个方面的问题。所谓"向上的意识"，即进行教育技术基本理论方面的探索，有意识地从与教育技术有关的上位学科领域中汲取思想智慧，从中寻求更为合理适用的理论支撑，它们是教育技术理论体系研究与创生过程中必不可少的"脚手架"③。所谓"向下的方法"，实则是"向上的意识"的逻辑延续，是指如何使上游的理论工具逻辑地观照下游的具体问题。对于这一方法问题，许多学者的回答是：演绎逻辑。演绎逻辑被视为一种相对"科学"的理论建构范式。譬如，亨普认为，适用于自然科学的"科学的"演绎逻辑可以推广到人文社会科学领域，如历史领域④。再如，符号学家罗兰·巴尔特认为，现代语言学正是明智地改用演绎法才真正成为一门科学的。又如，"采用了演绎法的叙事

① 参见：张舒予. 视觉文化研究与教育技术创新[J]. 中国电化教育，2006(4)：10-15. 该文从历史与理论的双重视角对视觉文化与教育技术的紧密联系进行了历时性与逻辑性的分析。

② 张舒予. 视觉文化研究与教育技术创新[J]. 中国电化教育，2006(4)：10-15.

③ 李艺，李美凤. 教育中的技术价值论研究过程与方法：兼谈对教育技术哲学研究的几点看法[J]. 电化教育研究，2008(10)：5-9.

④ 王巍. 科学说明和历史解释：论自然科学与人文学科的方法论统一性[J]. 中国社会科学，2002(5)：29-40，203-204.

学……不再只是叙事文的经验总结，而是一种理论建构，是对叙事文的共同规律和结构的把握"①。依据上述观点，以这种"自上而下"的演绎逻辑为基础进行学科理论的"科学的"建构值得尝试。申言之，亨普所强调的可推广至人文社会科学领域的演绎逻辑模式可概述为：由说明项（包括先行条件和普遍定律）进行逻辑演绎，进而推演出被说明项（有待说明的对经验现象的描述）。在本研究中，凭借演绎逻辑进行理论建构时，首先要有一个先行条件和普遍定律，方能推演出被说明项——对作为经验现象的视听学习资源开发思想的描述。这一理论建构思路乃是本研究开展之初的"意识与方法"，不言而喻，笔者将尽可能地继续坚守这种"意识与方法"，并使之贯穿本研究的始终。

四、研究的总体问题及其分解

总体上看，本研究指向两个大的方面的问题：其一，历史地看，我国视听学习资源开发范式经历了怎样的发展变化？其二，面向未来，视听学习资源开发范式应当如何革新？不难看出，上述两个问题实际上是具有逻辑延续关系的。简言之，后者的解答建立在前者的基础之上。原因在于，我们只有通过研究发现历史上视听学习资源开发范式转换背后的一般性规律，才有可能依据这种规律在适用理论工具的指导下逻辑地创生出合用的新范式。这也是一种哲学的历史与逻辑相统一的理论思考方式。

具体而言，为提升本研究的可行性，使研究得以顺利地向纵深发展，还有必要对上述两大问题作进一步的分解。无论何种范式，都不是一成不变的，它与"特定的文化背景"息息相关。库恩指出，科学的发展与其说是一种演变，不如说是一种革命，库恩将其称为"范式转换"②。德国古典哲学大师弗里德里希·黑格尔也说，范式"不是一尊不动的石像，而是生命洋溢的，有如一道洪流"③。也正因如此，要想解答上述两大问题，实际上要从具有逻辑延续关系的五个小问题出发。这五个小问题如下：

---

① 胡亚敏.叙事学[M].武汉：华中师范大学出版社，2004：15.
② 杨素萍.比较教育范式论[M].北京：科学出版社，2016：7.
③ 黑格尔.哲学史讲演录：第一卷[M].贺麟，王太庆，译.北京：商务印书馆，1978：8.

（1）什么是视听学习资源？它在我国的发展历程中呈现过哪些具体样态？一般来说，视听学习资源的具体样态与其开发范式存在着互动关系。因而，这是首先要回答的基础性与前提性问题，它决定了后续研究的具体任务与方向。

（2）不同样态的视听学习资源背后隐藏着什么样的开发范式？这是本研究的第一关键任务所在。不仅如此，本研究还要如实且理性地从这些具体的范式中总结归纳出经验与教训，为后续新范式的创生提供历史启迪。

（3）是什么原因促使了不同开发范式的生成？之所以考察视听学习资源开发范式的生成动因，目的在于要归纳出视听学习资源开发范式生成的一般性规律。唯有如此，后续新范式才有可能在遵循历史规律的前提下得以创生。

（4）站在新时代的起点，教育发展是否对视听学习资源开发提出了新要求？仅从常识来看，无论何种新思想的提出，都不能脱离历史的观照，也离不开现实的依托，视听学习资源新范式的创生亦不例外。在后续研究中我们发现，解答这一问题不仅是学术常识的要求，更是历史规律的要求。对此，我们将在后文论述中作深入具体的阐明。

（5）符合新时代要求的视听学习资源开发范式如何创生？这是本研究最后的关键任务所在。我们不能单纯地依靠拍脑袋式的理论构造，也不能进行那种"既无纵深的理论渊源，又无清晰的思考径迹"的理论臆测，而应努力地从上游理论宝库中寻找合用的理论工具对这一问题进行反思与生发。

总而言之，依笔者愚见，倘若能够有理有据地解答好上述五个小问题，便算是完成了本研究的既定目标。

第二节　意义诉求

如开篇所述，本研究力求定位于一个"中层命题"，尝试进行一项符合教育技术学定位的介于理论与实践之间的"桥梁性"研究。这便意味着，本研究需要在教育实践与教育理论两个层面体现双重意义。

一、实践意义：提升反思层次，消解实践偏差

之所以先谈实践意义，是因为本研究萌生于对视听学习资源应用问题的反思，肇始于对视听学习资源制作问题的统整，致力于对视听学习资源开发困境的消解。

已有调查显示，利用率低是视听学习资源在应用层面所存在的由来已久的关键问题之一。这一问题在以视听学习资源为主要组成的国家精品课程、视听公开课等项目中表现得尤为明显①。综观已有研究，导致网络视听学习资源利用率低的原因主要有两个：一是外部原因，譬如推介力度不够、授课教师及其所在学校的影响力不够等②，这方面的问题与视听学习资源本身的制作无关；二是内部原因，这与视听学习资源本身的制作直接相关，譬如选题问题③、编导问题④、画面设计问题⑤、叙事策略问题⑥、视听效果问题⑦等。迄今来看，过去多数研究采取的方式是就问题论问题，以孤立式的思维探寻问题的解决方式，因而难以上升至更高

---

① 譬如，据周光礼等的调查，在调查的350名理科学生中，只有9.1%的学生经常浏览精品课程网站，51.4%的学生只是偶尔浏览(周光礼，张文静.国家精品课程建设七年回望：一个政策评价框架的初步运用[J].高等工程教育研究，2010(1)：36-45,52.)；潘爱珍等随机查看了国家精品课程集成项目网页上20门不同年份、不同层次、不同地区、不同高校的课程，平均每门课程点击率为497.1，国家精品课程网站资源的闲置现象非常严重(潘爱珍，沈玉顺.国家精品课程建设回顾与检视[J].高等工程教育研究，2012(3)：141-145.)；并且，许多课程只有在评审和检查期间有相关记录，评审或检查结束后就无人问津(刘锐.浙江省高职高专省级精品课程网站现状分析[J].中国教育信息化，2009(11)：49-51.)。

② 参见：张家年，李凌云，孙祯祥.绩效视野中精品课程建设、应用与评价的研究[J].中国电化教育，2014(7)：113-118.王朋娇，田金玲，姜强.高校精品视频公开课建设的问题及对策研究[J].中国电化教育，2012(11)：86-92.

③ 参见：路秋丽，孙华，田雨，等.国家精品课程建设现状的调查分析[J].中国远程教育，2010(4)：49-54,79-80.

④ 参见：吴晓霞.中国大学视频公开课编导中的问题与对策研究[J].中国电化教育，2014(6)：80-84.

⑤ 参见：黄立新.透析网络课程中教学视频的问题[J].电化教育研究，2006(3)：47-50.

⑥ 参见：王念春，张舒予.视觉文化的视角：人文社科类网络视频课程叙事策略探究[J].电化教育研究，2015(1)：89-95,114.

⑦ 参见：李振亭，陈中.从视觉文化的角度论网络教学视频的应用[J].中国电化教育，2006(11)：83-85.

层面寻求有效的消解路径。

与上述已有研究不同，本研究拟提升反思的层次，直抵视听学习资源开发实践背后的根源——开发观念，或者说开发范式。实践，萌生于观念驱动，受阻于观念偏差，改善于观念优化。观念乃是任何实践都绕不过去的精神力量，观念优化则是任何实践都必须认真对待与仔细琢磨的核心环节。视听学习资源开发实践亦不例外。本研究尝试从观念的视角切入，检视历史上视听学习资源开发的种种思想，反思现今视听学习资源开发的种种问题。在此基础上，借助于更为合理的美学理论与教育理论的指引，建构契合时代要求的视听学习资源开发范式。

二、理论意义：扬弃历史经验，创生合理范式

显然，仅在实践层面形成消解困境的策略并不是本研究的最终定位。面对纷繁复杂、不断发展变化的现实问题，我们更需要的是系统的能够持续指导实践的视听学习资源开发思想。本研究将基于对过往视听学习资源开发思想的扬弃，汲取上游先进教育理论的智慧，并借由相关合用理论工具的应用，建构符合新时代教育需求的视听学习资源开发范式，从而寻求理论层次上的突破。

具体而言，本研究主要从以下两个方面进行理论层面的思想探寻。其一，对过往经验的扬弃。视听学习资源的开发，自电影教育在我国兴起之时便已然开始，一直持续至今。因而，对视听学习资源开发范式的探寻必须有一种历史的视野，批判性地继承指导过往视听学习资源开发实践的精神力量。这方面工作的价值在于，能够系统地展现历史中的宝贵精神遗产，为后续的实践提供思想启示。其二，建构面向未来的优化范式。在扬弃历史经验的基础上，以更为先进的教育理念为理论指引，以演绎逻辑为理论推演范式，创生出契合当下及未来需求的更加合理的视听学习资源开发范式。

第三节　概念界定

哲学上认为，概念"是一种最单纯而又最复杂、最具体而又最抽象的东西"[①]，它是思维的"工具"，因而，不对研究的核心概念进行说明，思维将很难顺畅地深入发展。不过，本研究并不准备给相关概念下一个定义，这是因为：一方面，"定义是研究的结果，而不是开端"；另一方面，本研究开始之前并未创造"新概念"，所涉及的核心概念均为"旧概念"。换言之，对于本研究所涉及的前期概念而言，相关界定性研究已有大量成果，并且，其中的部分成果已能对本研究的开展给予足够的支撑。于是，此部分要做的工作仅是在回溯相关文献的基础上对本研究所涉及的核心概念的意涵进行尽量准确的说明，为后文作进一步的阐述划定一个基本的范畴，同时使问题有可能进一步清晰化，并期待后续论证能够"自圆其说"。在此过程中，必须做到一点，确保相关概念具有最确切的特征，"它们不是别的东西"[②]。

一、关于视听学习资源

依据逻辑学上概念的划分方式，本研究有必要"自下而上"地分别考察与视听学习资源相关的几个概念，即"视听学习资源"、作为视听学习资源上位概念的"学习资源"以及作为学习资源上位概念的"资源"。

（一）资源

在汉语词典里，"资源"一词至少有三种解释。第一种解释为：资源，是指"物资、动力的天然来源"[③]。第二种解释为："资源，指生产资料和生活资料的天然来源。"[④]第三种解释为："资源，指资财的来源，

---

　　① 李泽厚.论美感、美和艺术（研究提纲）：兼论朱光潜的唯心主义美学思想[J].哲学研究，1956(5)：44.

　　② 费尔迪南·德·索绪尔.普通语言学教程[M].高铭凯，译.北京：商务印书馆，1982：163.

　　③ 新华词典编纂组.新华词典[Z].北京：商务印书馆，1980：1116.

　　④ 李国炎，莫衡，单耀海，等.新编汉语词典[Z].长沙：湖南人民出版社，1988：1350.

一般指天然的财源。"①上述界定是传统的理解，从今天的视角来看，上述以天然性为核心特质的解释显然不能完全概括资源的内涵。

资源的内涵首先在经济学领域逐步扩充。譬如，有学者将资源划分为自然、经济和智力等三类资源形式。其中，自然资源包括现存的各种自然要素以及由其组合而成的自然环境，经济资源包括人类利用自然要素加工、改造、生产出来的各种经济物品以及由其组成的各种经济环境，智力资源包括人类在自然资源与经济资源基础上形成并不断发展的人口、知识、技术、文化、管理体制等②。又譬如，有学者将资源分为自然、人力、资本和信息等四类③。综上，不难发现，伴随着社会变迁与时代变幻，也许还会有更多的资源形态被纳入资源的范畴，因而如此细致地分类并无太大意义。或许正因如此，有学者提出"泛资源"的概念，认为资源是"对人类或非人类有用或有价值的所有组分的集合"④。

这里，笔者较为认同一种简单的分类，即资源包括自然资源与社会资源。自然资源主要指自然界中人类能够开发利用的物质和条件，诸如光、热、水、土地、大气、空间、矿产、森林等；社会资源是人类通过自身劳动，在开发利用自然资源的过程中形成的物质与精神财富，诸如人力资本、资金、技术、信息、知识、文化等⑤。从这个分类上来看，无论是广义的还是狭义的学习资源，它都是一种社会资源。尽管有些资源因为设计而成为学习资源，有些资源（现实世界的资源）因为使用而成为学习资源⑥，然而，它们都是由"人"在设计，也是由"人"在使用，更重要的是，都是为了"人"而设计和使用，所以，有了作为社会要素的人的参与，无论是设计的还是使用的学习资源，都必定被赋予社会性，成为一种社会资源。

---

① 夏征农.辞海[Z].上海:上海辞书出版社,1999:4082.
② 赵建新.资源及其合理配置初步研究[J].经济地理,1991(3):12-15.
③ 史忠良.资源经济学[M].北京:北京出版社,1993:5.
④ 周德群.资源概念拓展和面向可持续发展的经济学[J].当代经济科学,1999(1):29.
⑤ 薛平.资源论[M].北京:地质出版社,2005:1.
⑥ 顾富民.信息化环境下学生学习素养研究[M].成都:电子科技大学出版社,2018:100.

（二）学习资源

在当下的人文社科领域，对于学习资源的探讨主要集中于教育技术领域。纵观教育技术领域百年演进的历史，人们对学习资源的认识不但经历了一个漫长的过程，而且呈现出螺旋式上升的辩证发展趋势。

在教育技术发展初期，人们对于学习资源的认识囿于媒体的范畴。后来，大量教学实践证明，现代媒体的作用是相对的，它既能提高教学的效用，也会因过分使用而遮蔽人的主体性。因而，学界对学习资源的认识开始由视听媒体资源向教学资源转变，出现了第一次修正，即修正了原先那种把媒体资源视为学习资源的唯一构件的狭隘认识。最初，学界对学习资源的演进更多是围绕媒体资源的制作和设计进行探索，修正以后，学界关注的重心转向了媒体资源与教学过程的结合，所聚焦的主要问题是，媒体资源如何在教学过程中发挥更大的效用以提升学生的学习成就①。譬如，教育技术 AECT 1972 定义中就指出，某些资源为特定的学习目标而专门设计，因此这些资源可以起到促进教学的作用，这样的资源通常被称作"教学材料或教学资源"；另外，还有一些资源存在于自然界以及我们的日常生活中，但是这些资源也可以被发现、开发和应用于教学，这些资源有时被称作"现实世界的资源"②。从中可以看出，经过修正后，学习资源开发的目标已转移至促进教学，其组成也相应地由视听媒体资源转换为教学材料或教学资源，乃至更多。不过，随着学习理论在教育界广受认可，学界对于学习资源的认识又经历了第二次修正。

在对学习资源的认识上，第二次修正与第一次修正截然不同，主要区别在于第二次修正开始从学习者角度出发审视学习资源。因而，教育技术 AECT 1994 定义进一步扩大了学习资源的范围，认为学习资源"并非仅指用于学与教过程的设备和材料，它还包括人员、预算和设备。资源可以包括能帮助个人有效学习和操作的任何东西"③。这里判断的标准在于它是否与学习发生联系，因而学习资源既包括社会资源，也包括自

---

① 卢锋,李青,曹梅,等.美国教育技术界学习资源观的发展及其启示[J].电化教育研究,2001(7):23-26.

② 顾富民.信息化环境下学生学习素养研究[M].成都:电子科技大学出版社,2018:100.

③ 顾富民.信息化环境下学生学习素养研究[M].成都:电子科技大学出版社,2018:100.

然资源。总之，正是在这种否定之否定的扬弃过程中，教育技术界对学习资源的认识逐渐趋向"历史与逻辑的统一"。

国内教育技术界也对学习资源进行了一些界定性研究。这里仅列举较有代表性的两例。有学者认为："所谓资源，是指能够影响和改变人们的认知结构或能够促进人们的认知结构发生变化的一系列内外部支持条件。"①可见，该定义主要从认知心理学的视角具体说明了学习资源的功能。另有学者在考察诸多定义后提出更为泛化的概念，即"学习资源就是能满足学习者学习需要的东西"②。不难看出，国内的相关界定性研究一定程度上还是承袭了教育技术 AECT 1994 定义的思想，特殊的创造性突破不多，更像是一种略具新意的注解性工作。

综上，在教育技术领域，学习资源至少应有广义与狭义之分。广义的学习资源主要是支持学习者学习的资源；狭义的学习资源主要是学习者在学习过程中可以利用的物质资源，包括设备、材料等③。英国的弗里德·珀西瓦尔也认为，资源主要是指为了学生的学习而仔细创建或设立的一套材料和情境④。约略而言，从理论层面来看，广义的学习资源观为我们提供了一个开阔的视野，并且保持了哲学定义的逻辑合理性；但从实践层面来看，狭义的学习资源的界定更具操作性与实践指导意义。

（三）视听学习资源

"视听"一词是近现代才出现的一个技术性术语，其英文"audiovisual"是一个合二为一的复合形容词。今天来看，或许是因为其过于普通，抑或是因为其极为常见，以致人们日用而不知，很少去追问它与教育相遇相知的历史。当然，"audiovisual"一词最初由谁发明并使用，笔者目前已经难以考证。不过，"视听"进入教育领域的过往我们仍能从相关文献中找到踪迹。一般认为，"视听"这一术语大致在20世纪20年代末的美国与教育开始发生关联。彼时的美国教育学者发现，由于有声影

---

① 沈书生.资源是媒体的延伸[J].中国电化教育,2000(7):15.

② 马宪春,周速,刘巍.学习资源与学习环境辨析[J].电化教育研究,2005(11):32.

③ 徐恩芹,刘美凤,黄少颖.资源、学习资源与教学资源[J].中小学电教,2005(2):7-8.

④ ELLINGTON H,PERCIVAL F. Handbook of educational technology[M].Second Edition.London: Kongan Page,1988.

像技术及广播录音技术的发展及其在教育领域的应用，原有的视觉教学这一术语已经不能完整概括这一系列技术在教育领域应用的各种教学活动，于是，视听教学（Audiovisual Instruction）被人们提出。

视听的含义比较容易理解。按照维基百科的解释，所谓"视听的"是指某种材料同时具备听觉与视觉的成分，譬如电影、电视节目等。需要说明的是，这里所说的"听觉"与"视觉"，并非生理意义上的感觉，而是针对学习资源的文字属性（如传统教材）而言的。事实上，在教育技术学发展历程中，"视听"一词本身就是源于对言语主义的批判而产生的，从最初的"视觉教育"到随后的"视听教育""视听传播"，直至现在的"视听艺术"，概莫能外。

倘若要从学术的角度进行说明，"视听"一词的含义大体上可以概括为"让不可见的东西可见起来，让不可听的东西可听起来"。具体而言，由于生理、物理、技术、社会、认知等各种影响因素的存在，视听主要体现在从技术与认知两个维度使得现实世界能够以"模仿""复制"乃至"虚拟"等手段成为被视觉化与听觉化的表征[①]。在印刷时代，由于文字的出现让"视觉的文化变成了概念的文化"[②]，所以基于技术的视听资源的价值便在于，把通过文字表征世界的任务转移到声音和图像身上，使得"概念的文化"以新的方式回归到"视听的文化"。视听资源之所以成为"读图时代"最受关注的学习资源之一，实际上与这种螺旋式回归息息相关。

综上，本研究所言之视听学习资源是指借助视听技术制作的同时呈现图像与声音的学习资源。"图像与声音同时呈现"是视听学习资源与其他学习资源的区别所在。反过来说，凡是具备"图像与声音同时呈现"特征的学习资源，便属于本研究探讨的对象。

最后，除了对视听学习资源的历史与含义进行说明，本研究前期要开展的重点工作便是对视听学习资源在我国发展的历史实践进行阶段划分与说明。原因在于，视听学习资源只是一个宏观的类概念，而本研究

---

① 李长生.视觉文化研究四题:视觉化、视觉性、视觉制度与视觉现代性[J].文艺评论,2014(5):17-24.

② 巴拉兹·贝拉.电影美学[M].何力,译.北京:中国电影出版社,2003:28.

的意图并不是从宏观上对视听学习资源进行概念层面的操作，相反，本研究力求深入历史的实践中探寻不同时期、不同形态的视听学习资源开发的具体范式。

在这一点上，笔者采取的是最为常见的从时间维度进行划分的方法。回望视听学习资源在我国发展的历史，百年有余。依史实来看，视听学习资源在我国的发展大体上经历了三个时期，也相应地大致呈现出以下三种主要的历史样态。一是民国时期的教育电影。民国早期，视听一词尚未流行，电影才是被人们认可的时尚。彼时最典型的视听学习资源也被人们称为教育电影。二是改革开放以后的电视教材。从改革开放以后到 21 世纪初，电视教材一直都是视听学习资源领域的主力军。三是 21 世纪以来的教学视频。21 世纪初，视频技术逐渐成熟，教学视频走上舞台，并一直盛行至今。需要说明的是，上述三种历史样态只是它们所处历史时期的主流形式，而并不是说某个时期只有某一种形式。事实上，每个历史阶段的视听学习资源都必然呈现出多种具体样态，不过，其中总会有某一种样态因为契合当时的历史、文化、社会等条件而走到舞台中心，成为主导样式。应当说，上述三个时期与三种视听学习资源样态的划分，既是笔者前期研究的成果，也是后续研究的基础。换言之，本研究便是依据上述三个时期对三种不同样态的视听学习资源的开发实践进行深入考察，进而为本研究拟解决的诸多问题寻求合理且准确的解答。

最后还需说明的是，从时间上一看便知，上述划分遗漏了一个实践阶段，即新中国成立至改革开放前。之所以没有涉及这一时期，原因在于两个方面。其一，这是一个过渡的时期。这一时期既有教育电影的延续发展，也有电视教材的出现。除此两类主要类型，视听学习资源开发领域没有兴起其他具有较大影响力的具体类型。于是，这一时期的视听学习资源既显示出民国时期教育电影的特点，又体现出改革开放之后电视教材的模式。因而，从过渡的角度来看，这一时期完成了对民国时期教育电影与改革开放之后电视教材的考察，实际上也在一定程度上揭示了这一时期的实践范式。其二，这是一个特殊的时期。十年"文革"导致社会许多行业的倒退，视听学习资源开发所处的教育领域也是如此。更重要的是，"文革"期间导致了大量视听学习资源产品及其相关资料的丧失，因而笔者很难对这一阶段进行历史性的深入研究。

二、关于开发范式

"每种文化和思想体系中的关键词往往都有着多层复合的意义，而且很难被完全说明，永远有着解释和争论的余地。"①"范式"就是其中的典型。因而，要想界定作为其下位概念的"开发范式"，首要任务便是在本书中消除对"范式"的"多层复合的意义"的争论，为其确立一个统一且合理的认知。

一般而言，学界对"范式"的认知主要有三种代表性的观点。第一种是原初含义。学界认为，范式最初出自希腊语"paradigma"。古希腊时期，先哲柏拉图便认为这一术语实际上有模式或规则的范例化的含义；随后，哲学家亚里士多德又指出，"paradigma"是一种以实例为基础的、普遍适用的论据；而在结构语言学家那里，范式更是获得了一个并不容易被理解的专门含义。后来，在不断的科学辩论中，范式的含义逐渐通俗化。它或者指原理、模式或一般规则，或者指以典范的方式得到说明或得到典型范例说明的各种表征、信仰和观念的总和②。第二种是典型界定。真正使得"范式"在学术界一举成名的是美国科学哲学家托马斯·塞缪尔·库恩对"范式"一词的使用。最初，库恩引入"范式"一词用于系统地阐释其对科学史发展的本质看法③。然而，对于范式的理解的混乱，也恰恰自此开始。在其扛鼎之作《科学革命的结构》中，库恩曾因为对范式表述的前后不一而受到不少学术批评。库恩自己也承认："我走得太远了，把这个词的应用扩展得太广，竟包括群体所有的共同承诺……结果不可避免地引起了混乱。"直至最后，库恩甚至坦言："我没有看清楚这一点：范式简直成了有点神秘的实体或特性，可以像神力一样改变一切为它所感染的东西。"④后来，有学者对库恩关于范式的表述

① 赵汀阳.没有世界观的世界[M].北京:中国人民大学出版社,2005:9.
② 杨素萍.比较教育范式论[M].北京:科学出版社,2016:1-2.
③ 托马斯·库恩.科学革命的结构:第四版[M].金吾伦,胡新和,译.北京:北京大学出版社,2003:9.
④ 托马斯·库恩.必要的张力:科学的传统和变革论文选[M].范岱年,纪树立,译.北京:北京大学出版社,2004:306-307.

进行了细致的梳理，发现库恩对范式的使用与扩展使其拥有了10种以上的含义①。尽管造成了混乱，但库恩关于范式的"见解"为学界对"范式"这一概念的认识的趋同与深入奠定了基础。譬如，库恩认为，"范式是科学共同体'看问题的方式'，它具有世界观和方法论的意义，是科学共同体提出的解决问题的指导性范例、工具和方法"；又如，库恩认为范式有任意性的因素，在"一段确定的时间内，一个科学共同体所信奉的信念之诸组成成分中，总是有一种明显的随意因素，其中包含着个人与历史的偶然事件在内"；再如，库恩还指出，范式具有"不可通约性"。库恩之后，学界基本上形成了对范式的普遍认知，也就是关于范式的第三种观点。这类观点认为，范式指的是一套被普遍接受的信念、理论或世界观，是一个在新的、迫切的环境下进一步清晰和细化的对象，它可以为实践者提供主题、工具、方法以及前提②。这种理解大体上有两层含义，一层是上位的思想层面的，即范式可以是"一套被普遍接受的信念、理论或世界观"，简言之，范式即"看问题的方式"；另一层是下位的实践层面的，即范式可以是一套为实践者遵循的"主题、工具、方法以及前提"，简言之，范式即"做事情的方式"。显而易见，观念指导行动，行动源于观念。于是，在具体的现实中，思想层面的范式指导着实践层面的范式，实践层面的范式又生成于思想层面的范式，二者可分而不可离。

开发范式是范式的下位概念，对其含义的理解首先源于上述关于范式的普遍认知，它是这种认知在视听学习资源开发领域的理解与运用。具体来说，所谓（视听学习资源）开发范式，是指在一定时期内从事视听学习资源开发的多数共同体成员所认同或遵守的共同的规范或思想，并在其指导下进行实践活动。这个概念包含两个关键含义：其一，视听学习资源开发共同体的多数成员在一定时期内要恪守共同的目标，遵循相似的思维，拥有相同的准则；其二，这种共同目标、相似思维、相同准则将有效转化为开发实践，也就是说，思想层面的东西要转化为实践层面的行动。

---

① 夏基松，沈斐凤.历史主义科学哲学[M].北京:高等教育出版社,1995:171-174.
② 杨素萍.比较教育范式论[M].北京:科学出版社,2016:5.

第四节　方法运用

本研究主要涉及四种具体的方法：一是对基于教育电影的视听学习资源开发范式进行考察时所使用的历史研究法，二是对基于电视教材的视听学习资源开发范式进行考察时所使用的文本分析法，三是对基于教学视频的视听学习资源开发范式进行考察时所使用的经验归纳法，四是在视听学习资源新范式创生过程中所使用的理论演绎法。

一、历史研究法

英国思想家怀特海曾对他的著作《观念的冒险》作出如此自评："本书的标题——《观念的冒险》——可看成是《人类历史》的同义语，因为它涉及到林林总总的人类精神经验。"① 与其类似，对视听学习资源开发范式的探寻，同样需要从历史的视角去检视视听学习资源开发的实践历程，去揭示历史进程中不同样态的视听学习资源"生产"背后的观念或经验。

什么是历史研究法？裴娣娜教授曾指出："历史研究法正是借助于对相关社会历史过程的史料进行分析、破译和整理，以认识研究对象的过去，研究现在和预测未来的一种研究方法。这种方法的实质在于探求研究对象本身的发展过程和人类认识该事物的历史发展过程，而不是单纯地描述具体的历史事件或历史人物的活动。"② 历史研究法常用于教育领域。这种应用是通过搜集某种教育现象发生、发展和演变的历史事实，加以系统客观的分析研究，从而揭示其发展规律。具体到本书中，历史研究法的运用体现为通过搜集民国时期视听学习资源开发实践的种种历史事实，加以系统客观的分析，从而发现有益于今日实践的经验与教训。用历史研究法考察视听学习资源开发实践，涉及的主要任务是：研究视听学习资源开发的历史，研究与其相关的教育实际和教育产品发生、发

---

① 怀特海.观念的冒险[M].周邦宪,译.贵阳:贵州人民出版社,2000:1.
② 裴娣娜.教育研究方法导论[M].合肥:安徽教育出版社,2000:136.

展、演变过程的历史规律。这里所说的教育实际，指各个历史发展阶段中与视听学习资源开发相关的文教政策、教育实施、教育制度的发展演变，以及社会上的教育变革与教育家的教育实际活动等；这里所说的教育产品，主要是指各个历史发展阶段中不同形式、不同类型、不同特点的视听学习资源。

在更广泛的意义上，历史研究法在本研究中不仅仅体现在对基于教育电影的视听学习资源开发范式的考察，更有贯穿研究始终的意味。历史研究是为现实研究服务的。历史学家们常说，没有科学的历史研究，就不会产生真正的科学。任何一个领域要想真正走向科学的境界，就必须运用历史研究法来认识它的过去，研究它的现在和预测它的未来。教育技术学作为社会科学的分支，在它向现代化科学化发展的进程中，历史研究法必然可以发挥重要作用。在本研究中，当我们针对视听学习资源开发的相关问题进行研究时，必然要对视听学习资源开发进行纵向的历史研究和横向的现实研究，从历史渊源和时代背景两个方面得出更深刻、更科学、更真实的结论。首先，要按照历史唯物主义的基本原则，尊重历史的本来面目，从历史过程中正确地截取特殊矛盾发生、发展的过程作为独立的研究对象，厘清视听学习资源开发产生的历史条件、理论基础，产生后对当时和以后教育发展的影响，以及经过了什么样的发展阶段而不断得到改造与完善。正是通过对纵向的历史发展进程的考察，才能发现视听学习资源从过去到现在的发展轨迹，呈现从原因到结果的发展趋势。其次，在进行历史研究的同时，还要进行横向的现实研究，分析当前时代的发展对视听学习资源开发提出了哪些新的要求，为了应对新的挑战，视听学习资源开发需要进行怎样的变革。历史研究和现实研究，正是本书探讨视听学习资源开发所把握的两条基本线索。只有二者结合，才能厘清视听学习资源开发实践发展的基本脉络，才能抓住其发展的各个环节及其相互联系，从而创生出符合现实要求的新的范式。

二、文本分析法

本书中，文本分析法主要应用于考察基于电视教材的视听学习资源开发范式。尽管我国曾经开发过不计其数的电视教材，但时至今日，大量的电视教材因各种原因难寻踪迹，致使我们无法通过对大量作品的分析而从宏观上探寻作品背后的制作范式。文本分析法的着眼点是文本。文本会揭示原作者的目的和内隐思想。因而笔者尝试对有关电视教材的大量"文本"[1]进行较为深入的分析，从而复归文本原初生成时的思想构境，乃至挖掘出文本背后内隐的开发范式。

众所周知，文本分析法是一种在社会科学领域应用较为频繁且成熟的研究方法。文本分析法因其自身特点而显现出独特优势：首先，文本分析法是对人类以往所获得的知识的分析，因此，它具有历史性；其次，因为它的研究对象主要是以纸张为物质载体的书面文献，所以它具有间接性；最后，文献分析过程中研究者不直接接触被研究者，不会受到被研究者反应性心理或行为的干扰，因而具有客观性[2]。

本书中文本分析的具体对象是三类文本，即研究文本、教材文本与政策文本。研究文本不仅是研究人员学术成果的载体，也是有识之士表达创见的平台；教材文本则是研究者的实践转化，也是实践者的知识来源；至于政策文本，更是集中反映了研究者的理论精华，从而成为实践者最终的行动导引。换言之，在相当程度上，静态的文本常常蕴含着动态的思想。在不直接接触人（电视教材编制者）和物（电视教材具体作品）的情况下，对这些人和物及其相关的文本进行全方位、深层次的解读，应当能探明这一时期视听学习资源开发实践的主流范式。

本书中文本分析法的具体应用主要依赖两种方式：一是借助技术性的分析工具CiteSpace（可视化文献分析软件），二是对相关文本进行内容分析。CiteSpace由美国德雷克赛尔大学的陈超美博士开发，是当前科学计量领域普遍采用的新工具，已成为科学计量领域独具特色且影响较大的可视化软件。CiteSpace自开发以后，其版本不断升级更新，本书所采

---

① 需说明的是，"文本"（text）概念在现代诠释学中是一个非常宽泛的概念，它包括语言性的文本和非语言性的文本。前者是指见诸文字的书写文本，以及言语性的，亦即口耳相传的流传物，如荷马时代的吟咏诗人口头流传的《荷马史诗》；后者则是指除了语言性文本之外的一切被理解的对象，如人的肢体动作、艺术作品，甚或自然对象。（参见：潘德荣.文本理解、自我理解与自我塑造[J].中国社会科学，2014（7）：50-65.）在本章的语境中谈论"文本"，其主要对象无疑是语言性的文本，特别是书写文本。

② 刘双，张春隆.探索传播真谛的路径：传播学研究方法[M].哈尔滨：黑龙江人民出版社，2002：73.

用的是当时最新版本，即 CiteSpace 4.0.R5.SE.64（2015 年 12 月发布）[①]。在本书中，CiteSpace 主要用于分析以"电视教材"为主题的研究文本。至于内容分析法，则是研究者对其所选定的某时某地的文本内容进行客观、系统分析和描述的方法。内容分析法最初仅用于印刷媒介的文字信息分析，现已扩展到声音和图像信息分析。内容分析法解决的问题一般是发现文本的内在意识、潜在思想等，因而该方法尤其适合回答传播学研究的最传统的问题：谁？说了什么？对谁说的？为什么说？如何说的？产生了什么效果？[②]其中，"为什么说"是本书关注的核心所在。内容分析法在本书中主要用于分析教材文本与政策文本。

三、经验归纳法

本书中经验归纳法主要应用于考察基于教学视频的视听学习资源开发范式。之所以选择此方法，源于笔者对自身实践的反思。参加工作近十年来，笔者不仅先后主导或参与开发、制作了数以百计的教学视频，也亲眼看到了从高等教育到基础教育各个教育阶段的大量的教学视频开发实践。所以，经验归纳法在本书中的应用，实际上是笔者对自身工作与亲身经历的一种实践性反思。

从学术上看，经验归纳法实际上是一个重要的研究方法。无数事实证明，在人类的认知与思维过程中，经验归纳是一个必要的重要组成部分。经验归纳不仅与感性认识有关，还与理性认识相关。在抽象思维过程中，经验归纳是一种区别于假设演绎的思考方式。冯友兰先生曾在《中国哲学简史》中引用诺思罗普的话说："概念的主要类型有两种，一种是用直觉得到的，一种是用假设得到的。他说，'用直觉得到的概念，是这样一种概念，它表示某种直接领悟的东西，它的全部意义是某种直接领悟的东西给予的……用假设得到的概念，是这样一种概念，它出现在某个演绎理论中，它的全部意义是由这个演绎理论的各个假设所指定

---

① 吴文涛,张舒予.中美翻转课堂研究的可视化比较分析及其启示[J].远程教育杂志,2016,34(5):89-96.

② 刘双,张春隆.探索传播真谛的路径:传播学研究方法[M].哈尔滨:黑龙江人民出版社,2002:73.

的'。"①概念研究如此，理论探索亦应如此。经验归纳法实际上相当于"用直觉得到"的研究，它不仅可以指向某个事物，还可以指向某类现象。如果通过经验归纳法得出的概念或理论，能够让人立即从某类事物或某类现象中领会其全部意义，那么可以说，这一基于经验的归纳是合格的。合格的经验归纳在认识论与方法论中是具有一定地位与作用的，这使它成为被众多人文学科所采纳的方式。从逻辑学上看，经验归纳实际上类似于归纳推理，它是一种从特殊到一般的推理方法，即从特殊现象中归纳出一般性的规律。

经验归纳之所以能够在社会科学领域发挥效用，其价值就在于，如果运用得当，它所归纳的一般性规律常常能够适用或者囊括大部分情形。如前所述，在本书中，经验归纳考察的是笔者自身经历这一特殊现象，期待由此归纳出能够反映视听学习资源开发的一般做法。毋庸讳言，任何经验归纳都存在一定的以偏概全的风险，本书中或许尤其如此。因为真实的情况是，在全国范围内，一定存在与笔者所经历的、所观察到的不一样的视听学习资源开发实践。也就是说，由笔者自身经历所概括出来的视听学习资源开发的一般做法不可能囊括所有的开发实践。因此，基于笔者自身经验的归纳只能算作一家之言，合理与否有待学界专家批评指正。

四、理论演绎法

关于理论演绎法，前文已有说明，此处再次重申，理论演绎法主要包括两个方面，一是"向上的意识"，二是"向下的方法"。

所谓"向上的意识"，即进行教育技术基本理论方面的探索，一定要有意识地从与教育技术有关的上位学科领域中汲取思想智慧，从中寻求更为合理适用的理论支撑，它们是教育技术理论体系研究与创生过程中必不可少的"脚手架"②。在本书中，这一点主要体现在视听学习资源开发新范式的创生过程中，我们不仅要继承从历史事实中挖掘的宝贵遗产，

①冯友兰.中国哲学简史[M].涂又光,译.北京:北京大学出版社,1985:27-28.
②李艺,李美凤.教育中的技术价值论研究过程与方法:兼谈对教育技术哲学研究的几点看法[J].电化教育研究,2008(10):6.

更要从生活教育、实践美学的理论智慧中汲取必要的支撑。这些，一方面可以保证新范式创生过程的逻辑性，另一方面也可以避免创生的新范式陷入无源之水、无本之木的樊篱。

所谓"向下的方法"，实则是"向上的意识"的逻辑延续，是指如何使上游的理论工具逻辑地观照下游的具体问题。在本书中，凭借演绎逻辑进行理论建构时，首先需要一个先行条件和普遍定律，方能推演出被说明项——对作为经验现象的视听学习资源开发思想的描述。这一理论建构思路乃是本研究开展之初的"意识与方法"，毫无疑问，笔者将尽可能地继续坚守这种"意识与方法"，并使之贯穿本研究的始终。

第二章　视听学习资源开发范式
探寻的思想基础

> 洞见或透识隐藏于深处的棘手问题是艰难的，因为如果只是把握这一棘手问题的表层，它就会维持原状，仍然得不到解决。因此，必须把它"连根拔起"，使它彻底地暴露出来；这就要求我们开始以一种新的方式来思考……难以确立的正是这种新的思维方式。
>
> ——路德维希·维特根斯坦

在科学的学术研究中，文献综述与理论基础已成为一种规定性的要求，要求研究者对所关注议题的有关理论和调查予以总结述评，要求研究者务必言明本研究所显著依赖的先进理论工具。理由很简单：不清楚过去的研究成果，常常导致研究者去发现或讨论那些早已为人所知的东西；不采用先进的理论工具解释与分析问题，常常导致研究者的思考与论证显得毫无新意。本章的内容便是对本研究这关键的两部分作深入细致的介绍。

第一节　文献综述

对任何研究而言，文献综述都必不可少。自然科学尤其如此，它往往是"站在巨人的肩上"前进的。人文社会科学研究或许稍有不同，学科的性质决定了研究者不可能事无巨细地检索所有的相关研究，但研者至少要做的是，从宏观上了解既往研究的大致情况，进而逐渐聚焦，从中辨别出与自己所关注议题相关的成果，并对这些成果进行扬弃性的吸收，最后才有可能得出自己的创见。如前所述，本研究是一项关于视听学习资源开发思想的理论型研究，从历史的视角来看，在教育技术时期，它属于数字化学习资源开发的研究范畴，而在电化教育时期则与电教教材制作的研究息息相关。因而，倘若要系统梳理与本研究相关之研究，不仅要立足当下，更要回望历史。迄今来看，在本学科过往的相关研究中，虽然没有系统性地建构电教教材的开发理论，但蕴含思想价值的宝贵论断却汗牛充栋、俯拾可见，这为本研究得以顺利开展提供了良好的思想导引和学术参考。因此，为清楚地说明既有研究成果对本研究的启发和帮助，笔者拟从历史发展的视角对相关研究进行反思与扬弃，进而在探寻上游理论智慧的基础上追问本研究可能承载的责任与使命。

一、萌芽期：教育电影的兴起与美感教育的倡导

一般认为，我国电化教育萌生于民国时期的电影教育，而在电影教育推行之初，美感教育之开发理念便相伴随行。其中，著名教育家蔡元培先生是美感教育的主要倡导者，他多次指出电影教育应注重美感教育。譬如，在电影教育推行之初，蔡元培便明确指出，"此即普通教育中参用美感也"①。又如，在为《教育大辞书》撰写的《美育》一文中，蔡元培又提及，需"设公立剧院及影戏院，专演文学家所著名剧及有关学术、能引起高等情感之影片……凡卑猥陋劣之作，与真正之美感相冲突者，禁之"②，其以电影实施美感教育之理念显而易见。再如，后来由蔡元培领导的中国教育电影协会将"恢复固有的美德"作为条款之一写入《教育电影取材标准》；蔡元培还就教育电影的拍摄创造性地提出"鸟瞰美学"思想③。由此可见，蔡元培对教育电影与美感教育的关联极为重视。然而，遗憾的是，其有关论述过于零散，鲜见针对性的系统阐释。

如果说学界泰斗蔡元培先生是电影美感教育理念上的倡导者，那么

---

① 高平叔.蔡元培教育论著选[M].北京:人民教育出版社,2011:68.
② 高平叔.蔡元培教育论著选[M].北京:人民教育出版社,2011:607-608.
③ 汪滢.蔡元培:我国早期电化教育的推动者[J].现代教育技术,2011,21(2):5-12.

其弟子——我国电化教育先驱孙明经先生则是践行者。1936年，在恩师蔡元培"鸟瞰美学"思想的指导下，孙明经创造性地将"航拍"手段运用于教育电影摄制中，先后拍摄了《防空》等多部教育电影①。受恩师思想的影响，在电影教育逐渐发展为电化教育的过程中，孙明经意识到美学之于电化教育的重要性，于是他一方面师从美学家宗白华学习美学理论，另一方面在电化教育领域主导开设相关科目，并展开专门研讨。1936年，江苏省立教育学院首开电化教育专修科（后改制为"电化教育专科学校"），分设电影技术、电影美术等科目；1946年，由孙明经等筹备开展的"电影播音工作者座谈会"曾开展了专门的学术研讨，邀请王绍清主讲"观众心理与形态美学"，邀请英国文化委员会G.S.Dreke作了"幻灯片制作中的美学问题"专题报告②。

在随后的学科发展中，对美感教育理念之践行进一步延伸为对教育影片艺术性的追求与对教育影片摄制原则的初步探讨。1948年，我国另一位电化教育先驱舒新城先生曾指出，"电影被称为综合的艺术，是因为它的本质是画面，同时又包含音乐；画面是形的艺术，音乐是声的艺术。所以谈电影离不开艺术。教育影片虽然以记事为主，但仍然是画面和声音所构成，所以教育影片的制作不可不注意艺术的观点"，"教育影片之要注意艺术观点就是要使观众于美感中吸收影片活动的印象，亦即使影片在无形中增强教育的力量"③。舒新城进一步指出，电影又是一个传播媒体，用教育观点决定传播的内容、摄取的视角；用艺术观点决定怎样传播内容和意图，与观众产生共鸣，达到教育效果；而技术是支撑教育观点与艺术观点的具体应用，因而电化教育的人才需要教育、艺术和技术三大基础④。上述关于教育影片制作之思想对后来的电视教材编制产生了极为深远的影响。

综观上述史料性的记载，对开发思想问题的考察是电化教育自萌生以来便逐步形成且一以贯之的教育课题，尽管其喻指随境而异，表述因时而调，但不可否认的是，萌芽期的学术探讨仍旧处于一种"前科学"

① 汪滢.蔡元培:我国早期电化教育的推动者[J].现代教育技术,2011,21(2):5-12.
② 乔金霞.电化教育在中国的传入及其学科建构[D].武汉:华中师范大学,2015.
③ 舒新城.电化教育讲话[M].上海:中华书局,1948:74-75.
④ 额尔敦毕力格.舒新城电化教育思想研究[D].呼和浩特:内蒙古师范大学,2012.

的状态，电化教育先驱们的努力主要在于：一方面提及了电影教育或电化教育与美感教育的紧密关系，另一方面也有意识地开始了相关的实践与探讨。这些都对本研究有所启发，其启发意义至少有两点。其一，美感教育与教育电影相伴而生，在电化教育领域，相关研究需着重关注教育电影的美学问题。为此，直面当代电化教育（教育技术）领域教育电影（视听学习资源）的美学问题不仅有必要，而且有可能。其二，随着现代学科的发展，电化教育与电影教育已经分别各自繁荣发展，因而相关研究还可以尝试汲取电影教育乃至电影编导领域的最新研究成果。

二、发展期：电视教材艺术性与电化教育美学的探讨

之所以将其称为发展期，原因在于此阶段已形成了具有一定深度的学术意味探讨，主题从对电视教材的艺术性探讨转为对电化教育美学理论的建构。

（一）关于电视教材艺术性的研究

20世纪六七十年代，限于历史原因，我国电化教育陷入了十余年的发展停滞期，直至20世纪80年代初期，伴随着技术的飞速革新，我国电化教育重新获得了复苏和振兴，对电教教材[①]制作的探讨随之广泛开展。首先，在1983年的全国电化教育工作会议上，针对电教教材的制作形成了明确的五项要求，即教育性、科学性、思想性、艺术性和技术标准，这是衡量电教教材质量的正确标准，是编制各种电教教材都应共同遵循的原则[②]。紧接着，在这一思想的指导下，学界的探讨大体上可分为宏观与微观两个方面。

宏观上，诸多学界前辈对舒新城先生的观点予以高度认同。学界泰斗南国农先生曾在其文章《怎样编制电教教材（上）》中提出，电教教材编制的基本规则应包括艺术性规则，即"编制的电教教材，要有丰富的表现力和感染力，能激发学生的情感，引起学习动机，提高学习兴趣

---

① 相较而言，电教教材比电视教材涵盖范围更大，电视教材仅是电教教材中偏向视频、动画的那一类。

② 李干臣.教学片中不应设置导演[J].外语电化教学，1985（1）：40.

和审美能力"①。李运林先生认为，电视教材编制要综合运用艺术的理论与技巧，遵循美学的规律，使电视教材不仅能恰当利用艺术形式去传授教学内容，还能通过艺术美去对学生进行美的教育。具体而言，电视教材制作一方面应综合应用绘画和摄影艺术、文学艺术、电影艺术、音乐艺术，另一方面要体现美的特性（形象性、感染性、社会性），遵循美的组合规律（匀称和比例、对策和均衡、反复与节奏、和谐与多样），进而体现美的教育②。

自电教教材制作原则提出以后，不断有学者从微观层面试图对相关美学问题进行研究。譬如，关于色彩问题，抗文生指出，色彩与电教教材的关系，是表现形式、方法、技巧、手段与内容的关系，与教育的关系，是外部结构与内部结构的关系③。关于构图问题，周良驹认为，电视教材的构图关键在动态构图，即在图像的活动中讲求画面的平衡、匀称、和谐、对比以及节奏等④。关于节奏问题，有学者指出，电视教材中应注意把握节奏的变化，从整体结构上处理好开头、叙述、结尾以及它们在作品中的关系，把握画面与画面之间空间变化的大小与时间延续的长短⑤。当然，除了以上研究，还有不少学者对相关问题予以探讨，然探讨多有"我注六经"之嫌，流于对上述宏观层面论断的转述与引用。

好在后期关于电视教材艺术性的研究出现了一些新的趋势。譬如，徐福荫教授依据符号美学理论，尝试进行电视教材的画面符号、声音符号以及表意符号等三类九种艺术符号设计⑥。此外，王秀臣受鲁迅文学艺术思想启发，认为电视教材应超越声音与画面，具有其独立的审美构成，即形式美与意蕴美，其中形式美包括形态美与结构美，而意蕴美则是形式美的最终归宿，二者是一种统一的存在⑦。

综观而论，上述诸位前辈的论断基本上可以代表这一时期的主要观

① 南国农.怎样编制电教教材（上）[J].电化教育研究,1982(2):35.
② 李运林.电视教材编导与制作[M].北京:高等教育出版社,1991:67-75.
③ 抗文生.电教教材的画面色彩[J].电化教育研究,1989(1):56-57,66.
④ 周良驹.电视教材与动态构图[J].电化教育研究,1985(3):44-48.
⑤ 温学民.电教与美学:谈电视教材的节奏美[J].医学视听教育,1997,11(2):93-94.
⑥ 徐福荫.谈艺术符号和电视教材的符号设计[J].华南师范大学学报(社会科学版),1987(4):59-63.
⑦ 王秀臣.论电视教材的审美构成[J].电化教育研究,1998(2):69-71.

点，其历史价值与时代意义不言而喻，不仅给予了本研究丰富的理论给养，也为本研究指明了宏观方向。然而，批判地看，上述研究也存在一定的不足，主要体现在以下方面：其一，研究视角的局限。宏观层面的论断与微观层面的探讨未能有机结合。一方面，宏观层面的研究缺乏对微观层面的具体性的观照，因而难免让人感觉有些"纸上谈兵"，尽管道理正确，却缺乏实践指导意义；另一方面，微观层面的研究囿于局部而未能观整体，致使研究往往专注于对电视教材艺术性制作的应用、操作与策略。其二，理论基础的缺乏。客观来说，多数研究未能寻找到恰切的理论基础作为智慧来源，仍然停留在经验总结式的"前科学"层面。譬如，李运林先生的论断虽尝试从绘画和摄影艺术、文学艺术、电影艺术、音乐艺术等普遍规律中汲取电视教材之美的特性与规律，然而，令人遗憾的是，限于当时特殊的历史时期，相关艺术理论的研究未见完备，先生也无法更为纵深地追溯相关艺术的具体理论，进而生发出更富价值的理论思想。

综上，本研究可能的突破在于：其一，从宏观与微观两个层面同时入手，这样既不会因唯有宏观而出现"讲正确的废话"之情形，又不会因囿于微观而陷入"坐井观天"之樊篱；其二，得益于数十年相关学科理论，特别是美学理论的繁荣发展，本研究有了借助上游美学理论智慧的可能，进而在相关领域的具体美学理论的启迪与引领下，厘清电教教材（视听学习资源）与美学（艺术性）理论之间的关系。

（二）关于电化教育美学的研究

随着学界对电视教材艺术性探讨的深入，不少学者意识到相关理论建构的必要性，因而，学界研究也由对电视教材艺术性的探讨上升至电化教育美学理论的建构。学界前辈萧树滋先生率先指出，美学理论应是电化教育的理论基础之一。他依据马克思主义的美学观与审美心理，指出电化教育美学的形态应包括科学美、教学美、艺术美，电化教育通过科学与艺术的结合，使教育更有成效①。此外，周秉勋在《电教与美学》一文中专门提出"电教美学"的概念，即"专门研究电教活动中的审美

---

① 萧树滋.电化教育概论[M].北京:北京师范大学出版社,1998:77-83.

规律"，并概述了电教美学的一般原理（电教美的基础、艺术性、内容与形式的统一）与值得注意的美学问题（趣味性、时代感、电教与美育）①。吴广勋在《电教美学问题散论》一文中提出，电化教育在许多方面存在美学问题，例如电化教育有美的特性，要用形象思维，要体现真善美，要具有美育功能；电化教育从内容到形式都强调通过科学美和艺术美传递教育信息，要加强电教美学问题的研究，这既是电教理论建设的需要，也是电化教育实践的需要②。

上述前辈之论断发人深省，给予本研究的启示主要有两个方面。一是探讨视角的提升，从艺术性层面上升至美学层面。视角提升最大的意义在于使得研究有理论可遵循。换言之，"艺术性"仅仅是一个笼统的称呼，其背后缺乏研究的着力点，研究不可避免地流于经验总结；而美学指的是一门相对科学的学科，其背后依托的是极富智慧的成熟的理论。于是，从美学的视角切入等同于以成熟的美学理论来指导。二是具体美学理论的发现，特别是萧树滋提出的以"马克思主义美学观""审美心理"等理论为基础。这给予本研究极大的启发，使得本研究在探寻过程中逐渐发现了客观社会派的实践美学理论。

然而，这一阶段的研究也是存在一定问题的，主要体现在研究方法上。理论建构不仅需要意识上的觉醒，更需要方法上的自觉。从研究方法上来说，以亨普的"演绎—规律"模式来检视，尽管相关理论推演道明了"普遍规律"，却未能论证"先行条件"，因而致使普遍规律不能推演出"被说明项"③。换言之，有关电化教育美学研究的相关结论与其所依赖的理论基础之间并没有直接的相关性，因而致使结论并无太多的说服力。譬如，萧树滋先生在论述中以"马克思主义美学观"与"审美心理"为理论依据，然其随后的论证中却未提及"电化教育之美"与上述理论之间的逻辑关系，因而结论与理论之间便显得有些脱节。至于周秉勋、吴广勋等前辈，也未曾追溯相关上游理论，因而相关解释缺乏逻辑自洽性。

① 周秉勋.电教与美学[J].外语电化教学，1985（3）：14-17.

② 吴广勋.电教美学问题散论[J].辽宁教育学院学报（社会科学版），1989（3）：99-103.

③ 关于亨普的"演绎—规律"模式的具体内容，详见王巍的《科学说明和历史解释——论自然科学与人文学科的方法论统一性》（《中国社会科学》2002年第5期）。

在对相关文献的梳理中笔者还发现，对电化教育美学的探讨最终往往都聚焦至对电化教育之美育功能的强调。譬如，周少英曾专门撰文谈电化教育的美育功能，吴广勋也认为"电化教育恰恰能为美育的实施提供相应的条件"[①]。更为明显的是，王幼贝曾指出，电化教育的本质属性决定了它具有双重的功能负载：一是智力功能负载（包括思想教育、智力教育，如记忆、观察、思维、判断、想象等能力的培养），二是审美功能负载（审美观和感受美、创造美、鉴赏美的能力的培养等）。因而，一方面，电教教材自身固有的审美属性品格及其具有的审美功能，使电化教育成为美育的重要组成部分；另一方面，电化教育过程也是一种独特的审美教育过程（美育过程），是对学生进行美育的新途径。从审美的角度探讨电化教育的本质，拓展电化教育的理论，是一种对过往"手段说"的突破[②]。上述观点虽颇具合理性，然其建基于狭义美育概念之上的"二元功能论"的观点笔者并不认同。换言之，由于对美育的狭义认识（即审美教育），王幼贝简单地将电化教育的功能划分为智育与美育，这种认识与电化教育本身的特性有所不符，将美视作电化教育的目的之一，极易因过分强调这一目的而忽视或损害另一目的——智育。如乌美娜教授所言："要努力追求电视教材教学性、科学性、艺术性和技术性的完美结合，但不忘'教学性第一'的原则。"[③]从这个意义上看，电化教育之美育应是一种广义的美育，即在手段与目的相统一的层面以美育人，不仅以美作为手段来促进教育教学，还将广义的美视为教育教学的终极目的。

在历史发展过程中，除去理论上的探讨与研究，齐头并进的还有实践中的探索。这种探索除了表现为大量的教育电影、电教教材不断涌现，更关键的是体现在部分学校相关艺术课程的建设与教材的开发中。在课程建设方面，早在1936年，我国第一个电化教育专业——江苏省立教育

---

① 吴广勋.电教美学问题散论[J].辽宁教育学院学报(社会科学版),1989(3):103.

② 王幼贝.电化教育的概念界说和审美属性:关于电化教育的审美思考[J].电化教育研究,1986(4):17-23.文中总结,所谓"手段说",是最早提出的一种关于"电化教育"的内涵界定,即把幻灯(包括投影)、电影、录音、唱片、广播、电视、录像、语言实验室、电子计算机等现代化手段应用于教育过程,叫作"电化教育"。迄今来看,仍有不少人持有这种认识。

③ 乌美娜.教育电视节目制作[M].北京:北京师范大学出版社,1993:313.

学院电影与播音教育专修科便陆续开设了电影美术、电影编导等课程。20世纪80年代初期，部分高校电化教育专业对电教人员的培训包括影视艺术知识的学习。后期发展中，多数高校还曾先后开设过摄影类（如电教摄影、摄影技术）、文学类（如电教文学、文学基础、文学写作、文艺概论）、艺术类（如电教音乐、电教美术、美术设计）等课程①。时至今日，全国部分高校仍开设有部分相关课程。相对于课程的实践，专用教材的开发则相对滞后，多数课程的教材直接从相关艺术学科借用，其中电教美术类教材乃是为数不多的专门为相关课程而开发的教材。颇具代表性的是由西北师范大学杨改学与抗文生编著的《电教美术》，该教材主要从电教美术基础、电教美术技法、教学动画等方面对电教与美术结合的技术与方法进行了阐释。尽管该教材对当时我国电教美术课程的实施起到了极大的推进作用，但教材中的内容还是主要停留在实际操作层面而缺乏电教美学的相关理论知识。事实上，究其原因，主要在于：关于电教美学的研究未能形成独立完备的理论体系，因而无法对教学实践予以观照，由此而引发的问题显而易见，即无论是专业教师还是一线电教人员，全凭个人的主观经验与自觉的"艺术感觉"来完成电教教材的制作。迄今来看，这一问题仍然在延续，由于缺乏具体理论的指导，教育技术人员所开发的数字化学习资源往往难以满足现实的需要。

显然，无论是理论上研究方法的缺失，还是实践中操作问题的显现，都迫使我们应重新站在教育现代化的十字路口，审视这一专属于教育技术学科的理论建构。如前所述，理论建构不易，亟须方法自觉，方法上的自觉不仅能保障所建构的理论具有逻辑自洽性，还能最大限度确保其具有实践观照性。因而，笔者拟坚守演绎逻辑的理论研究范式，力求使得电化教育历史中零散的思想与知识依靠其内在逻辑得以贯穿，与此同时，还要观照与解释实践问题，如此方能形成合乎逻辑性且合乎目的性的科学的理论思想。

---

① 包丽丽.我国教育技术学本科专业课程体系演变的研究[D].呼和浩特:内蒙古师范大学，2014.

三、延续期：多媒体画面艺术设计研究及其理论建构

伴随着学科名称的更替，电教教材这一学科术语成为历史，不过，令人庆幸的是，从艺术性视角对其进行考察的相关研究并未中断，而是在延续中不断生发。其中，游泽清教授、王志军教授及其团队的研究兼具代表性与系统性。

游泽清教授从相关艺术领域（绘画艺术、摄影艺术、音乐艺术、电影艺术、电视艺术和计算机文本与作图艺术等）汲取理论营养，然后按照教育技术领域的特点和需求，不断充实、发展和完善，逐步建构出"多媒体（画面）艺术设计理论"（可简称为"多媒体设计理论"或"多媒体艺术理论"）的完备体系，并归纳、整理出了几十条具有操作性的艺术规则，试图为我们设计、开发多媒体教材提供有效的"章法"①。观其理论体系具体所陈，主要涉及静止画面呈现艺术、运动画面呈现艺术、画面上文本媒体呈现艺术、画面上声音媒体呈现艺术、运用交互功能的艺术等维度，进而总结出多媒体画面艺术规律、多媒体画面认知规律，以及多媒体画面人性化、自然化设计等方面颇具"操作指南式的"设计准则。在此基础上，游泽清教授还提出了多媒体画面语言学，具体包含语构学、语义学和语用学三部分，分别对应多媒体画面艺术规律、多媒体画面认知规律和多媒体画面设计的人性化②。此外，王志军教授等从理论框架、研究内容、研究方法、理论基础等方面进一步细化完善了多媒体画面语言学理论体系③。更为具体的是，针对移动学习资源画面设计，王志军教授等通过访谈、问卷调查和专家评定等方式提出了ICAP学习投入度框架下的设计模型，并给出了极具操作性的移动学习资源画面设计策略④。

应当说，多媒体艺术的理论研究不仅对于多媒体教材的实践制作具有针对性的指导价值，对于本研究也颇具借鉴意义，主要体现为三个方

① 游泽清.创建一门多媒体艺术理论[J].中国电化教育,2008(8):7–11.

② 游泽清.多媒体画面语言中的认知规律研究[J].中国电化教育,2004(11):72–76.

③ 王志军,王雪.多媒体画面语言学理论体系的构建研究[J].中国电化教育,2015(7):42–48.

④ 王志军,冯小燕.基于学习投入视角的移动学习资源画面设计研究[J].电化教育研究,2019(6):91–97.

面。其一，研究问题的明确。游泽清教授明确强调，其理论旨在"解决"学科内的迫切实践问题，即"开发多媒体教材过程中无'章'可循"①。这一研究问题的明确提出启发笔者从问题视角重新反思本研究的目标指向。易言之，本研究旨在解决抑或解释什么问题？笔者窃以为，本研究旨在解决或解释的核心问题是：视听学习资源开发应遵循何种范式方能体现其作为学习资源的真正价值？其二，研究内容的借鉴。上述研究的具体内容无疑能够给予本研究丰富的"营养"，这将在后文中进行具体阐述，此处不再赘言。其三，研究思路的启示。简言之，即理论研究应从借用走向融创。笔者十分认可游泽清教授所言："在参考借鉴相关艺术理论和技术时，只有时刻把握住多媒体教材的这些特点，才有可能在这些理论和技术的基础上发展、创新，进而形成相对独立的新理论。相反，如果不考虑上述特点照搬照抄，其结果只能成为相关理论的附属。"②换言之，新的理论研究不但要"走进去"对相关理论进行借鉴，更要从其中"走出来"，从而进行特有理论的创新，其中的关键在于如何将本领域的特点、需求与相关理论进行有机融合。

四、转型期：数字化学习资源开发与国外数字故事创作研究

自20世纪90年代中期以来，多媒体技术、网络技术以及各种工具软件的问世，不但降低了开发数字化学习资源的门槛，而且极大地丰富了数字化学习资源的开发实践。尽管这一时期鲜见从艺术性的视角探讨数字化学习资源开发理念，但与数字化学习资源开发相关的整体性研究日渐增多，且形成了一些对本研究颇有启示的开发思想。与此同时，国外相关研究持续深入，特别是数字故事的研究与实践的兴起更是与本研究拟考察的问题在部分内容上似有异曲同工之处。

（一）关于数字化学习资源开发思想的研究

就时下数字化学习资源开发思想而言，相关研究呈现出复杂多样的

---

① 游泽清."多媒体画面艺术理论"是如何创建出来的[J].中国电化教育,2010(6):6.
② 游泽清.创建一门多媒体艺术理论[J].中国电化教育,2008(8):7.

特点，如果要对其进行划分的话，大体上可分为宏观与微观两个层面。宏观层面的开发思想，是指在数字化学习资源整体建设中所产生的思想、观点等。譬如，数字化学习资源建设的"共建共享""公建众享"①，"网众互动生成机制"②，"生态化发展模式"③等理念；又如，何克抗教授指出，数字化学习资源建设的内容也要相应地实现由支持"以教为主"或"以学为主"，转变为支持"学教并重"④；再如，李康教授认为，教育信息资源开发思想应由教学内容向学习活动转变，由课堂学习资源向课外学习资源转变⑤。上述宏观层面的开发思想具有整体性、全局性等特点，偏重于政策性、制度性建设，属于战略层面的研究。显然，本研究的研究取向及视角与之有别。

微观层面的开发思想，是指对具体教学材料的信息内容组织、结构规划、策略安排等方面的思索与认识。微观层面的开发思想具有专门性、局部性、工艺性等特点，强调理论与实践的结合，属于战术层面的研究⑥。本书前文所综述之相关研究便属此层面的探讨，这也是本研究力求的定位。综观微观层面的相关研究，近年来出现了一些新的研究特点与动向：夏欣在批判现有数字化学习资源建设价值观之偏差（对工具理性的盲目崇拜）时提及，当前的资源建设缺乏对审美价值的关注，然而其论文旨在重建关涉数字化学习资源建设的宏大价值观，并未就这一微观问题作具体阐释⑦。赵慧臣借用工业产品设计领域与教学设计领域中的移情理念提出幼儿数字化学习资源的"移情式设计"理念，并认为这种理念能引导设计人员对幼儿数字化学习产生移情性体验，把握幼儿数字化学习资源的需求，形成幼儿数字化学习资源设计的新方法⑧。李媛基于图

---

① 陈琳,王矗,李凡,等.创建数字化学习资源公建众享模式研究[J].中国电化教育,2012(1):73-77.

② 万力勇.数字化学习资源的网众互动生成机制研究[D].武汉:华中师范大学,2013.

③ 张赛男,赵蔚,孙彪,等.面向个人终身学习的数字化学习资源生态化发展模式研究[J].现代教育技术,2012,22(1):83-87.

④ 何克抗.我国数字化学习资源建设的现状及其对策[J].电化教育研究,2009(10):5-9.

⑤ 李康.论现代教育信息资源开发思想及发展脉络[J].电化教育研究,2010(11):5-9,31.

⑥ 李康.论现代教育信息资源开发思想及发展脉络[J].电化教育研究,2010(11):5-9,31.

⑦ 夏欣.数字化学习资源建设价值观研究[D].武汉:华中师范大学,2013.

⑧ 赵慧臣.幼儿数字化学习资源的移情式设计[J].电化教育研究,2013(10):33-39.

示理论提出数字化学习资源开发与应用的若干微策略，包括借助形象与直观、适当增加关联认知负荷、设计操作性活动资源等[①]。王植青从中国传统文化思维特征的视角批判数字化学习资源建设观念中的问题，并试图探索传统文化思维中有益于数字化学习资源建设的思想[②]。谢幼如等在调查分析的基础上指出，精品视频公开课的拍摄制作需借鉴教育电视的表达手法、特点和规律，将教学性与视听媒体固有的生动直观等特点相结合，充分发挥视听媒体的优势，使教育教学效果达到最优化[③]。王念春等借鉴视觉影像叙事的理论与实践成果，从三个方面探讨人文社科类网络视听课程建设对叙事策略的应用：叙事视角方面，深入调研课程内容，采用有机结合的不同叙事视角；叙事结构方面，彰显人文关怀，精心设置冲突悬念与节奏；叙事时空方面，铸造网络课程精品，编排变化多端的时空场景，并对叙事技巧的过度使用可能产生的不良效果作出警示[④]。应当说，相较于宏观层面的研究，上述微观研究对本研究更加有借鉴和启发意义。特别是王念春等在研究中对影视叙事理论的创造性借用，启发笔者注重从电影美学乃至叙事美学等理论中汲取营养，进而对学习资源的内容结构进行艺术性构思。

当然，除去以上研究，近年来学界还涌现出大量的调查与实证类研究，对发现我国当下数字化学习资源建设中的问题颇有裨益，但这些研究大都未涉及视听学习资源开发思想，因而笔者虽有所关注，却并未写入本书的综述中。

（二）国外数字故事创作的教育应用研究

笔者在文献梳理中发现，近十年来国外兴起的数字故事研究和实践与本研究颇有共通之处，且已在国际教育界获得广泛认可，相关理论思想与实践成果对本研究有极大的借鉴价值。

① 李媛.基于图式理论的数字化学习资源开发与应用策略研究[D].武汉:华中师范大学,2013.

② 王植青.论数字化学习资源建设观念的变革[D].南京:南京师范大学,2006.

③ 谢幼如,王芹磊,彭丽丽,等.精品视频公开课的教学特征与师生行为研究[J].电化教育研究,2013(10):90-96.

④ 王念春,张舒予.视觉文化的视角:人文社科类网络视频课程叙事策略探究[J].电化教育研究,2015(1):89-95,114.

数字故事创作（Digital Storytelling），又称数字化故事叙述、数字自述故事，是一种结合人类说故事的传统，将自己的人生经验、想法和感受，以数字媒体形式传播的故事叙述。简言之，数字故事创作就是借助数字化技术进行传统故事的创作。数字故事创作最初源自艺术工作者Joe Lambert等在美国加州旧金山湾区创立的社区公益艺术组织——旧金山数字媒体中心，该中心后来发展为加州伯克利数字故事中心。数字故事创作产生后被应用于多个领域。教育学者们发现，作为一种表达方式，数字故事创作同样能够很好地将传统教育和现代技术相结合，于是将数字故事创作引入教育教学。已有大量研究表明，数字故事的应用使得知识以一种自适应与有意义的方式呈现，不仅能促进学生理解复杂的学习内容，提高学业成绩，还能培养他们的学习兴趣、批判性思维以及团队协作能力。

与此同时，大量研究显示，使用过数字故事的教师几乎都认可数字故事的积极作用。当然，数字故事创作在教育中的应用也存在一些问题，研究者认为数字故事无论是作为教师的教学工具还是学生的学习工具，其制作都非常耗时，且需要多样化的技术支持，这无疑是数字故事创作必须面临的挑战①。

综观而言，国外教育领域数字故事研究的一个共性是：将数字故事作为一种教学策略或学习工具进行考察，进而探求其在实际应用中的技术支持、具体原则、教育效用、存在问题等。而国内刚刚兴起的数字故事研究则延续了这一研究取向②。这与本书拟进行的研究视角有所不同。不过，从资源开发的角度来看，国外数字故事研究给予本研究的启示是，数字故事创作之所以能够提升教育教学的有效性以及学生学习的积极性，一个重要的原因是以数字故事为理念开发的数字故事资源对学生具有巨大的吸引力。因此，数字故事创作不仅可以成为一种有益的教学策略或学习工具，也能被视为一种基于叙事艺术理论的资源开发理念。数字故事创始人Joe Lambert曾提出数字故事的七要素：视角（Point of View）、引

① ROBIN B. The educational uses of digital storytelling[J]. Technology and Teacher Education Annual, 2006(1):709.

② 张淑萍,范国睿.以数字故事促进学生21世纪技能发展:基于对芬兰"数字故事"研究的分析[J].开放教育研究,2015(6):53-61.

人入胜的问题（A Dramatic Question）、情感化的内容（A Dramatic Question）、亲自说故事（The Gift of Your Voice）、有力量的配乐（The Gift of Your Voice）、精简（Economy）、节奏（Pacing）[①]。朴素地看，这七要素实则是讲故事方式与数字化技术的结合。而从理论层面审视，它其实暗含着诸多艺术理论的元素，如视角、设问（悬念）、情感、节奏关涉叙事艺术理论，"有力量的配乐"则关涉音乐艺术，这些艺术元素的融入是数字故事的关键所在。国外诸多实践表明，数字故事创作除了达到"说故事"最原始的传达和沟通的目的之外，其过程中形成的数字故事资源还可以分享或保存。在数字故事资源中，通过数字媒体的呈现，影像、影片、音乐、动画、文字和旁白融为一体，故事的主角、情境或故事的寓意也就更加鲜明，进而呈现更多的可能性。"数字化环境"让"故事"有了更多的呈现、互动、联结与传播，其特有的互动性和转化过程让故事的讲述者变得更具魅力，也让数字故事有了新的面貌。无疑，国外数字故事创作背后暗含的资源开发理念是值得借鉴的。并且，国外相关实践中所形成的优质数字故事资源还可以成为本研究拟考察的典型案例或学习对象，其中，诸多艺术元素与多媒体技术如何实现有效融合将成为本研究着重检视的核心所在。

最后，有一点需要说明的是，以上不同时期的划分仅是笔者依据个人对相关研究成果的认知所作的主观分辨，旨在从一定程度上宏观地展现这些研究成果之间大致的不同，并非意味着这些研究之间就是截然可分、泾渭分明的。事实上，有关某个主题的历史性研究常常如同"流水"般自上而下地延续推进，前人的研究成果往往是后人学习借鉴的对象，而后人的创新见解也必然是在对前人论断的扬弃的基础上反思而生发出来的。

第二节　理论基础

本节的内容旨在言明本研究的理论基础。首先，在笔者看来，本研究之所以得以开展，主要原因在于范式理论工具的选取。诚如马克思在

---

① LAMBERT J. Digital storytelling cookbook[M].Berkeley: Digital Diner Press,2010：36-37.

《资本论》中分析经济形式时曾指出："分析经济形式，既不能用显微镜，也不能用化学试剂。二者都必须要用抽象力来代替。"于本研究而言，范式理论便是分析问题的"抽象力"。为此，剖析视听学习资源开发范式得以存在的理论基础——范式理论，成为本研究得以开展的前提。其次，在后期的范式创生阶段，为达成合格的理论上的逻辑演绎，笔者经过艰难的找寻，选取了合用的理论工具——美育理论与美感理论作为演绎的起点与依据。概言之，范式理论、美育理论以及美感理论为本研究提供了重要的思想支撑。

一、范式理论及其对本研究的支撑

这里有必要言明两点：其一，本研究显著依赖的范式理论的意涵究竟是什么？其二，范式理论为本研究提供了怎样的思想支撑？

（一）范式理论的关键要义

已经获得学界公认的是，库恩不仅是将"范式"这一生活用语上升为学术概念的首创者，也是范式理论的集大成者。笔者通过对库恩相关著述的梳理发现，理解库恩范式理论的关键首先在于理解范式的意涵。综观而论，即便是库恩本人，对范式的理解也经历了一个不断发展的过程。

最初，受西方哲学思想的影响，库恩只是将"范式"迁移性地理解为"范例"。在前文概念部分已经提及，作为一般性的术语，"范式"一词并非库恩创造，而是在古希腊时期便已出现。范式的英文"paradigm"实际上是由古希腊语的"paradeigma"演变而来。在古希腊语中，"paradeigma"的含义类似于"example"（范例），一般是指一种最优的、最具有代表性和指导性的例子，是人们遵从、模仿、借鉴的标准模型或样板[①]。受其影响，库恩早期实际上也仅是按此含义应用"范式"一词的。如其所言："语言教学中所使用的这种标准事例，英文一般称之为'范式'。我把这个词扩大到斜面和圆锥摆一类标准科学问题上，显然也无甚

---

① 周建东.体育知识范式论[D].济南：山东师范大学，2017.

不合之处。'范式'正是以这种形式进入《必要的张力》之中。"① "教科书只是提出专业人员作为范式而接受的具体题解，然后要求学生自己用纸笔或在实验室中解题。"② 这是库恩首次在公开出版物中提到"范式"的概念。从上述言语中可以看出，此时库恩提及"范式"的时候，仍将"范式"等同于"范例"，而没有进行任何的个人化、学术化的界定。曾有学者在纪念库恩《科学革命的结构》（1962年）诞生五十周年的再发行本的导言中说："'范式'一词就在那儿，有待摘取；而取而用之的，正是库恩。"③ 此时，库恩所做的更多是迁移式地"取"，而尚未将其真正"应用"到自己的理论体系中。

如果说早期库恩尚停留在"取"的阶段，那么到了后来，库恩已经不满足于此，而开始在其理论大厦的建造中进行创造性的"应用"了。事实上，也正是后期的创造性"应用"，才真正奠定了库恩在科学史与科学哲学界的地位。具体而言，库恩在《科学发展的历史结构》（1961年）和《科学革命的结构》（1962年）两本著作中，进一步拓展了"范式"一词的意涵。特别是《科学革命的结构》的出版，标志着库恩的"范式"真正"获得了自己独立的生命"④。如其所言："以共同范式为基础进行研究的人，都承诺同样的规则和标准从事科学实践。科学实践所产生的这种承诺和明显的一致是常规科学的先决条件。"⑤ 在这里，库恩已经将"范式"拓展为"同样的规则和标准"。库恩又说，范式是"科学共同体在某段时间内所认可的研究方法、问题领域和解题标准的源头活水"⑥，此时，"范式"又被库恩理解为科学共同体"认可的研究方法、问题领域和解题标准的源头活水"。再后来，库恩又指出："一种范式是，也仅是

① 托马斯·库恩.必要的张力：科学的传统和变革论文选[M].范岱年,纪树立,译.北京：北京大学出版社,2004：序言9.

② 托马斯·库恩.必要的张力：科学的传统和变革论文选[M].范岱年,纪树立,译.北京：北京大学出版社,2004：226.

③ 托马斯·库恩.科学革命的结构：第四版[M].金吾伦,胡新和,译.2版.北京：北京大学出版社,2012：11.

④ 周建东.体育知识范式论[D].济南：山东师范大学,2017.

⑤ 托马斯·库恩.科学革命的结构：第四版[M].金吾伦,胡新和,译.2版.北京：北京大学出版社,2012：10.

⑥ 托马斯·库恩.科学革命的结构：第四版[M].金吾伦,胡新和,译.2版.北京：北京大学出版社,2012：103.

一个科学共同体成员所共有的东西。反过来说，也正由于他们掌握了共有的范式才组成了这个科学共同体。"①在这里，"范式"又延伸为科学共同体"所共有的东西"。不难看出，库恩对"范式"的创造性"应用"并不稳定，甚至有些过于随意。事实上，综观使得库恩与"范式"声名显赫的《科学革命的结构》，该书自始至终都没有清晰地对"范式"进行明确的界定，甚至在书中不同地方的行文中对"范式"的描述也并不一致。也正因如此，库恩后来受到学界的诸多批判，甚至库恩本人后来也承认这一点，"很明显，我给许多读者带来了在理解上的许多不必要的困惑"②。

尽管库恩是"范式"应用的创新者，但遗憾的是，他自己对"范式"的认知也稍显混乱，倒是后来别人在对库恩的范式理论进行重新梳理时，清晰地界定了范式的多层意涵。英国学者玛格丽特·玛斯特曼在《范式的本质》（"The Nature of Paradigm"）一文中曾对库恩的范式作了系统考察，并将其概括为三个层次：一是形而上学范式，也称为哲学范式或元范式，泛指科学家所共同接受的信念；二是社会学范式，指科学家普遍认可的科学成就和学术传统，包括构成学术研究基础的概念系统、基石范畴和核心理论在内的理论框架；三是人工范式或构造范式，是将范式作为一种依靠本身成功示范的工具、一个解决疑难的方法、一个用来类比的图像。这三个层次是一个相互联系的有机体③。正是在这个意义上说，库恩的理论思想中的范式并不仅仅是一个概念，而是一个系统的理论体系。

迄今而言，尽管学界尚未对库恩的范式理论完全消化理解，甚至在不同学科还出现了各种各样的误解与滥用，但在笔者看来，库恩的范式理论的最大启示在于指出了"范式"与"科学实践"的互动关系。笔者斗胆尝试对这种互动关系进行图示化的表达，如图2-1所示。按笔者的

---

① 托马斯·库恩. 必要的张力：科学的传统和变革论文选[M]. 范岱年，纪树立，译. 北京：北京大学出版社，2004：288.

② 托马斯·库恩. 科学革命的结构：第四版[M]. 金吾伦，胡新和，译. 2版. 北京：北京大学出版社，2012：11.

③ 何菊玲，栗洪武. 教师教育范式：结构与内涵——基于库恩范式理论的解读[J]. 教育研究，2008（4）：83-88.

理解，这种互动关系至少包括两层含义：一方面，在某一时间段，存在着某种范式指导某一科学共同体进行科学实践；另一方面，对某一科学共同体的科学实践进行考察，能够发现其在特定时期所遵从的特定范式，简言之，显性的科学实践背后常常映现着隐性的范式。正是基于这种理解，本研究得以从库恩的范式理论中汲取一种方法论层面的启示。

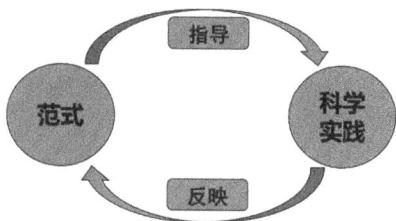

图2-1 范式与科学实践的互动关系

（二）范式理论为本研究提供方法论指引

范式理论给予本研究的最大支撑在于提供了方法论指引——"一种看问题的方式"。在说明这一点之前，有必要先谈的是研究方法论之于一项研究的价值与意义。

1.确定研究方法论的必要性

研究方法论是一个复合概念，依据分解方式的不同可以有多种意涵。一般而言，研究方法论至少可以分解为两种意涵：一是"研究方法—论"，意为关于一种具体的研究方法的理论；二是"研究—方法论"，这里的"方法论"是一个专用名词，在这种分解方式下，"研究方法论"的重心在"方法论"，它也因此成为方法论体系中一个特殊的组成部分。在这里，笔者是按照后一种分解方式进行理解的，具体而言，所谓研究方法论，就是研究者在从事具体研究时所秉持的一种思维方式，一种"看待研究问题的方式"。这应是研究者在开展研究时自始至终都要秉持的一种思维方式。本书中笔者自当如此。

那么，为什么要谈研究方法论呢？表面看来，在日常的教育研究课题中，方法论研究似乎离解决具体的教育理论或实践问题很远，看不见、摸不着，或者说有相当数量从事教育研究工作的人员并未深切感受到研究方法论的必要性和迫切性。然而，实际上研究方法论对于任何研究都具有前提性的基石意义。首先，有什么样的研究方法论就有什么样的研究方法。正如叙事学研究离不开结构主义方法论，经济学研究离不开"经纪人假设"方法论。具体到教育领域，譬如，倘若研究者秉持"只有对大量的事实做出数的统计和量的分析才称得上教育科学研究"这样一种方法论或思维方式，那么，思辨式的理论演绎法必然不会成为他所采取的研究方法。其次，"错误的方法论，最终会导致具体研究方法的局限和偏颇"①。因而，在开展某项研究之前，必须言明方法论的选择，这是保证后续研究可以按正确的方向稳定开展的前提性条件之一。概言之，完整地阐述某一研究的方法运用，首先应当说明其最上位的研究方法论，进而依据方法论确定中观的研究方法与微观的研究方式。

2.基于范式理论的研究方法论

于本研究而言，具有基石意义的方法论便是源自范式理论的指引。如前文所说，范式理论指出了"范式"与"科学实践"的互动关系。基于此，笔者将这种思想迁移至视听学习资源开发领域。这种迁移的合理性基于以下几点理由。

首先，范式理论在教育实践领域具有应用的合理性。在当下的人文社会科学领域，理论（或概念）的跨学科迁移或应用已经成为一种流行趋势，成为促进社会科学理论发展的一种常态。不过，无论怎样的理论迁移，首先有必要说明的是这种迁移的合理性何在。对此，本研究之所以对范式理论进行从自然科学到社会科学的跨学科应用，理由有二：其一，尽管范式理论肇始于自然科学领域，但它却在社会科学领域体现出普适性。在库恩刚刚提出范式的初期，自然科学界其实是率先质疑他的，相反，其理论在社会科学界却备受青睐。有学者指出，库恩始终没有否定过社会科学领域存在范式，相反，其在后期思想中对社会科学拥有范式更加青睐。因此，我们有理由相信，库恩范式理论中的"科学"概念并非狭隘的自然科学，而是包含了社会科学及其他领域②。其二，库恩的范式理论本就源自社会科学界。前文已言及，"范式"一词本就是库恩从哲学界"取而用之"的。不仅如此，库恩曾坦言，范式理论后来的很多

---

① 黄济.关于教育科学研究方法论的几点思考[J].江西教育科研,1988(1):21.
② 周建东.体育知识范式论[D].济南:山东师范大学,2017.

观点本就来自很多不同的社会科学领域——"文学史家、音乐史家、艺术史家、政治发展史家以及许多其他人类活动的历史学家，早就以同样的方式来描述他们的学科"①，而他认为自己所做的，只是将这些已有的观点应用到科学这一过去广泛被认为是以不同方式发展的领域中来②。一言以蔽之，无论是从学界共识方面来看，还是从库恩本人的观点方面来看，范式理论都不是独属于自然科学界的，其在社会科学界也具有一定的普适性。由此，在社会科学的子领域——教育实践领域，应用范式理论应当是合理的。

其次，范式理论在教育实践领域具有应用的可行性。一系列研究文献已经证明了这种可行性。一方面，在大的教育学领域，范式研究已经非常流行。笔者以"范式"为关键词，在南京大学中文社会科学引文索引数据库中检索③，同时将学科类型限定为"教育学"，时间限定为十年（2008—2018），结果显示文献数为712篇。核心期刊的文献已经有如此之多，更遑论一般性的期刊论文了。经过进一步的内容分析发现，上述712篇文献有一半左右应用了范式理论，一定程度上验证了这种尝试的可行性。另一方面，在教育技术学领域，范式研究也是方兴未艾。仅以国内教育技术权威期刊《电化教育研究》为例，以"范式"为主题在知网上进行检索显示，2000年以来，相关文献已有56篇。不过，通过对这56篇文献的内容进行分析，笔者发现，与大的教育学领域不同的是，教育技术学领域的相关"范式研究"更多的是一般性的范式考察，而很少提及范式理论，算不上真正意义上的范式理论应用。综上，既然在教育学领域范式理论的应用已被认可，那么教育技术学作为教育学的二级学科，在该领域应用范式理论解释分析类似的教育问题同样值得尝试，有其可行性所在。

最后，作为一种方法论支撑，即便有其合理性与可行性，范式理论在本研究中的适应性应用还是需要一定的理论改造的。原因在于，本研

① 托马斯·库恩.科学革命的结构:第四版[M].金吾伦,胡新和,译.2版.北京:北京大学出版社,2012:208.

② 托马斯·库恩.科学革命的结构:第四版[M].金吾伦,胡新和,译.2版.北京:北京大学出版社,2012:208.

③ 检索时间:2019年1月8日。

究的探索最初基于一种朴素的现实思维，即"人在实践开始之前，总需要先有一定的观念，也总是在一定的观念指导下进行实践"①。用前文约翰·洛克的话说就是："任何人做任何事情，都依据被他视为行动原因的观念。"基于这种朴素认识，本研究最初确定的研究对象实际上是一种开发实践——视听学习资源开发。而在前文的理论梳理中我们发现，范式理论实际上聚焦的是一种研究实践。二者有所不同。不过，尽管方式不同，但无论是开发，还是研究，归根结底都是实践方式的一种。也就是说，如果说某一时期某个科学共同体所从事的研究实践背后存在着某种特殊范式，那么，迁移式地思考，某一时期某个开发共同体所从事的开发实践背后理应也存在着一种特殊范式。基于此，本研究期待通过对教育技术学领域视听学习资源开发实践的深入考察，发现隐藏在实践背后的那种起支配作用的范式。依据范式理论，开发范式与开发实践应当也存在着一种互动关系。这种互动关系如图2-2所示：范式指导着人的实践，实践反映着共同体的范式。

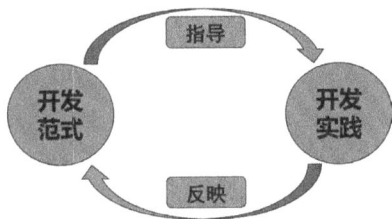

图2-2　开发范式与开发实践的互动关系

　　总而言之，上述思维方式——"开发范式与开发实践的互动关系"，正是本研究从范式理论中汲取的方法论启示——"一种看问题的方式"，也是本研究自始至终都要持守的研究方法论，是笔者期待本研究能够实现的目标所在。在本研究中，笔者意欲进行的范式考察与创生便是如此进行：首先试图通过对实践的范式考察，探寻实践背后所隐匿的范式；其次反思过往"范式"的优劣，试图在此基础上创生出契合时代需求的新的"范式"；最后目标在于，期待这种新范式能够从观念层面对实践产生积极的推动，一定程度上消解当前视听学习资源开发领域的种种弊病。

---

① 文青. 观念与实践[J]. 开放教育研究,2014(6):1.

二、美学理论及其对本研究的支撑

（一）美育理论与美感理论的基本思想

美育理论与美感理论是本研究在完成后期理论探索中直接借鉴的思想工具。简言之，正是在新时代美育理论的指引下，视听学习资源开发新范式才有了方向；正是由于对美感理论的借鉴，视听学习资源开发新范式才有可能从理念走向实践。

1.不断变换的美育理论

关于"美育"一词的来历，学界的认识有过变化。最初，学界以为"美育"是一个舶来词语，认为其最初出自弗里德里希·席勒于1793—1794年为报答丹麦王子对他的生活资助而写的27封书信，即后来结集出版的被誉为西方"第一部美育宣言书"的《美育书简》，又于1901年由我国著名教育家蔡元培从德文"Asthetische Erziehung"翻译而来①②。后来有学者发现，东汉末年，我国历史上著名的"建安七子"之一的徐幹（170—217）在《中论·艺纪》中提出："美育群材，其犹人之于艺乎？"这可能是"美育"一词见于古代文献的最早记载，相比席勒，要早1500多年③。不过，尽管时间上远比席勒要早，但是徐幹的"美育群材"不仅与席勒的"美育"存在内涵上的差异，其对我国教育理论所产生的影响也与席勒无法比拟。如果说徐幹仅在提出"美育"一词上有所贡献的话，那么席勒则是因创造性地阐发"美育"思想而被尊为"现代美育之父"。

自席勒以降，在教育发展史上，"美育"已经成为一个被广泛使用的概念，但也是一个曾经引起诸多歧义的概念。自蔡元培首译"美育"以来，国内教育界关于"美育"概念的界定已有50余种。它或被定义为德育的组成要素与辅助手段，或被等同为美学知识、艺术、情感、美感、审美能力等美的组成要素的教育；有时被推崇至"全面育人"的高度，有时又被视为教育的另一种境界。如此之多的认识，一方面表明美育概

---

① 莫小红.席勒与20世纪上半叶中国美育思潮[D].长沙:湖南师范大学,2014.
② 蔡元培在《二十五年来中国之美育》一文中明确表示:"美育的名词,是民国元年我从德文的Asthetische Erziehung译出,为从前所未有。"
③ 祁海文.徐幹:"美育"概念的最早提出者[J].长白学刊,2002(6):81-83.

念对教育具有何等程度的重要性，另一方面也提醒我们必须彻底厘清这一概念，以明确本研究在何种层面或范畴内使用这一概念。

综观既往研究，事实上，对于美育概念的诸多界定源自大家对"美育"一词的不同认识，反映的是不同时期人们不同的美育观。具体而言，主要有以下五类：

一是"美学教育论"。所谓美学教育，即是关于美学知识的教育。譬如，有学者简洁地概括，"美育，是'美学方面的教育'"[①]；又如，有学者稍具体地界定，"美育是通过以审美和艺术为中心的知识传授和技能训练为手段，以人生态度的改善和人生境界的提升为目的的综合教育形式"[②]；再如，有学者更仔细地描述，"美育是指教育者引导学生掌握系统的美学和有关学科（哲学、教育学、文学、心理学、生理学等等）的基础知识，培养学生感受美、鉴赏美、表现美和初步按照美的规律创造美的能力，以及促进形体美，陶冶审美情操，具有创造才能，树立审美理想而采取的一整套'以美育人'的综合教育措施"[③]。上述观点的共同点在于强调美育是以关于美学知识与技能的传授为前提的。

尽管我们不否认上述"美学教育论"强调传授美学知识的有益且合理之处，然而，其对美育的理解是值得商榷的。原因在于，"美学教育论"将"美育"之美狭隘地理解为美学，即关于美的理论知识，仅在这个意义上，美育确实等同于美学教育。然而，事实上，"美育"之美乃是一种广义的美，不仅包括美的理论知识，还包括一切美的事物、现象、规律等。因而，建基于狭义美的美学教育不可避免地陷入了片面性的窠臼。并且，这种片面性实际上极易导致美育的非普适性。譬如，关于美的理论知识是极为抽象的，又被称作"艺术哲学"，很多美学理论家尚且未能建立对如此浩瀚的美学理论的清晰认知，更遑论一般的教育工作者；又如，关于美的理论知识是存在争议的，譬如，关于"什么是美"这一美学的根本性问题至今尚未在学界形成共识性的答案。从这个角度来说，我们很难确保美学教育中美学知识的准确性。如此来看，建基于"美学

---

① 李田.美育,是"美学方面的教育"[J].教育研究,1990(11):18-23.

② 彭锋.美学的意蕴[M].北京:中国人民大学出版社,2000:248.

③ 彭若芝.美育简说[M].北京:教育科学出版社,1988:54.

教育论"的美育实际上是一种故步自封、画地为牢的知识美育观。因而，这种美育观自然无法得到学界的认可，最终走向没落与消亡。

二是"艺术教育论"。一般认为，将美育视为艺术教育的"艺术教育论"是一种更为极端的狭义的理解。譬如，赵伶俐教授曾一语中的："尽管美育的典型形式是艺术教育，但美育却不等同于艺术教育，更不等同于画画和唱歌等简单的艺术技法教育。"①尽管现今很多人已有正确的认知，然而"艺术教育论"这种观点在历史上还是占据一定地位的。早在古希腊时期，思想家们便用"艺术教育""音乐教育"表示美育。譬如，柏拉图在《理想国》中提出教育应该包括两个方面的内容，即"为身体的"体育与"求心灵的美善的"音乐教育。又如，文艺批评家贺拉斯将文艺作品中的诗视为美育的重要途径。概言之，在西方古典美学中，思想家们特别看重艺术美，艺术美之外的现实美——特别是自然美，还没有进入人们的审美领域，因而美育也就只限于艺术领域②。

或许正是由于这种片面的"艺术教育论"在历史上的地位，它对后来的人们也产生了一定的影响。譬如，英国人德·朗特里在其《西方教育辞典》中对美育课程下的定义为："课程用语，大致包括美术、音乐、舞蹈、戏剧和文学。"这一定义属于将美育作为艺术教育理解的典型③。又如，有学者认为，美育"就是按照审美规律进行的艺术教育和通过艺术进行的其他各科教育"④。再如，有学者认为，"美育一般当作'艺术教育'的同义语，因为美育主要是通过艺术的手段来进行的"⑤。迄今来看，虽然上述这些观点明显失之偏颇，但从某种意义上看，"艺术教育论"实则反映的是一种实践性的美育观，它更关注美育的操作性，将艺术作品视为美育的内容、途径和手段。

三是"情感教育论"。将美育视为"情感教育"的观点不但由来已久，而且曾经得到国内诸多教育名家的认同。一般认为，这种观点可追溯至康德哲学体系中知情意的分立思想。在"三大批判"（《纯粹理性批

① 赵伶俐.美育:使人格完美和谐的教育[J].人民教育,2014(21):43.
② 李长凤,姚传志.美育概论[M].济南:山东人民出版社,1998:45-47.
③ 檀传宝.美育三议题[J].江西教育科研,1997(5):15-18.
④ 彭锋.美学的意蕴[M].北京:中国人民大学出版社,2000:245.
⑤ 陈科美,马林.美育研究论集[M].广州:暨南大学出版社,1995:30.

判》《实践理性批判》《判断力批判》）中，康德根据人类知、情、意的内心世界，划分出了知性、判断力和理性三种认识能力，并分别为它们寻求到了先验根据，从而为真善美确定了自律性。由此，研究"情"（美）的美学，也确立了自身的合法性①。承接康德《判断力批判》的美学思想②，席勒完成了其扛鼎之作《美育书简》，知情意分立思想也随之被蔡元培、王国维等传入我国，进而逐步确立了美育即情感教育的认识。持有这种认识的学者首推蔡元培，他在《哲学总论》中说："其他有教育学之一科，则亦心理之应用，即教育学中，智育者教智力之应用，德育者教意志之应用，美育者教情感之应用是也。"③王国维的观点更加直接明了，他在其名篇《论教育之宗旨》中说："精神之中又分为三部：知力、感情及意志是也。对此三者而有真美善之理想：'真'者知力之理想，'美'者感情之理想，'善'者意志之理想也……教育之事亦分为三部：智育、德育（即意志）、美育（即情育）是也。"④显然，在知情意分立思想的影响下，肇始于席勒，发展于蔡元培、王国维两位教育家的"美育"概念意涵明了，即"情感教育"。

直至百余年之后的现今，上述"情感教育论"的观点仍被颇多学者承袭，不过，在承袭的过程中，其含义慢慢有了新的变化。譬如，曾繁仁等认为："美育作为情感教育，是符合'美育'概念的最初含义的，它与'智育''德育'质的区别，也应该是'情感教育'。"⑤这是一种对蔡元培、王国维观点的直接复述。又如，杜卫通过对席勒美育观的重新解读认为，美育"本义是感性教育，就是在理性教育的同时，对人的感性方面，如感知、想像、情感、直觉乃至无意识等进行教育"⑥。显然，这

① 王宏超.知情意分立思想与中国现代美学的起源[J].中国美学研究,2015(1):143-161.

② "康德在哲学上的批判精神，他对本体与现象、感性、知性与理性三个范畴的区分以及把美与心理功能的自由活动和道德观念的联系，都成为席勒美学的出发点。席勒明白无误地确认这一点。他说：'我对您毫不隐讳，下述命题绝大部分是基于康德的基本原则。'"参见：席勒.美育书简[M].徐恒醇,译.北京:中国文联出版公司,1984:6.

③ 蔡元培.蔡元培全集:第一卷[M].杭州:浙江教育出版社,1997:357.

④ 王国维.王国维学术文化随笔[M].北京:中国青年出版社,1996:146-148.

⑤ 曾繁仁,高旭东.审美教育新论[M].北京:北京大学出版社,1997:96.

⑥ 杜卫认为，"席勒提倡美育是试图在理性占主导的文化和教育中保护和发展人的感性，使人能重新获得感性和理性的协调平衡，重建和谐完整的人格"，因而其提出美育即感性教育。参见：杜卫.美育论[M].北京:教育科学出版社,2000:54.

种思想某种程度上源于情感教育，但又对其进行了扩充，更类似于一种"大情感教育"观。同样持有类似观点并产生更大影响力的是美学家李泽厚。基于对蔡元培"以美育代替宗教"思想的创造性阐释，李泽厚认为，美育"是某种新感性的建立。所谓新感性，包含深刻的理性，它是一种渗透理性达到的超理性，它把一个人的社会性的东西同生理性的东西融合在心理中。这就不仅仅是道德、功利的境界。它不完全脱离道德境界，但比之更高一层；它也不完全脱离功利，但又是超功利的。……总之正因为这样，美育才可以代替宗教"①。综观而论，尽管后期杜卫、李泽厚关于美育意涵的认识有其独特之处，但从某种意义上讲，他们的思想仍旧是"情感教育"的繁衍或变种，不同程度地延续了其内在因子。

需要指出的是，作为西方知情意分立思想的延续，美育即情感教育的论断对于我国近代美育理论建设，尤其是美育学科的建立贡献卓著，然而，这种论断在一定程度上割裂了真善美，偏执"超功利"与"艺术功利化"两极，致使后期的美学理论发展陷入"非此即彼"的樊篱。

四是"审美教育论"。在美育概念的诸多认识中，"审美教育论"大体上应算作现今美育界最受公认的观点了。尽管在概念的具体表述上可能有所不同，但其意涵基本指向了"审美教育"②。其中最具权威性的观点的表述是："美育是运用艺术美、自然美、社会生活美培养受教育者正确的审美观念和感受美、鉴赏美、创造美的能力的教育，它在提高人的素质方面有着其它教育学科所不可替代的作用。"③

"审美教育论"范畴中的美育概念是一种综合美育观，主要体现在两个方面：其一，它包括综合的教育内容，即不同形式的美，特别是将艺术美扩充为艺术美、自然美与社会美的综合；其二，它包括综合的教育目标，即审美观念与各种审美能力。然而，这种看似综合的概念还是存在问题的。问题大体上也有两个：其一，它将美育与其他教育学科割裂开来；其二，它强调外在的艺术美、自然美和社会美，却忽视了美育乃

---

① 李泽厚.走我自己的路:杂著集[M].北京:中国盲文出版社,2002:186.

② 关于"审美教育论"下的美育概念的诸多表述,参见:汤杰英.美育概念考察[J].西南师范大学学报(人文社会科学版),2002(2):70-76.

③ 周冠生.美育的今天明天与昨天:对美育概念及其在教育中地位之我见[J].上海师大学学报(社会科学版),1998(1):135.

至教育自身的美。正是意识到现今建基于"审美教育论"的美育观仍旧存在问题，有学者大胆地尝试寻求一种更加符合逻辑与契合现实的"大美育观"，从而走向了"立美教育论"。

五是"立美教育论"。"立美教育论"的意涵为：美育，是按照"美的规律"来实施的教育①。在"立美教育论"中，美育就是教育的本质。"当教育成为'人也按照美的规律来建造'的社会实践工程的时候，它既是真正的教育，又是真正的美育。"②迄今来看，在国内美育界，持有此种观点的不乏其人。譬如，滕守尧依据美学的定义指出，既然美学是研究感知规律的学问，美育就应该是利用美学感知规律所从事的教育，"真正的美育是将美学原则渗透于各科教学后形成的教育"③。再譬如，赵伶俐历经多年研究提炼出来的审美化教学概念同样蕴含着上述"立美教育"的思想④。将视野转向国外，我们同样发现了部分持有此论的美学名家，如英国的赫伯特·里德就提出了"美育即通过艺术进行的教育"的思想，鲁道夫·阿恩海姆在其著名的《视觉思维》中也系统地阐述了这一观点⑤。一言以蔽之，"立美教育论"范畴下的美育，其含义是一切教育活动都应"贯穿美的法则，应用美的形式，并获取美的效果"。

2.实践美学视野中的美感理论

本研究将倚重于对美学理论的借鉴。如何借鉴呢？这是本研究要着重考察的前提性问题。尽管美学成为一门独立的学科只是近代社会以来的科学建树，然现今的美学理论体系可谓洋洋大观而又千头万绪，极为繁复。显然，不加筛选地对全部美学理论进行"细查内里"式的吸收似无可能亦不必要，有益且有效的做法是找出适用于本研究的研究取向与研究对象的关键理论。在研究取向方面，如本书开篇所述，本研究关涉

---

① 陈建翔.有一种美，叫教育：教育美学思想录[M].成都：四川教育出版社,2006:93.
② 陈建翔.有一种美，叫教育：教育美学思想录[M].成都：四川教育出版社,2006:61.
③ 滕守尧.美育：教育现代化的关键[J].北京大学学报(哲学社会科学版),1995,32(2):63.
④ 赵伶俐指出，所谓审美化教学，是指将所有的教学因素(诸如教学目标、内容、方法、手段、评价、环境等)转化为审美对象，使整个教学过程转化成为美的欣赏、美的表现和美的创造活动，使整个教学成为静态和动态和谐统一、内在逻辑美和外在形式美高度和谐统一的整体，从而大幅度提高教学质量，减轻学习负担，使师生都获得充分身心愉悦的一种教学思想理论、操作模式和方法。参见：赵伶俐.审美化教学论[J].西南师范大学学报(人文社会科学版),2000(5):108-114.
⑤ 滕守尧.美育：教育现代化的关键[J].北京大学学报(哲学社会科学版),1995,32(2):63-69.

的乃是一个中层命题，拟探寻的实为一种实践理念，因而观照实践的实用美学理论更适合作为本研究的智慧源泉。于研究对象而言，视听学习资源的结构（外部结构与内部结构）与属性（视觉性、教育性、叙事性等）决定了本研究有必要倚重实用美学视域中的具体合用理论。

尽管有上述认知，然究竟该从蔚为大观的美学理论海洋中筛选出哪些有益于本研究的专门理论，笔者仍倍感力不从心。令人欣喜的是，著名美学专家李泽厚先生曾对美学的相关学科研究作出了图表式的概括（见图2-3），这为本研究拟进行的理论追溯指明了方向。诚然，如李泽厚本人所言，任何对于美学理论的划分都是相对的，不同理论往往是你中有我、我中有你，相互交融，他自己的划分亦不例外。不过，这种相对的划分还是极具系统性与合理性的，对于初入者认识庞杂的美学理论具有"灯塔"般的指引价值。

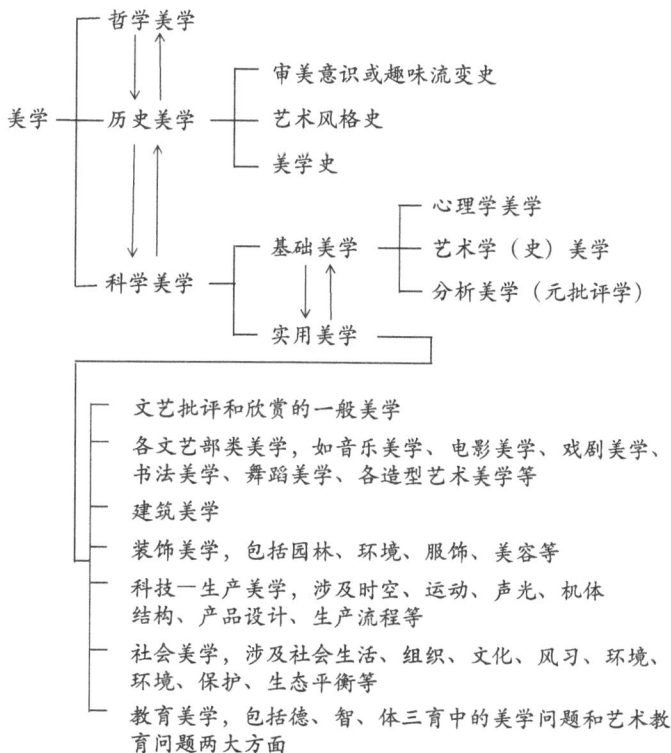

图2-3　美学的理论体系①

① 李泽厚.美学四讲[M].北京:生活·读书·新知三联书店,1989:12.

如图 2-3 所示，庞杂的美学理论体系大体上可划分为三个层次，即哲学美学、历史美学以及科学美学。显然，如前所述，依据本研究的研究取向，科学美学层面的实用美学将成为本研究借鉴的主要理论来源。具体而言，依据研究对象（视听学习资源）的结构与属性，实用美学体系中的具体理论将成为本研究着重考察的专门理论。当然，这并不是说仅以上述相关理论作为基础便可完成本研究的全部研究任务，实际上，这顶多只解决了"怎么样"的任务，而本研究拟解释的"为什么"的问题还需从更高、更合理的理论视域——实践美学中去寻求一种具有逻辑自洽性的可能答案。

关于美学思想，笔者认为有必要从本土的实践美学理论中汲取养分。原因有二：其一，尽管我国的实践美学仅仅发展了数十年，但历经几次美学大讨论，在朱光潜、刘纲纪、周来祥、蒋孔阳等一大批美学家的孜孜贡献下，终至李泽厚处渐臻成熟，因而，其完备的理论要义完全有可能对本书之研究给予足够的智慧观照。其二，相对于更具形而上形态的西方哲学美学而言，本土的实践美学（或更明确地说是李泽厚先生的实践美学）更加贴近客观、贴近社会、贴近人，是一种客观社会派的实践理念[①]。而这一点，与笔者前文所述之研究取向极为契合。

如上所述，李泽厚先生乃实践美学之集大成者，本研究将重点借鉴其思想要旨，尤其是其关于"美感"之论断，将被本研究视为逻辑推演之理论基石。如果说对"美的本质"的探讨至今仍未有定论，那么对审美形态之认知则已达成共识。这种共识便是李泽厚先生在其扛鼎之作《美学四讲》中所言：美感可分为"悦耳悦目""悦心悦意""悦志悦神"。所谓"悦耳悦目"，"指的是人的耳目感到快乐……包含着想像、理解、情感等多种功能的动力综合"；所谓"悦心悦意"，指"通过耳目，愉悦走向内在心灵……是对人类的心思意向的某种培育"；所谓"悦志悦神"，"是对某种合目的性的道德理念的追求和满足，是对人的意志、毅力、志气的陶冶和培育"，"是投向本体存在的某种融合，是超道德而与无限相同一的精神感受"。此外，"悦耳悦目、悦心悦意和悦志悦神三者虽然有所区别，却又不可截然分开，它们都助成着也标志着人性的成长、心灵

---

① 彭修银, 左剑峰. 蔡仪美学的当代意义[J]. 学术月刊, 2007(2): 108-112.

的成熟"①。悦耳悦目一般是在生理基础上但又超出生理的感官愉悦，它主要培育人的感知；悦心悦意一般是在理解、想象诸功能配置下培育人的情感心意；悦志悦神却是在道德的基础上达到某种道德的人生感情世界②。

（二）美育理论为本研究的范式提出提供了思想指引

"立美教育论"为笔者提出新的视听学习资源开发范式提供了思想指引。在学界已经达成"教育应回归育人"一致认识的当下，视听学习资源开发同样应回归"育人"这一原点。如何回归？答案便源自"立美教育论"的启示。

依据"立美教育论"，视听学习资源应按照"美的规律"来开发。对此，需要着重说明的是，在"立美教育论"中，"美"不是指一般意义上的美，而是一种教育意义上的美，是一种契合教育规律的美。依此，所谓视听学习资源应按照"美的规律"来开发，本质上说的是视听学习资源的开发应按照教育的规律来实施，最终实现"贯穿（教育）美的法则，应用（教育）美的形式，并获取（教育）美的效果"。正是基于此，结合视听学习资源自肇始之初便相伴随行的美育属性，观照新时代教育发展的核心诉求，笔者尝试提出了视听学习资源开发的立美范式。

（三）美感理论为本研究的范式创生提供了实践进路

实践美学体系中的美感理论关涉"审美形态"之思想洞见，这便是本研究理论演绎所依仗之"普遍规律"。逻辑地看，在探索视听学习资源之立美范式之前有一个需要解决的前提性问题是：视听学习资源应具有怎样的美感？于是，依据上述"普遍规律"，借"假言逻辑"作一推理，即假如要开发具有美感的视听学习资源，那么，应使其具有"悦耳悦目"之美、"悦心悦意"之美、"悦志悦神"之美。这一逻辑推理的结论便是对"视听学习资源应具有怎样的美感"的解答。即视听学习资源因"悦耳悦目"而美，因"悦心悦意"而美，因"悦志悦神"而美。尽管上述

---

① 李泽厚.美学四讲[M].北京：生活·读书·新知三联书店,1989：155-166.
② 李泽厚.美学四讲[M].北京：生活·读书·新知三联书店,1989：161-165.

推理合乎逻辑，然其结论却稍显空洞，尚缺乏有效且有益的规律，且难以显现其与研究对象本身特性（以教育性为典型）的融合。于是，我们有必要进一步追问，于视听学习资源之美感而言，如何方为"悦耳悦目"？如何方为"悦心悦意"？又如何方为"悦志悦神"？关于这三个问题，李泽厚先生在其《美学四讲》的最后一讲中亦有明断，即艺术的层次："形式美与原始积淀""形象美与艺术积淀"以及"意味美与生活积淀"。显然，"艺术的形式层、形象层和意味层与审美的三种形态即耳目之悦、心意之悦和志神之悦对应"①。需要注意的是，这里"形式层"所说的"形式"是一种狭义的形式，即外在表现形式。而如果从广义的形式上来看，上述三种美对应的是形式的外在美、形式的结构美以及形式的意味美。结合视听学习资源的特性（以教育性为核心）而言，这三种美最终表现为怎样的形态是本研究首先需要完成的目标——勾勒视听学习资源的三层美感形态，这是视听学习资源开发立美范式创生和发展的前提。

概言之，通过对实践美学，特别是其美感思想的考察，为本研究找到明了向纵深发展的三个维度。接下来，需要进一步完成的任务是：视听学习资源需要具有怎样的形式美、结构美以及意味美，方能使其发挥最理想的教育效用？这便需要深入实用美学和教育学的合用理论中寻求"怎么样"的规律。

---

① 章辉.实践美学:历史谱系与理论终结[M].北京:北京大学出版社,2006:31.

第三章　基于教育电影的视听学习资源开发范式探寻

> 一个摄影家好像是去抚摸自然一样，你是用这个镜头去爱护它，去抚摸它，把你看到的东西传达给观众。
>
> ——孙明经

　　文学评论家章亚昕说，"文体结构乃是文学观念的物化形式"[①]，而视听学习资源的物化形式则表现为不同历史阶段的具体样态。视听学习资源的开发思想与其物化形式总是相伴而生的。一方面，这些鲜活的具体样态承载着特定的社会文化下的视听学习资源开发思想；另一方面，正是在一定的视听学习资源开发思想的导引下，这种鲜活的物化形式才得以出现并发展成熟。

　　在本章中，笔者试图探寻民国时期视听学习资源的具体样态——教育电影背后的开发范式，主要任务有三个方面：一是民国时期教育电影制作实践中形成了怎样的视听学习资源开发范式？二是为何会形成这种范式？三是其间是否显现出有益于今日实践的宝贵启示？

第一节　电影与教育的民国相遇

　　依前文对视听学习资源概念的说明，通过对历史事实的考察可以发现，教育电影事实上是我国教育技术（电化教育）史上第一种具有代表

---

① 章亚昕.近代文学观念流变[M].桂林:漓江出版社,1991:6.

性的具体样态的视听学习资源。

在开始对民国时期的教育电影进行"范式"探寻之前，首先需要解决的一些前提性问题是：在民国时期，电影是怎么流入我国的？电影流入我国之后产生了怎样的影响？对此，国人又有何反应？进而，教育电影是如何出现的？民国时期人们又是怎么认识教育电影的？关于这些问题的探讨，我们应以晚清乃至民国时期有关电影发展的史料为依据。

一、晚清时期外国电影的流入

尽管我国是灯影戏的发源地，并在两千多年前就提出了某些重要的光学原理，但电影作为民国时期的新生事物却是彻彻底底的舶来品。1895年12月28日，电影时代正式拉开帷幕。就在那一天，法国里昂的青年路易斯·卢米埃尔在巴黎卡普辛路14号的咖啡馆里，正式放映了《墙》《婴孩喝汤》《卢米埃尔工厂的大门》和《水浇园丁》等几部世界上最早的影片。这一事件，被世界各国电影界公认为标志着电影发明阶段的终结和电影时代的正式开始[①]。之后电影便输入了我国。1896年8月11日，我国有史以来的首次电影放映发生在上海徐园。自此以后，电影便开始在我国生根发芽。

与很多其他舶来品相比，电影输入我国的速度显然要快得多，仅仅花费一年多时间，它便全面而深入地渗透到我国。于是，首先需要反思的问题便是：它流入的速度为什么会如此之快？从迄今的史料来看，至少存在军事、经济、文化三个方面的原因。

首先，军事侵略为电影的流入提供了环境基础。众所周知，自1840年鸦片战争以降，中国逐渐演变为半殖民地半封建社会。自此以后，西方列强多次对华发动了侵略战争。随军事进攻而来的，还有对中国经济、政治以及文化等各方面的侵略。自《马关条约》签订后，各帝国主义国家到中国来开办工厂、设立银行、开发矿山、办理航运，从此一步步地操控了中国经济的命脉[②]。军事上的侵略、经济上的控制，为当时电影输入我国提供了极为有利的外部条件。于是，在这样的历史环境下，电影

---

① 程季华.中国电影发展史：第一卷[M].北京：中国电影出版社,1963:6.

② 程季华.中国电影发展史：第一卷[M].北京：中国电影出版社,1963:7.

诞生之后不久，便随着帝国主义的大炮与鸦片一同强行流入我国。

其次，经济剥削为电影的放映提供了利益动因。军事侵略仅仅提供了外部环境，真正促使外国电影在我国出现并持续发展的乃是经济利益的驱使。据记载，电影在我国的第一次正式放映发生在上海徐园的"又一村"内，它被穿插在营业性的游艺节目中放映，其目的是获取营业性的商业利益。1897年7月，美国电影放映商雍松来到上海，先后在上海各大茶园放映电影。其中在天华茶园首次放映时，曾连映了十余天，票价高达"头等座位五角，二等座位四角，三等座位二角，四等座位一角"①。1904年左右，西班牙商人安·雷摩斯（又称安·雷玛斯）携带影片来华放映。"虽然是时间只有十五分钟，片子大多是破碎不全，看的人已经很是满意，营业因此非常发达。雷摩斯就从那一天起，靠着影片发了财。"②自此以后，花钱看电影（就像把火柴、煤油称作"洋火""洋油"一样，彼时的国人起初也把电影称为"西洋影戏"）便成为上海十里洋场的一项时髦活动。乃至后来，"内地人士到了上海，不到青莲阁（电影放映场所）算是件羞耻的事情"③。自雷摩斯以后，受到中国电影市场的经济诱惑，帝国主义国家的电影投机商人纷至沓来。从那时起，电影成为西方列强对我国进行经济剥削的工具之一，无数国人的真金白银因为电影而流入了西方电影投机商人的口袋中。

最后，文化腐蚀为电影的流入提供了持续动力。事实上，自电影在我国放映开始，文化方面的侵蚀便已经开始。1897年9月5日与1898年5月20日，上海的报纸上曾刊登过两篇电影观感类的文章——《观美国影戏记》与《徐园纪游叙》。据这两篇文章的描述，当时的电影中便有不少与资本主义没落文化相联系的无聊淫秽的东西④。最初，在我国放映的有法、英、德、美等西方诸国的影片，其中，电影发明国法国的影片最盛。随着第一次世界大战的发动与结束，美国影片开始取而代之，在中国市

① 程季华.中国电影发展史:第一卷[M].北京:中国电影出版社,1963:7.

② 谷剑尘.中国电影发达史[M]//中国教育电影协会.中国电影年鉴1934(影印本).北京:中国广播电视出版社,2008:324.

③ 谷剑尘.中国电影发达史[M]//中国教育电影协会.中国电影年鉴1934(影印本).北京:中国广播电视出版社,2008:324.

④ 程季华.中国电影发展史:第一卷[M].北京:中国电影出版社,1963:9.

场独占鳌头。当时输入我国的美国影片，尽管不乏一些比较有趣的娱乐性影片，但更多的则是具有文化侵略性质的精神毒害作用。"舶来影片自幻仙之侦探片起，已显然划分三大时期。第一时期为侦探长片，第二时期为战争片，第三时期为香艳肉感片。"①这三类影片的放映，在社会民风的败坏、外国思想的侵入以及国民人性的麻痹等方面都产生了极坏的深刻影响。以侦探长片的负面影响为例，据记载，"阎瑞生谋害莲英，租界上白昼抢劫，开枪拘捕，绑架肉票，以至一九二三年的临城劫车，多半是《铁手》《黑衣盗》《蒙面人》《红圈》等影片中的动作"②。侦探长片之后，美国人因为发现电影强大的感化作用和宣传作用，便开始不惜投资大量资本，致力于通过电影在中国宣扬美利坚思想。其中，最具代表性的便是战争片的摄制。在战争片中，常常摄制美国军队在战场上如何忠勇，如何荣耀，并展现美帝国主义强大的军事、经济实力。此类影片，譬如《我们的海》《欧洲大战》《爱姆教》等，很长一段时间都占据中国电影市场的主流。尽管其中文化侵略的意图显而易见，但在当时，却受到一些愚昧国人的欢迎。除了战争片，外国输入中国的影片还有一类是香艳肉感片。此类影片最大的危害在于"麻醉人性"。对于上述影片的历史毒害，我国戏剧研究先驱谷剑尘先生曾遗憾地感叹道："种恶因的是美国人，食恶果的却是中国人。"③当时的电影管理者郭有守则称："外国片大多是诲淫诲盗，既使能适应于各出产国的观众，但是绝对不合于中国国情……社会生活的浪漫颓废，城市罪恶的增多，外国电影，总是不能不负相当责任的。"④概言之，"盖舶来影片大半为肉感及浪漫作品，其所给与我国观众之印象，只能引起趋向到享乐或消沉方面"⑤，让国民

---

① 谷剑尘.中国电影发达史[M]//中国教育电影协会.中国电影年鉴1934(影印本).北京:中国广播电视出版社,2008:323-324.

② 谷剑尘.中国电影发达史[M]//中国教育电影协会.中国电影年鉴1934(影印本).北京:中国广播电视出版社,2008:325.

③ 谷剑尘.中国电影发达史[M]//中国教育电影协会.中国电影年鉴1934(影印本).北京:中国广播电视出版社,2008:325.

④ 郭有守.我国之教育电影运动[M]//孙健三.中国电影:你不知道的那些事儿.北京:世界图书出版公司北京公司,2010:412-413.

⑤ 罗刚.中央电检会工作概况[M]//孙健三.中国电影:你不知道的那些事儿.北京:世界图书出版公司北京公司,2010:158.

物质上沉迷于享乐，精神上趋向于消沉，或许是外国影片在文化腐蚀方面的最大用意所在。

综上，电影之输入我国，肇始于军事进攻，发展于经济剥削，持续于文化腐蚀。如果说西方帝国主义是用大炮打开了我们的国门，那么，后来他们则在一定程度上借助于电影这一新生事物对我国展开了更为深入、全面的经济剥削与文化腐蚀。事实已经证明，彼时，我们无法正面抵挡西方列强的大炮，但是这并不意味着在电影方面我们仍旧束手就擒。于是，令人欣慰的是，伴随着民国的建立，一大批仁人志士开启了"电影救国"的道路。

二、民国时期教育电影的发端

有志之士们不满于西方继军事侵略之后的经济剥削与文化入侵，于千辛万苦中开启了中国教育电影的救国之路。这一道路的开启离不开三个标志性的事件。

首先，第一部国产电影的诞生，让后来的实践者们看到了技术上的可行。其实，关于第一部国产电影的诞生，学界尚存争论。一说是1905年的《定军山》。1905年的秋天，在位于北京市一座玻璃工厂中的名为丰泰的照相馆内，该馆创办人任景丰邀请京剧大家谭鑫培开始拍摄影片的尝试。任景丰眼见当时电影界的外患与内忧，心中萌生了摄制中国影片的念头。正好那时德国商人在东交民巷开设了一家祁罗孚洋行，专售照相摄影器材，任景丰便从该洋行购买了一架由法国进口的木制手动摄影机及一部分胶片，随后即开始影片的拍制。丰泰照相馆摄制的第一部影片，便是由我国著名京剧演员谭鑫培（1846—1917）主演的京剧《定军山》中的"请缨""舞刀""交锋"等场面，因而便定名为《定军山》。该片前后拍摄了三天，共成影片三本，被认为是我国最早的一部戏曲片，也是中国人自己摄制的第一部影片[①]。另一说是1913年的《难夫难妻》。经黄德泉考证，至今还没有人能够确切证明"戏曲电影《定军山》"的存在，所谓"谭鑫培之戏曲电影《定军山》"当属误传[②]。于是，便有学

①程季华.中国电影发展史：第一卷[M].北京：中国电影出版社,1963:14.
②黄德泉.戏曲电影《定军山》之由来与演变[J].当代电影,2008(2):104-111.

者指出，我国首部国产电影乃是1913年的《难夫难妻》。那年，郑正秋、张石川等人成立新民公司承包美商"亚细亚影戏公司"编、导、演业务，摄制完成了中国首部短故事片《难夫难妻》（又名《洞房花烛》）①。该片首开家庭伦理剧之先河，以广东潮州地区的封建买卖婚姻习俗为题材，描述了一对素未谋面的少男少女被双方父母逼成夫妻的故事②。上述争论至今尚存，而笔者之意并不在于确认孰是孰非。此处，笔者想表明的是，无论是《定军山》也好，抑或是《难夫难妻》也罢，它们之于教育电影发展的意义在于：是它们让电影技术不再独为西方列强所有，是它们为我国教育电影的萌生开启了先河，是它们让我国教育电影的实践者们看到了希望。

其次，第一部有较大教育意义的电影的诞生，让专门教育电影的发端有了效仿的先例。1916年，幻仙影戏公司在上海成立，其创办人张石川等人在公司成立之初便摄制了影片——《黑籍冤魂》（根据文明戏改编）。该片讲述了一位富家少爷因吸食鸦片而生命难保，遂将家财委于表弟掌管。其表弟伪善歹毒，将家财挥霍殆尽。少爷也被逐出家门，少爷的儿子误食鸦片而亡，其女儿被逼良为娼。少爷一次路逢其女，但女儿被鸨母拉走。父亲望着女儿，无力相救，泪如泉涌③。尽管《黑籍冤魂》亦有浓重的家庭伦理剧的色彩，但该片教育立意深刻，直指鸦片之于国人的危害。七年之后（1923年），软弱的政府迫于各侵略帝国的威逼利诱，再次宣布鸦片可以公开售卖时，为了让民众了解真相，从而揭露当时政府与列强毒害普通大众的卑鄙行径，上海一家名为新爱伦的电影院决定重新放映反映鸦片毒害的电影——《黑籍冤魂》。放映之前，该电影院以一首七言诗的形式在当时的报纸上为该片宣传，诗的具体内容是："鸦片流毒实非浅，到我中华已百年。英雄埋没知多少，耗费金钱真可怜。烟禁虽严如儿戏，如今公卖将出现。贻笑外人尚小事，害我同胞何堪言……"鉴于该片的历史作用，它被视为我国有史以来首部反帝反封建主义电影。除此之外，该片还折射出两方面的教育意义：其一，该片

---

① 张炳林.民国时期电影教育的起源与发展：兼论我国早期电化教育历史阶段划分[J].电化教育研究,2012(11):107-114.

② 章柏青.中国电影·电视[M].北京:文化艺术出版社,1999:8.

③ 章柏青.中国电影·电视[M].北京:文化艺术出版社,1999:8.

孕育了朦胧的教育电影概念，为后来真正意义上的教育电影的诞生拉开了序幕①；其二，该片彰显了一种"寓教育于故事"的教育电影摄制范式，对后来教育电影界在摄制故事类教育影片方面给予了极大的借鉴。

最后，第一批真正意义上的教育电影的诞生，正式宣告了教育电影在我国的兴起。1917年，为配合新学教育，创办于上海的商务印书馆决定兼营电影业并设立了活动影戏部（后改称影片部），专门用于拍摄电影，拍摄艺术片、新闻片，1918年又拍摄科技片。就这样，中国教育电影的发展从1918年的上海商务印书馆开始正式起步②。据记载，从1918年至1923年，商务印书馆分门别类地摄制了多部具有典型教育意义的影片。其中有关于特殊教育的，如《盲童教育》《慈善教育》；有关于幼儿教育的，如《养真幼稚园》；有关于体育教育的，如《女子体育观》；有关于军事教育的，如《技击大观》《陆军教练》；还有关于卫生知识普及的，如《驱灭蚊蝇》③。以上这些教育电影的摄制，其内容编排与商务印书馆当时所出版的教科书相呼应，其主要目的是促进当时学校与社会上刚刚兴起的新学教育的发展，其放映方式主要通过服务某些讲演、宣传和报告进行。之后，商务印书馆影片部还制定了具体的教育电影的摄制方针，指出影片是"通俗教育必须之品"，"与书籍之于学校者，为物虽异，功效无殊"，摄制影片"以裨益社会教育为目的"④。迄今来看，商务印书馆拍摄的第一批教育电影为中国教育电影事业开了个好头，尽管它们一部也没有保存下来（在1932年"一·二八"上海淞沪抗战事件中被日本侵略军投弹炸毁），并且商务印书馆影片部后来也因为经费问题改组乃至停业，但是，上述教育电影之于我国教育电影事业的意义无疑是巨大且深远的。

上述关于教育电影的种种"第一"，都是如此的重要。因为它们，人们明白了国人自制电影的可行性；也因为它们，人们拥有了摄制教育电影的自信心；还因为它们，人们发现了电影之于教育的积极性。于是，

---

① 朱敬.影音教育中国之路探源:关于中国早期电化教育史的理解与解释[M].天津:天津大学出版社,2010:3.

② 杨力,高广元,朱建中.中国科教电影发展史[M].上海:复旦大学出版社,2010:7.

③ 杨力,高广元,朱建中.中国科教电影发展史[M].上海:复旦大学出版社,2010:8.

④ 转引自:彭骄雪.民国时期教育电影发展简史[M].北京:中国传媒大学出版社,2009:10.

后来的有识之士，既有行政官员，也有教育学者，还有电影实践者，终于明白电影之利害：西方列强能够利用电影对我们的国民进行文化腐蚀，我们也能够利用电影对我们的国民进行精神洗礼。

三、民国时期教育电影的认知

迄今来看，民国教育电影研究领域尽管不像教育电影实践领域发展得如此活跃，但是并未停滞不前。相反，在部分具有理论情怀的学者的探索下，这一领域不仅在对教育电影之意涵的界定方面有所思考，而且在对教育电影之分类的探讨方面颇有建树。

在对相关史料的梳理中我们发现，一般来看，大多有识之士对教育电影的认知基本可概括为"俾教育赖电影而功效益宏，电影为教育而力有所注"①，简言之，即"教育电影化、电影教育化"。不过，深入考察发现，学者们在教育电影的具体认知上还是有所不同的。大体上看，他们的认知至少包括以下三类。

（一）一般认识："增加常识的影片"

所谓一般认识，主要是指当时大多数人的普遍认识。民国时期，大部分学者认为，教育电影应是发挥积极、正面教育意义的影片。当时有教育电影推行者认为，能增加民众的政治、公民、艺术、卫生、科学等常识的影片，就是教育电影。这一认识得到当时诸多人士的认同。

譬如，学者宗亮东对这一认识作了进一步阐述。他认为："就广义的而言，凡是与社会教育有关系的一切影片，无论为国民生活的介绍、社会道德的鼓吹、宗教艺术的宣扬、通俗科学的传播、保健卫生的指示、时事问题的解说、休闲娱乐的欣赏以及各机关的业务宣传，都应该属于教育电影的范围之内。"不过，宗亮东同时也意识到，"我们对于教育电影的范围……一般地可以有广、狭二意的区别"。于是，他阐述了对狭义上教育电影的认识："狭义的则限于学校教材影片，如关于知识的获得（包括地理、理科），情意的陶冶（包括公民、读法、国文等），技术的传习（包括体操、手工、音乐及理科实验），如看到为这些教育的目的而摄

---

① 中国教育电影协会.中国电影年鉴1934（影印本）[M].北京:中国广播电视出版社,2008:990.

制的教育影片，都得称为教育电影。"①应当说，上述认识在当时还是比较符合教育学界的认知的，原因在于，它不仅符合教育领域的基本划分（社会教育与学校教育），也契合教育领域的基本目标（知识、情意、技能）。

又如，宗秉新等在《教育电影实施指导》一书中同样表达了上述看法。他们指出："我们对于教育电影的意义，可作这样的说明，'凡是含有促进人类对于自身、对于世界，或对于自身和世界的改变，以合于人生需要，或公共福利为目的的材料，而用电气电光的机械，将这些材料的形体、关系、动作，或声音颜色，表现在银幕上，藉视听的官觉，以灌输于民众，而达到上述目的的，就叫做教育电影'。"②相比较而言，这一界定更为细致地描述了教育电影的目的与过程，比前文所说的"能增加民众的政治、公民、艺术、卫生、科学等常识的影片"更进一步。

（二）特殊理解："寓教育于娱乐的电影"

这一观点的代表人物首推潘公展。最初，在《实施电影教育的途径》一文中，他谈道：关于什么是教育的电影，"我的回答是：'一切的电影都含着教育的作用，所以实际上都是教育的电影，不过它的作用为正为负却有分别罢了'"；"不只是各部门的科学的研究纪录的电影才是教育的电影，在事实上，新闻片是教育电影，甚而神怪片也是教育电影；因为，很显然地，每一个电影都是在发挥着教育的作用"。与此同时，潘公展也承认："从狭义的方面说，'电影的教育'与'教育的电影'是有很大的差异的。前者应该是泛言一切的电影的教育作用，而后者却不过是'作为教育用具之一种电影'。"③从以上论断中可以看出，之所以有如此广义的认知，原因在于其对教育的广义理解。依其观点，教育几乎等同于传递信息，只要是传递信息的电影，无论信息的好坏，都是发挥教育效用的。对此，仅从基本的教育常识来看，错误之处显而易见。

到后来，潘公展在上述认知的基础上阐述了其"寓教育于娱乐"的

① 宗亮东.教育电影概论[M].北京：商务印书馆，1936：38-39.
② 宗秉新，蒋社村.教育电影实施指导[M].上海：中华书局，1936：2-3.
③ 潘公展.实施电影教育的途径[M]//中国教育电影协会.中国电影年鉴1934(影印本).北京：中国广播电视出版社，2008：104.

教育电影认识。他认为："事实上，给人吃药总不如给人吃糖来得容易。同时，潜移默化的作用也当然比强制的作用来得有效。一般人带着一腔自己的兴趣在无意中来接受了教育的力量，这常常是比较的能够深入；如果说明了这是'教育'叫人接受，那么，至多只能作为学校教育的辅助而已，谈不到社会教育了。"然而，彼时，我国学校教育和社会教育都比较滞后，相较之下，社会教育的需求更为迫切。因而，他指出："我们要实施电影一定要从'兴趣'这方面下手，绝不能以表面上的严肃来限制了'与严肃无缘的人们'。"为了说明娱乐的价值所在，他还从反面举例说："过去不是有许多小学生看了神怪影片里的剑侠的故事而想去求仙学道了么？这正是说明了这些神怪影片的教育力量之伟大。"基于这种认识，潘公展认为：实施教育电影，应发挥"娱乐电影"之正面的积极的教育作用；宁可让娱乐的成分多于教育的成分；教育的成分与娱乐的成分，不能是混合物而应该是化合物；等等。此外，在谈及教育电影实施的问题及其解决时，他还指出，关于"这种寓教育于娱乐的电影的剧本如何编制的问题"，"一方面可由政府特聘电影编剧人才，专门编制容纳教育意义而富有趣味的电影剧本，以供电影界自动选用；至于电影公司自编的剧本而含有教育的意义者，政府应酌加奖励"①。

在辩证的意义上，对于潘公展的相关观点应一分为二地看待。一方面，我们应指出其相关观点（如"一切的电影……都是教育的电影"，实施教育电影应"尽可能地求其'低级趣味化'，而同时不流于无聊的胡闹"等）的极端与错误之处；另一方面，我们也应承认，他所提出的"寓教育于娱乐之中，教育的力量可以深入"，"教育的成分与娱乐的成分，不能是混合物而应该是化合物"等观点是很有先见之明的，并且，这些观点也对后来的教育电影研究产生了一定的积极影响。譬如，中国教育电影协会的发起人之一陈立夫便认为"在娱乐之中，却不可不注意到教育的成分"，在电影中，"教育的成分，应该居十分之七；而娱乐的成分，只能居十分之三"②。概言之，在潘公展相对极端的论断下，实际

---

① 潘公展.实施电影教育的途径[M]//中国教育电影协会.中国电影年鉴1934(影印本).北京：中国广播电视出版社,2008:105.

② 陈立夫.中国电影事业的展望[M]//中国教育电影协会.中国电影年鉴1934(影印本).北京：中国广播电视出版社,2008:101.

上隐含着其相对合理的教育电影观，即教育电影不应是学校教育中"严肃"的辅助工具，而应是社会教育中"娱乐"的教育用具，是一种能够实现"教育的力量可以深入"的"寓教育于娱乐的电影"。

（三）专业界定："视听教育辅助品"

如果说"寓教育于娱乐的电影"是从社会教育角度对教育电影的朴素认知，那么，"视听教育辅助品"则更多是从学校教育角度对教育电影的专业界定。据笔者目前所掌握的史料来看，国内首位提出"视听教育辅助品"的学者应为我国教育电影研究的先驱陈友松先生。

作为一个专业的概念，"视听教育辅助品"一词源自美国，由"视觉教育"演变而来。对教育技术历史稍有了解的同仁们应该都了解二者在美国学术界的演变历程。"视觉教育"在美国发展数年之后，相关思想便传入了我国，对民国时期的教育电影研究产生了影响。中国教育电影协会的成员卢莳白曾撰写了《视觉教育的史的研究》一文，指出：尽管电影的发展"最大原因不得不归功于戏院界的需要与兴奋"，但"电影必能成为最扩张、最重要的视觉教育工具"。陈友松曾详述了"视听教育"一词的来源：视听教育是"二十世纪的教育者最新创制的一个新名词（Audio-visual Education），原来是从直观教育、视觉教育脱胎出来的"。"有声电影发明以后，视觉二字便不够用了，所以用视听教育（Audio-visual Education）是恰当的"[1]。

不过，需要指出的是，视听教育辅助品不是对教育电影的专称，而更多是从学校教育的角度对其进行的一个类型划分。在《有声的教育电影》中，陈友松先生不仅认为教育电影属于视听教育辅助品，还认为无线电播音与无线电传影（即电视）等诸多事物都属于视听教育辅助品。譬如，陈友松指出：视听教育辅助品"不仅包括电影，也可以包括无线电播音和不久就要发达到无线电传影即'电视'。无论是从教育上的效用或管理上的方便或技术上的沟通与合作来看，电影声片与播音教育有归并在一个概念内，或统一在一个实施机关以内的必要"。再如，在该书的"视听教育辅助品"一节中，陈友松还指出："除了电影声片、映放机、

---

① 陈友松.有声的教育电影[M].北京：商务印书馆，1937：21-22.

银幕、发音机等外，计有以下各种类的辅助品"，如课室的科学实验和黑板示范、学校的旅行和远足[①]。

从上述观点中可以看出，"视听教育辅助品"一词的诞生，显示出当时的理论研究界已经有了借鉴国际经验的眼光与行动。不过，需要指出的是，这一时期的研究既具有历史意义，也存在历史局限。至于历史意义，相关理论成果不仅为后来我国的教育技术研究提供了学习的基础，也为后来的研究树立了国际性的范例。至于历史局限，一方面，鉴于当时社会教育的迫切性，视听教育辅助品及其相关理论建树因局限于学校教育的视角而并未得到社会的广泛传播与接受；另一方面，陈友松等人对于相关概念的界定也值得商榷，譬如将传统的黑板、游学列入视听教育的范畴稍显牵强。

在对相关认知的归纳中我们发现，不论是一般的，还是特殊的，抑或是专业的教育电影观，其背后相应地都反映出一种教育电影制作范式。换言之，不同的教育电影观常常决定了不同的教育电影制作范式。而笔者的目的便在于，从中梳理出那种在当时最具影响力与实效性，从而最终真正推动民国教育电影发展的实践范式。

第二节　民国时期视听学习资源开发的主流模式

本节是本章的核心所在，聚焦的问题是，民国时期的教育电影制作是否形成了一种主流的视听学习资源开发范式？如果是，这种范式是什么？表现出怎样的特征？下文针对这些问题一一进行解答。

一、视听学习资源开发的纪实范式

通过对民国教育电影的梳理，笔者认为，民国时期的教育电影制作很明显形成了一种具有代表性的视听学习资源开发范式，笔者尝试将此种范式概括为纪实范式。那么，什么是视听学习资源开发的纪实范式？民国时期，人们又为什么要选取这种范式呢？

① 陈友松.有声的教育电影[M].北京:商务印书馆,1937:21-23.

（一）视听学习资源开发纪实范式的内涵

首先需要说明的问题便是，何为"纪实"？在英语中，"纪实"（Document）来源于拉丁文"Docere"（教导），所以有学者认为，仅从出处看，那种强调纪实是单纯记录的说法是不正确的。美国著名纪实摄影家亚瑟·罗特斯坦认为："纪实这个词描述的是一种风格与一种方法。曾经有过许多别的建议——写实的（realistic）、事实的（factual）、史实的（historical）——但是无一能传达纪实传统对真相的深刻尊敬，以及对我们世界积极诠释的强烈欲望。"①在汉语中，"纪实"则是一个动宾结构的词语，至少有名词与动词两类含义。关于"纪"，《辞海》的解释有13种之多，本文选取其中的"整理；综理"之意。（《辞海》中具体的解释为：《诗·大雅·棫朴》："纲纪四方。"郑玄笺："理之为纪。"《国语·周语上》："纪农协功。"韦昭注："纪，谓综理也。"）关于"实"，则有事实、真实之意。按照《辞海》的解释，所谓"纪实"，最初指的是一种小说写作与影视创作的手法，是"一种介于小说和新闻之间的表现手法。通常以社会生活中的真实事件为写作对象，在调查采访的基础上，挖掘事实本身的戏剧性因素，用实录的材料构造具体的情节，并有丰富的细节描写；具有文献的可靠性，又具有小说的叙事便利……是当代非虚构小说或纪实小说的主要表现方法，也应用于影视创作"②。综上，简单来看，所谓纪实，就是对社会真实事件的记录与整理。

综上所述，我们可以对视听学习资源开发的纪实范式进行一个朴素的界定。所谓视听学习资源开发的纪实范式，是指一类视听学习资源的创作手法。通过这种手法，开发者以社会生活中的真实事件为影像制作来源，在调查采访的基础上，挖掘与事实有关的教育性因素，用实录的材料构造相应的教育意图，从而期待达到相应的教育目标。当然，以上界定的表述还很粗糙，有待专家、学者们进一步探讨与修正。

在上述表述中，需要重申与解释的有以下几点：其一，纪实不等于记录。《纪实摄影：风格与探索》中曾写道："镜头前面的景物是真实的，

---

① 孙京涛.纪实摄影：风格与探索[M].济南：山东画报出版社，2004：9.
② 夏征农.辞海[Z].上海：上海辞书出版社，1999：1392.

但摄影家能够运用他的照相机使景物表现另一种真实，一种更深刻而且也许是更重要的真实——他可以作出评论。如果说纪实摄影的第一属性是它表现现实世界真相的能力，那么，它的第二属性就是传达摄影家评论这种真相的能力。"①其二，以社会生活中的真实事件为制作来源。基于纪实范式的教育电影皆与当时发生的各类社会历史事件息息相关。譬如被誉为"香港电影之父"的黎民伟所拍摄的《十九路军抗日战史》，就是黎民伟亲赴一线拍摄的战争事实。仅从名称看，这只是一部战争纪录片，但实际上，它对当时国民抗战起到了极大的教育鼓舞效果。其三，需要有一定的调查采访的基础。所谓纪实范式，并不是对现实事件的简单记录或单纯复制，而往往需要制作者耗费大量的时间和精力进行考察与走访。在这一点上，被蔡元培称作"拿摄影机写游记的今日徐霞客"②的孙明经便是典型。为了拍摄反映祖国美好河山的地理教育影片，孙明经曾亲自前往华北与绥远③调查走访，行程总计一万二千余里。孙明经的华北之行与绥远之行在电影史上也被称作"万里猎影"④。其四，也是最重要的一点，基于纪实范式制作的教育电影要求制作者在纪实的基础上充分挖掘视听资源的教育意义，展现视听资源的教育效果。仍以孙明经为例，据学者考察，孙明经曾拍摄了31部地理风光电影，后来均被纳入其教育电影的范畴⑤。这不免让人产生疑问，地理风光电影何以被归入教育电影的行列？对此，孙明经本人曾在《青岛风光》一片的介绍中有所解答："以国耻历史为骨干，推陈主权得失。以海水浴场之活态，及地方各种建设，显示国土之可爱。"⑥据此不难发现，地理风光电影表面上看是纪"地理风光"之实，实际上孙明经是想通过"国土之可爱"，展现国耻历史与主权得失，点燃民众抗日之热情。

---

① 孙京涛.纪实摄影:风格与探索[M].济南:山东画报出版社,2004:9-10.

② 李睿.孙明经:"拿摄影机写游记的今日徐霞客"[J].影博·影响,2017(2):60.

③ 绥远省,旧省名。1914年置绥远特别区,1928年改设省,辖今内蒙古自治区乌兰察布、鄂尔多斯、巴彦淖尔、呼和浩特、包头等市。省会归绥市(今呼和浩特市)。1954年撤销,并入内蒙古自治区。

④ 史兴庆.民国教育电影研究:以孙明经为个案[M].北京:中国传媒大学出版社,2014:106.

⑤ 史兴庆.民国教育电影研究:以孙明经为个案[M].北京:中国传媒大学出版社,2014:101.

⑥ 孙建秋,孙建和.孙明经手记:抗战初期西南诸省民生写实[M].北京:世界图书出版公司北京公司,2011:16.

总而言之，以纪实范式开发教育电影，要求制作者先是一个观察者或评论者，他要意识到，他的拍摄绝对不能是无动于衷，他需要将自己的真实情感与对摄影机前的真实事物的看法注入其中，这是他教育社会大众的最为有效的办法。为教育，而不是为记录；为大众，而不是为个人：这一点是纪实范式下教育电影的精髓所在。

（二）为何选择纪实范式？

事实上，如前文所述，民国初期最先占据主流的是娱乐类电影，并且也有部分电影人士倡导采取"寓教育于娱乐"的范式制作教育类电影，那么，为何最终的结果是，大部分教育电影制作者仍旧采取了纪实范式开发教育电影呢？从史料记载及当时的社会背景来看，原因至少有以下几点：

首先，基于纪实范式制作的教育电影实现难度较小。人类真实记录现实的梦想，是催生影像技术并促使其发展的持续不变的动力。同时，它也是纪实手法诞生的基础。"就像在马路上拿着一面镜子，周围的景物都极细致地反映了出来，然后把镜子带回家中，这些景物就永远留在上面了。"[1]这就是影像纪实给人们的最初印象——一面"有记忆的镜子"，能将暂时的、稍纵即逝的一刹那以永恒的形式保存下来，将这瞬间影像进行时间与空间的转移。影像技术这种精确记录现实的能力，引起了人们的惊奇。于是，这面"有记忆的镜子"被用来记录静止的建筑、远方的风景和战地的景象。后来人们发现，摄影还可以用来记录现实，推动社会进步。因此，纪实手法应运而生。影像技术诞生的历史告诉我们，记录现实本身是其最基础也是最易实现的功能。于是，在民国时期，不论是专业的电影制作者，还是业余的摄影爱好者，都可以参与其中。与今天相比，民国时期的影像实践技术与制作理念都相对落后很多。大家仅仅凭着满腔的热情，扛着庞大而笨重的摄像机，自然而然但充分而全面地、真实而朴实地记录着当时社会生活的点点滴滴。在制作纪实电影时，摄影师的第一任务是记录，第二任务是评价[2]。显然，二者之中有难

---

① 夏雨.世界纪实摄影十杰[M].北京:中国工人出版社,2005:1.
② 孙京涛.纪实摄影:风格与探索[M].济南:山东画报出版社,2004:9-10.

度的是评价，简单易行的是记录。尽管制作者在完成评价任务时存在水平不一的情形，但至少他们都能够很好地完成记录的任务。一如"纪录片之父"约翰·格里尔逊所言："对于我们来说，纪录电影碰巧是一种最便于利用的和最令人兴奋的媒介手段。"

其次，特定的历史时期为纪实类教育电影提供了良好的素材。检视民国教育电影所处的时代背景，不难发现，纪实类教育电影的兴衰是与极其复杂的社会发展过程相伴随行的。民国时期是一个特殊而又动乱的时期。说它特殊，是因为它是中国走出封建社会的最初阶段；说它动乱，是因为彼时的政局并不稳定，社会动荡不安。这一时期，冲突不断，战争四起。从辛亥革命到五四运动，从抗日战争到解放战争，与此同时还有国际风云的汹涌际会，一系列的历史事件引发了社会各界的关注，电影界的有识之士对此更不会熟视无睹。于是，教育电影制作者们纷纷将手里的摄像机对准现实，期待用图像语言表达他们对于现实的不满，对于外敌的愤怒，对于民众的期待。纪实类教育电影便是在这样一种复杂的社会境遇中定位自身、发展自身，形成了我国视听学习资源发展史上一道极具特色的风景①。

最后，民国电影管理机构为纪实类教育电影提供了发展机会。早在民国初期，有识之士便意识到："电影不仅为娱乐，实为辅助教育之良好工具，倘运用得当，发扬国家文化，启迪民族意识，关系甚巨。"②民国时期的电影主要分为两类，一是娱乐电影，二是教育电影。然而，在民国早期，"盖舶来影片大半为肉感及浪漫作品，其所给与我国观众之印象，只能引起趋向到享乐或消沉方面"③。与此同时，不少国内的电影投机者们也因功利目的而依赖"不成熟之剧本、不合格之导演、不经训练之演员而摄制之不良影片、徒恃广告欺人"。正是在如此情形下，当时的国民政府电影股以及后来的中国教育电影协会都对电影制作的标准进行了明确的规定，抑制一味迎合社会低级趣味的神鬼武侠类娱乐电影的产出，鼓励有益于社会教育的教育电影的发展，并明确提出了"教育电影

---

① 彭骄雪.民国时期教育电影发展简史[M].北京:中国传媒大学出版社,2009:3.
② 转引自:刘思羽.中国影院简史[M].北京:中国电影出版社,2015:101.
③ 罗刚.中央电检会工作概况[M]//孙健三.中国电影:你不知道的那些事儿.北京:世界图书出版公司北京公司,2010:158.

取材之标准"：主要有"发扬民族精神、鼓励生产建设、灌输科学知识、发扬革命精神、建立国民道德"五大类。实际上，仅从这五大类标准的具体内容来看，它本身就潜在地暗含着一种纪实的要求。譬如，"发扬民族精神"明确要求电影要"表现民族革命的过程"，"鼓励生产建设"则明确规定要"宣传已成的建设"，"灌输科学知识"则指出要"指示科学的日常应用，证验科学的自然现象"。显然，至少在当时的电影管理者们看来，与其他类型的制作方式相比，纪实范式下的教育电影更能实现"俾教育赖电影而功效益宏"的目标。

二、视听学习资源开发纪实范式的关键特征

综上，不难发现，视听学习资源开发（教育电影制作）的纪实范式至少具备现实性与教育性两方面特征。那么，具体而言，视听学习资源开发纪实范式的这两大特征在实践中是如何表现的呢？

（一）现实性

现实性是基于纪实范式的教育电影的首要特征。现实性，又可以称作"非虚构"性。在影像制作的早期，人们理解的"非虚构"就是完全对社会真实的还原，但到后来在实践中人们的理解渐渐有了变化。

首先，现实性并不意味着对事实的完全还原，它允许制作者在已有事实的基础上进行一定的创作。回望民国教育电影的开发历程，其中不止一次地出现过上述情形。譬如，黎民伟最初拍摄制作电影时就不是追求纯粹的自然主义真实，他的纪录片中甚至有些是搬演的，但这是在不失大的时代精神真实、环境真实的基础上的搬演。如在《勋业千秋》中，表现众人送别孙中山和宋庆龄等人登船赴日的场面时就调度了包括孙中山在内的数百人，进行了事后的搬演及场景再现。这种搬演将当年的民国历史风云更为生动有趣地呈现出来。此外，在黎民伟团队拍摄的表现十九路军抗战的一系列纪录片中，也有多处搬演拍摄，但中国军民的奋勇抗战精神和非凡智慧通过这种搬演更是表露无遗[1]。相类似的是，孙明经在制作教育电影的过程中也曾使用过搬演、动画等特殊的手法。如在

---

① 赵卫防.辛亥影人黎民伟的当代意义[N].人民日报,2011-10-21(20).

影片《防毒》中，为讲解催泪剂的作用，孙明经曾设计过一个小情节：几个小混混在政府机关门口与门卫发生冲突，警察赶来释放催泪剂，小混混掩面流泪，由于是非职业演员扮演的，被催泪的情形显得可笑①。又如，在影片《防空》中，为了更好地说明防空常识，孙明经大量运用了动画手法，大的动画段落有列强空军力量的对比和炸弹威力的演示，小的动画片段几乎贯穿影片始终②。综上，可以理解的是，民国时期基于纪实范式的教育电影实际上不仅允许制作者的创作，更是鼓励制作者为更好地表现真实而进行必要的创作，力求在时代风貌与社会生活的大的真实基础上，创作出一种能够反映时代进步潮流和民族精神的真实。

其次，现实性并不意味着只是对已有事实的还原，也包括对未发生事实的假想。此种情形实际上也可以归为上述为真实而创作的范畴，之所以单独拿出来再讨论，是因为它与一般的创作有所不同。我们强调纪实要与社会事实有关，一般的创作主要依据事实进行补充、完善、优化等非虚构式的改造，但还有一种创作是基于事实进行虚构式的改造——假想。并非已经发生的事实才有关事实，没有发生而又可能发生的也有关事实，例如明天可能要下雨，这虽然是没有发生的"事实"，而是一种假想，但是它是有关事实的一种假想，所以仍然属于纪实。与之相对，虚构叙述就是假定对无关事实的事件的记录。依此理解，纪实的含义又演化为：纪实就是假定对实在世界的事实的记录，只要被记录的事件有关事实，就是纪实叙述③。这里，"有关事实"，而不是"还原事实"，成为判断是否是"纪实"的关键依据。具体到民国时期的教育电影，对未发生事实的假想实际上非常必要。譬如民国时期的教育电影往往会在影片的最后增加一个假想式的升华：畅想未来国家的富强，描述未来生活的美好，勾勒未来人民的团结……而正是这些基于事实的对未发生事实的假想，在很大程度上给予了生活在水深火热中的观众以希望，从而极大地提升了电影的实际教育功效。

---

① 史兴庆.民国教育电影研究：以孙明经为个案[M].北京：中国传媒大学出版社,2014:140.
② 史兴庆.民国教育电影研究：以孙明经为个案[M].北京：中国传媒大学出版社,2014:147.
③ 谭光辉.纪实、真实、事实的管辖范围及其与伴随文本的关系[J].国际新闻界,2015,37(11)：75-89.

（二）教育性

"镜头前面的景物是真实的，但摄影家能够运用他的照相机使景物表现出另一种真实，一种更深刻而且也许是更重要的真实。"对于基于纪实范式制作的教育电影而言，这种"更深刻而且也许是更重要的真实"指向的是教育，人民大众的教育。为教育，而不是为记录；为大众，而不是为个人：这一点强调的便是基于纪实范式的教育电影的教育属性。

基于纪实范式的教育电影的教育性实际上指的是一种广义的特性。南国农先生曾经在谈电教教材制作时说，所谓教育性，指的是"对于向学生传授某门学科的基础知识，发展学生的能力，培养学生的思想品德，促进学生的体力发展，应能起到良好的作用，有益于学生个性的全面发展"[①]。这里谈的实际上是一种狭义的有关学校教育的教育性。而在民国时期，人们对于教育电影的教育性的认识实际上更多指向的是社会教育。中国教育电影协会曾经翻译过意大利教育电影专家萨尔地的文章《电影与中国》，其中指出：凡电影片之能增加人民的政治、社会、艺术及技术等知识者，皆称为教育影片。

萨尔地对教育电影的阐述，既代表了当时国际上对教育电影的一种权威认识，也是我国对教育电影最早的文献记录[②]。从后续史料来看，这种认识对后来的人们产生了较大的影响。譬如，1934年中国教育电影协会编著的《中国电影年鉴》中就提出："本会认为电影虽为娱乐消遣之工具，但除娱乐消遣以外，尚含有教育之意义。因此，一切电影片，皆可视为教育电影。"[③]显然，这一观点就是在萨尔地的基础上拓展了教育电影的外延，明显过于宽泛了。更为夸张的是，当时曾有人据此观点认为："凡电影都有教育的作用，所以实际上，都是教育的电影，不过，它的作用为正为负，却有分别罢了。"[④]按照这种说法，教育电影不仅包括一切积极向上的电影，也应包括所有有负面作用的，甚至诲淫诲盗的电影。无疑，上述对教育电影之教育性的过度泛化的认识遭到了后来人的反对

---

① 南国农.怎样编制电教教材(上)[J].电化教育研究,1982(3):34.
② 史兴庆.民国教育电影研究:以孙明经为个案[M].北京:中国传媒大学出版社,2014:2.
③ 中国教育电影协会.中国电影年鉴1934(影印本)[M].北京:中国广播电视出版社,2008:997.
④ 宗秉新,蒋社村.教育电影实施指导[M].上海:中华书局,1936:3.

与驳斥。

于是，后来有不少教育电影研究者专门撰文对教育电影的内涵进行了界定，其中有两种界定具有一定的代表性。一是宗秉新、蒋社村二人的界定。1936年，宗秉新、蒋社村在《教育电影实施指导》一书中指出："凡是含有促进人类对于自身、对于世界，或对于自身和世界的改变，以合于人生需要，或公共福利为目的的材料，而用电气电光的机械，将这些材料的形体、关系、动作，或声音颜色，表现在银幕上，藉视听的官觉，以灌输于民众，而达到上述目的的，就叫做教育电影。"[①]相比较而言，这个定义更多地从功能与技术层面对教育电影的教育属性进行了阐述与强调，显得更为合理。二是宗亮东的界定。也是在1936年，宗亮东在《教育电影概论》中指出：教育电影就其教育性而言，"一般地可以有广、狭二义的区别。就广义的而言，凡是与社会教育有关系的一切影片，无论为国民生活的介绍、社会道德的鼓吹、宗教艺术的宣扬、通俗科学的传播、保健卫生的指示、时事问题的解说、休闲娱乐的欣赏，以及各机关的业务宣传，都应该属于教育电影范围之内。狭义的则限于学校教材影片，如关于知识的获得（包括地理、科学），情意的陶冶（包括公民、读法、国文等），技术的传习（包括体操、手工、音乐及理科实验），如看到为这些教育的目的而摄制的教育影片，都得称为教育电影"[②]。应该说，上述界定较为清晰地明确了教育电影的内涵，也指出了教育电影可能涉及的类型，这在当时基本上得到了大家的认可。

总而言之，在本书中，基于纪实范式制作的教育电影必须具备教育性。这里的教育性是一种广义的特性，既包括社会教育，也涉及学校教育，它表现为"以教育的立场为教育而特制"[③]，套用教育界的一个极为常见的观点（促进学生的全面发展），它是为促进人民大众的全面发展而服务的。因而，不是所有的电影都具有教育性，至少，那些诲淫诲盗的电影是一定不具有教育性的。

---

① 宗秉新,蒋社村.教育电影实施指导[M].上海:中华书局,1936:2-3.

② 宗亮东.教育电影概论[M].北京:商务印书馆,1936:38-39.

③ 谷剑尘.教育电影[M].上海:中华书局,1937:58.

第三节　视听学习资源开发纪实范式的生成动因

德国著名影评家齐格弗里德·克拉考尔曾说过这样一段话："一个国家的电影比其他艺术手段更能直接地反映这个国家的心理，更能反映一个民族的精神，通过对作为大众文化的电影的详细解析，能够洞察一个民族的无意识动机和集体欲望。"回望历史，民国教育电影以1918年商务印书馆拍摄的《盲童教育》等影片为肇端，经历了20世纪30—40年代的快速发展时期，至1949年新中国成立而结束。在这几十年的历史中，借助教育电影，一批仁人志士们在推翻北洋腐败政权、揭露国民政府弊病与抵抗日本帝国侵略的救国之路中披荆斩棘，前赴后继。也得益于此，教育电影使人们获得了向广大民众传递先进思想的重要渠道，由此促进了广大民众进步救国意识的迅速形成。通过对民国教育电影发展历程的考察，我们发现，救国——这一民国时期被仁人志士们讨论得最热切的话题自然而然地成为当时电影精英们推动教育电影发展的"集体欲望"，而纪实，则成为他们向普通大众进行视觉呼唤的共同选择。在此过程中，民主、科学、救国、抗日等口号及其背后的信念被反复强化，与一系列的现实革命行动交相辉映，成为彼时"开启民智，宣扬革命"最为关键的力量之一。

一、民国教育电影发展的早期动力

促进民国社会教育的改善，是民族志士们推动教育电影发展时始终未变的愿景。譬如，时任民国教育总长蔡元培在谈论无声电影之功效时认为："（电影）有象无声，其感化力虽不及戏剧之巨，然名手所编，亦能以种种动作，写达意境；而自然之胜景、科学之成绩，尤能画其层累曲折之状，补图书之所未及。亦社会教育之利赖也。"又如，黎民伟论及兴办电影实业的目的时说："电影是大众宣传的伟大武器，我们的任务，是紧急把握这种武器。投资办电影事业，真是拿刃做社会教育。"①

① 俞小一,黎锡.中国电影的拓荒者:黎民伟[M].武汉:长江文艺出版社,2005:168.

教育电影在我国肇始之初，服务新学教育是其重要任务之一。20世纪初，新学教育兴起，教学内容以中学为主、西学为辅，一改过去儒学独占的地位①。1918年，商务印书馆摄制了"教育、体育、时事、风景、新剧、古剧"六类影片，堪称近代中国教育电影的先驱之作②。而这些影片则明显地体现出"服务新学"的特色。这一点，仅从影片的名称上（如《盲童教育》《慈善教育》《养真幼稚园》《女子体育观》《驱灭蚊蝇》《养蚕》《技击大观》《陆军教练》等）便能看出。这些影片的内容不再是"四书五经"等儒家经典，而是广泛涉及特殊教育、慈善教育、体育运动、科技卫生、军事训练等题材，属于"留意儿童身心之发育，培养国民道德之基础，并授以生活所必需之知识技能"之类，具有浓厚的西学色彩。这些影片已经明显地体现出传播科学知识、倡导教育文化的意义，这在"五四"以前的旧民主主义革命时期是难能可贵的③。

除了服务新学，早期教育电影的另一重要目的在于传递具有启蒙意义的先进思想。先看商务印书馆所摄制的影片。譬如《盲童教育》，虽以纪录一个外国人办的盲童学校的情况为核心内容，不过，影片中却附有"希望中国人力行此种事业"之类的字幕，一定程度上宣扬了彼时西方相对先进的特殊教育事业。再如《济南风景》，其中展现了日本帝国主义攻占青岛的政治内容，一定程度上能够激起观众的爱国主义情感④。事实上，不仅仅是商务印书馆的影片，彼时一些电影公司制作的故事片也具有深刻的教育意义。《黑籍冤魂》便是其中借家庭伦理故事之名，而行教育民众之实的典型。该片以家庭故事为载体，讲述了一位富家少爷因吸食鸦片而生命难保，遂将家财委于表弟掌管。其表弟伪善歹毒，将家财挥霍殆尽。少爷也被逐出家门，少爷的儿子误食鸦片而亡，女儿被逼成娼。少爷一次路逢其女，但女儿被鸨母拉走。父亲望着女儿，却无力相救，泪如泉涌⑤。在《黑籍冤魂》中，除去家庭伦理性质的桥段，许多细

① 郝锦花.近代"新学"教育与乡村社会现代化的启动[J].天津社会科学,2002(3):126-132.
② 肖朗,李斌.商务印书馆与近代中国教育电影[J].华中师范大学学报(人文社会科学版),2016,55(1):168-176.
③ 赵惠康,贾磊磊.中国科教电影史[M].北京:中国电影出版社,2005:13.
④ 赵惠康,贾磊磊.中国科教电影史[M].北京:中国电影出版社,2005:13.
⑤ 章柏青.中国电影·电视[M].北京:文化艺术出版社,1999:8.

节的设计也具有特殊意义。譬如剧中人物的姓名："曾和度"是真糊涂的谐音，"曾伯稼"是真败家的谐音，"卜遥莲"是不要脸的谐音，"梅志实"是没知识的谐音。类似细节的设计既突出了彼时国人的愚昧思想，更着力揭露出鸦片的社会危害之深。也正因如此，1923年，时值软弱的政府妥协于列强的淫威而再次宣布鸦片可以公卖时，《黑籍冤魂》被连续重映，旨在唤醒民众，揭露帝国主义毒害人民的可耻行为。20世纪初期，有良知的电影人已经意识到，不能任由舶来电影沦为广大民众的"精神鸦片"，必须改变电影的话语叙事，实现"昌明教育，开启民智"的灵魂救赎。

随着一系列有教育意义的电影陆续公映并取得良好的社会反响，20世纪20年代开始，各界人士已对电影的社会教育价值达成共识。关于这一点，可由1923年《东方杂志》第20卷第5号刊头的广告来证实。该广告标题为《社会教育之利器活动影片》，具体内容有："活动影片在社会教育上占极重要之地位已为近世教育家所公认；本馆特聘专门技师精制活动影片，凡所取材无一不有益人心有裨风俗，即滑稽剧片亦必含劝善深意于提倡艺术之中，仍不失辅助教育之旨。"

二、民国教育电影发展的特殊使命

事实上，自1932年"一·二八"事变以后，教育电影便开始转型，由原来的社会教育型转向鲜明的革命教育型，一大批以"进步思潮""抗日救国"为议题的纪实类教育电影因契合普通大众的情感需求而成为教育电影界的主导类型。

在宣扬进步主义思潮这一点上，不得不提彼时的左翼电影小组在教育电影发展中的贡献。1927年，国民党反动派叛变革命，疯狂的"清党"政策和屠杀政策破坏了1924年孙中山在中国共产党的帮助下订立的"联俄、联共、扶助农工"三大政策和国共两党及各界人民的革命统一战线，葬送了生气勃勃的中国大革命。自此以后，民国教育电影的发展也走向了两个不同的方向。一方面，民国政府通过教育电影推行国民党的治理机制，加强"党国"意识的宣传，同时注重打造"一个党一个主义一个国家"的政治氛围①。另一方面，也是更具历史意义的一方面，随着《中国左翼戏剧家联盟最近行动纲领》的提出，左翼进步主义教育电影开始登上历史的舞台。据统计，民国时期总共产生了74部左翼电影②。这些电影在《中国左翼戏剧家联盟最近行动纲领》的指示下，极大地宣扬了"反帝国主义，反豪绅地主资产阶级的国民党，反黄色与右倾的欺骗，拥护苏联及中国苏维埃与红军"的进步思潮。

创造民国电影票房纪录的《姊妹花》便是其中最具影响力的代表作。该片属于家庭伦理片，以孪生姊妹大宝、二宝的不同命运和不同遭遇反映了中国20世纪30年代的社会状况。综观整个影片，处处隐含着进步主义的思潮。譬如，影片一开始，人物桃哥说："大宝，大宝，今儿好运气！碰着洋枪船走了，没有人拿着洋枪来对着我们，不准我们打鱼！你看，今儿鱼多少，好卖不少钱呐！"大宝笑了。赵大妈也很愉快，说："这次洋船走了，不要再来，让你天天去做好买卖。"③简单的几句台词，便揭示了帝国主义已经深入偏远乡村的侵略行径。又如，影片中描述了这样一个情节：主人公大宝的公公被贩卖洋枪的强盗打死后，家庭悲剧开始了。公公的丧事刚了，又遇到土匪跟官兵打仗，大宝一家人被迫深夜里随乡亲们往山东逃难。这里，简单的情节铺垫便有力地揭示了国民政府不作为所导致的封建军阀的反动统治与平民百姓的疾苦生活。在左翼进步主义教育电影的话语叙事方式下，讲述的虽是平民百姓的寻常故事，反映的却是帝国主义、封建主义以及反动统治无处不在的罪恶。从1932年开始，到1937年"七七事变"爆发，左翼进步主义教育电影发展的时间虽然只有5年，但其宗旨始终是坚持在"电影界叫出'三反主义'的口号来……就是反帝——反资——反封"④。

与此同时，直接助力于抗日教育的电影制作也成为仁人志士们主攻的方向。其间，颇有影响力的国防教育电影有：黎民伟等制作的《十九

---

① 周慧梅，李媛.国家想象与民国时期教育电影的意识走向[J].华东师范大学学报(教育科学版),2015(1):112-117.

② 广播电影电视部电影局党史资料征集工作领导小组.中国左翼电影运动[M].北京:中国电影出版社,1993:344.

③ 谭春发.本是同根生 主仆两处分:影片《姊妹花》赏析[J].当代电影,1993(6):36.

④ 谭春发.本是同根生 主仆两处分:影片《姊妹花》赏析[J].当代电影,1993(6):36.

路军抗日战史》《淞沪抗战纪实》，中国剧作者协会集体创作的《保卫卢沟桥》，史东山等制作的《保卫我们的土地》，袁丛美编导的《热血忠魂》，阳翰笙等编导的《八百壮士》，孙明经制作的《防空》《防毒》，以及由国际主义战士、世界著名的荷兰电影艺术家约里斯·伊文思制作的《四万万人民》等。在这些国防教育电影中，每一个画面都在向民众传递着中华民族坚贞不屈、抗战到底的强烈决心，传递着国家至上、民族至上的永恒信念。

于是，借助革命教育电影的特定叙事方式，对反动政府的熊熊怒火与同仇敌忾的民族意识在人们心中渗透生长。抗战影片《保卫我们的土地》便是其中的典型。该片由史东山、吴蔚云等制作完成，讲述了"九一八"事变时被日本人毁了家的青年刘山带着一家老小到处逃难的故事。影片中的台词所阐述的道理简明易懂而又情真意切："敌人想抢我们全中国的地方，你们跑到哪儿也逃不了。……你们不看看我们东北的同胞们，地方失掉了以后，被敌人赶到火线上去打头阵。假如现在我们不起来跟敌人拼命，保卫我们的土地，将来也会有这么一天的，到那个时候，我们亲手杀的是自己的骨肉，自己的同胞。"①影片通过描述一对青年夫妇的思想醒悟和部分同胞的精神堕落，并在二者对比的基础上，揭露了日本帝国主义惨绝人寰的累累罪行，痛斥了堕落的民族汉奸，歌颂了醒悟的普通大众。在这种正面直接的叙事方式下，影片成功地唤起了广大民众的爱国热情，也在相当程度上发动了广大民众的力量，从而有力地支持了正面战场的抗日战争。

迄今来看，从《盲童教育》《黑籍冤魂》等开始，教育电影自诞生之日起便承载着有识之士尝试通过唤醒民众来实现救国的寄托；《姊妹花》等左翼进步主义教育电影则努力地鼓励民众抵抗"三座大山"的压迫；《十九路军抗日战史》《保卫我们的土地》等抗战时期的特殊作品，更是彰显了爱国志士们在国家生死存亡之时试图发动全民抗日的迫切救国希望。不难看出，先辈们摄制了许多教育电影，其目的显而易见。在整个民国时期，服务新学教育与传递启蒙思想、裨益社会教育与宣扬进步思潮、助力国防教育与点燃抗日热情等微观的举措交织在一起，共同支撑

---

① 程季华.中国电影发展史：第二卷[M].北京：中国电影出版社，1963：20.

起革命先辈们救国的"集体欲望"。

三、民国教育电影发展的深层期待

如前所述，"救国"是民国教育电影发展"集体欲望"的内核所在。在这一内核的主导下，教育电影在光影中描绘了一幅绚丽的救国蓝图，其中不仅有电影人士的艺术追求，也有行政官员的政治期望，更有社会精英的教育信仰。多方诉求驱动着教育电影见证北洋政权的颠覆，经历民国政府的衰落，最后在抗日救国的呐喊中达到高潮。

（一）"救国"是时代赋予教育电影的历史使命

同西方教育电影多萌生于科学研究、学校教育等领域不同的是，教育电影在我国，肇始于文化抵御，发展于政治交锋，腾飞于民族冲突，与民国时代的脉搏同频共振。纵观民国教育电影的生命历程，其被当时的社会打上了极其鲜明的时代烙印。民国时期不同历史阶段的具体社会环境在相当程度上主导了教育电影的发展流变。

最初，有识之士对西方"诲淫诲盗"电影的自觉抵制与民主革命活动的兴起催生了教育电影的兴起。自1896年电影进入中国以后，西方列强利用电影这一"精神鸦片"对中国进行的经济剥削与文化腐蚀便拉开了帷幕。鲁迅先生曾毫不客气地抨击舶来电影，说它"运入中国的目的"，"只如将陈旧枪炮，卖给武人一样"，是为了"多吸收一些金钱而已"，同时，"冥冥中"也发生毒害的"功效"："看见他们'勇壮武侠'的战争巨片，不意中也会觉得主人如此英武，自己只好做奴才"；"看见他们'非常风情浪漫'的爱情巨片，便觉得太太如此'肉感'，真没有法子办——自惭形秽"①。有鉴于此，有识之士们于千辛万苦中开启了国产教育电影的自觉尝试。从1905年第一部国产电影《定军山》的诞生，到1916年有相当教育意义的电影《黑籍冤魂》的尝试，再到1918年商务印书馆摄制的专门的教育影片，自此以后，越来越多的国产教育电影被摄制发布，成为抵御西方列强经济剥削与文化腐蚀、对广大民众进行精神洗礼的教育利器。在有识之士自觉摄制国产电影的同时，教育电影亦成

① 程季华.中国电影发展史：第一卷[M].北京：中国电影出版社，1963：176-177.

为当时国民党民主革命活动的宣传利器。其中，尤以黎民伟的贡献最大。据史料证实，我们今天之所以能在荧幕上看到许多孙中山先生的个人影像和民主革命军的许多行动，正是因为黎民伟先生不计个人得失的电影实践。数十年电影人生中，黎民伟始终期待以电影"启发民智、爱国教民、导人向善"，因此，在拍摄电影时，他不是为了营利而一味迎合大众的喜好，而是专门选择能够对人们有积极影响的正面事件，记录最具教育意义的时代风云。无疑，黎民伟为民主革命的发展鞠躬尽瘁，但反过来看，这也是时代赋予电影人的使命与担当。同样的道理，教育电影在我国的兴起为抵御西方侵略与宣传革命思想起到了重要作用，但也正是如此的时代境遇，赋予了教育电影特殊的使命，使其得到了迅速推广与长足发展。

后来，在进步人士的主导下，国民政府设立了官方教育电影管理机构与发展民间教育电影制作组织，教育电影进入了飞速发展时期。一方面，国民政府设立的电影股起到了积极的作用，另一方面，也是更为重要的方面，中国教育电影协会的创办为教育电影的发展提供了不可多得的时代平台。电影股成立之初便指出："电影不仅为娱乐，实为辅助教育之良好工具，倘运用得当，发扬国家文化，启迪民族意识，关系甚巨。"1932年7月8日，由著名教育家蔡元培牵头发起，民国进步官员郭有守亲自组织，中国教育电影协会在南京成立，并以"研究利用电影，辅助教育，宣扬文化，并协助教育电影事业之发展"为宗旨。中国教育电影协会不仅自己尝试制作地理风光、工业农事等类别的教育电影，还专门制定了明确的《教育电影取材之标准》，详列发扬民族精神、鼓励生产建设、灌输科学知识、发扬革命精神、建立国民道德等五类十五条标准[1]。在开明的方针下，民间的教育电影力量也被调动起来。譬如，"学术机关致力于教育电影的，当首推金陵大学理学院"[2]。"在当时国内流通的教育影片中，90%来自这里，并由教育部安排在全国25个省市反复放

---

① 中国教育电影协会.中国电影年鉴1934（影印本）[C].北京：中国广播电视出版社,2008：996-997.

② 郭有守.记忆中的中国教育电影运动[M]//孙健三.中国电影：你不知道的那些事儿.北京：世界图书出版公司北京公司,2010：4.

映。"①"综计金大所出的教育影片共一百多本……在1932年到1942年这十年中几乎占全国流通的教育影片全数的一半。"②

（二）纪实是民国教育电影人士的主动选择

如上所述，"救国"意识是民国时期教育电影发展过程中一以贯之的内在"魂灵"。这里，需要继续追问的是，民国电影人是如何通过教育电影来实现这一"魂灵"的彰显的？换言之，即在"救国"意识的影响下，民国电影人在制作教育电影的过程中采取了怎样的实践方式？通过对史料的梳理，笔者发现，随着抗日战争的爆发，"唤起民众，全民抗战"成为电影界的新主题，纪实类教育电影在国难时期获得跃进式发展，其影响也远远超越了前期"寓教育于娱乐"式的教育电影，主导了当时教育电影的样态选择。

在电影领域，人们对纪实风格的认识大抵上形成了统一。纪实风格要求尽可能少的假定性，少用人为强化的冲突和情节，最好按照生活原型，强调纪实性和逼真。这种风格多用于处理重大历史题材和人物传记，使史诗题材富有纪实性，让观众信服，加强宣传效果③。纪实风格最早可追溯至"纪录片教父"约翰·格里尔逊发明的专有名词——纪录片（Documentary）④。在格里尔逊看来，纪录片的意义不仅在于反映现实，更在于教育大众。他说，纪录电影对于国家所承担的基本责任就是：无论人们的思想多么混沌，想法多么简单，如何地背离自己的国家，纪录电影都要坚信可以达到（唤醒公众心灵的）目的。可以肯定的是，民国时期的教育电影不但在形式上符合纪实风格的要求，而且在最终的效果上达到了格里尔逊的期待。迄今来看，民国教育电影的纪实方式大抵上呈现出间接与直接两种具体的实践路径。

---

①转引自:李金萍,辛显铭.教育电影化的先驱:金陵大学电教软件编制与推广事业纪实[J].电化教育研究,2007(4):88.

②转引自:张同道,黎煜.被遗忘的辉煌:论孙明经与金陵大学教育电影[J].北京电影学院学报,2005(4):103.

③朱玛.电影电视辞典[M].成都:四川科学技术出版社,1988:449.

④杨击.纪录片三论:源起、构造和真实性[J].新闻大学,2016(6):9-18,146-147.

1.间接纪实

民国早期，最初出现的是直接纪实类电影，主要是由黎民伟记录的关于孙中山和北伐战争的内容。除此以外，绝大多数教育电影常常秉承源于现实而高于现实的原则，从现实的角度构建环境（包括自然环境和社会环境）、塑造人物，并通过电影想象，在情节的发展中突出地、清晰地、连贯地描写现实，达到政治的真实性。这种纪实恰如格里尔逊对纪录片的界定——"创造性地处理现实"（the creative treatment of actuality）。这一理念的内涵包括：（1）作为一种大众媒介，纪录电影要肩负社会责任，实施公众教育。（2）纪录电影要处理现实题材。（3）纪录电影应该是诗意的[①]。

前文提及的《黑籍冤魂》便是其中的典型代表。与当时流行的武侠奇幻故事片不同的是，《黑籍冤魂》的内容无疑是现实的，它描述的是原本幸福的家庭在鸦片的毒害下走向消亡，而这事实上就是无数国人被鸦片毒害的一个缩影。仅从后来该片因政府重新公开鸦片贩卖而被大规模重映来看，影片无疑也承载了莫大的社会责任，取得了良好的公众教育成效。显然，间接纪实的方式有其优势所在：一方面，它能利用故事化与娱乐性的外壳引发广大民众的观影兴趣；另一方面，委婉的叙事方式也避免了对当权者进行太大的政治刺激，不会直接违反政府意识形态的控制底线，从而保证其能够正常进入市场放映。然而，也正因如此，间接的叙事方式不可避免地存在一定的局限性，譬如教育力度不够、批判色彩不浓以及不同程度妥协等情况。譬如《姊妹花》的最后，设计了一个"良心发现"的"大团圆"结局，这不仅反映了制作者调和主义的幻想情绪，也在一定意义上削弱了它的批判性。

尽管如此，这种现实性的题材、故事化的表达与公众教育的准确结合的间接纪实风格还是成为民国早期教育电影极为有效的创作模式，也为后来左翼进步主义教育电影的发展提供了可供参照的有益范式。事实上，受限于反动派的压制，在很长一段时间里，左翼进步人士大都采取寓言、象征、暗示、影射等间接的方式创作教育电影，其目的便在于试图从通过政府审查、揭露社会黑暗、教育广大民众等目标之间寻找一种

[①] 张同道,刘兰.格里尔逊模式及其历史影响[J].电影艺术,2008(4):147-151.

可行的平衡模式。

2.直接纪实

时代环境变化了，纪实电影的风格也在转变。随着抗日活动的持续与抗日战争的全面爆发，间接纪实渐渐转向直接纪实，正面描写现实成为教育电影最主要的制作方式，主导教育电影界的叙事风格。"一·二八"事变之后，一大批以直接纪实方式制作的教育电影纷纷涌现，与此同时，直接纪实方式也得到了电影制作人的认可与推广。

对娱乐性的抛弃与对现实性的加强是直接纪实方式的典型特征。抗战早期，日寇发动的侵华战争赤裸裸地暴露了他们的侵略行径，这也为电影人提供了最直接的教育素材。如前所述，1932年1月，日寇侵沪，黎民伟扛起摄影机到闸北拍摄，后制成《十九路军抗日战史》。这是第一部用镜头记录日本海军陆战队企图登陆上海，中国第十九路军奋起抵抗的抗战影片，上映后在全国产生了巨大影响，第十九路军也因此声名大噪。1937年，黎民伟又在黄埔滩、永安公司楼顶等炮火连天的前沿阵地用镜头记录了中国军队抵抗日寇侵沪的战斗事迹，制成《淞沪抗战纪实》并公映，鼓舞了全国人民和海外侨胞的抗日热情。与此同时，孙明经也通过纪实类教育电影为革命贡献一己之力。他不畏艰险奔赴全国各地拍摄地理风光片，旨在"让百姓看到祖国的大好河山……呼唤观众的爱国激情"[①]；他煞费苦心制作《防空》《防毒》等国防教育电影，于战争年代挽救了无数同胞的宝贵生命。

这一特征在之后的影片中得到了更为彻底的体现。如《保卫我们的土地》的编导史东山说，影片正是为动员农民抗战而制作的，"剧情要简单而有力，内心表现不能太复杂"，"不能穿插无味的笑料，使农民当作玩意儿看"[②]。而由阳翰笙编剧、应云卫导演的影片《八百壮士》更是根据一个真实的爱国事迹来拍摄制作的。"1937年11月下旬，上海沦陷后，中国军队的将近八百名爱国士兵在团长谢晋元、营长杨瑞符率领下，坚守四行仓库阵地，誓不投降，抵抗到底。爱国女童子军杨惠敏代表人民

---

① 孙建秋，孙建和.孙明经手记：抗战初期西南诸省民生写实[M].北京：世界图书出版公司北京公司，2011：16.

② 程季华.中国电影发展史：第二卷[M].北京：中国电影出版社，1963：21.

群众冒险前往送旗。这八百名爱国士兵后来虽然由于弹尽粮绝，撤退到上海租界地区，被租界当局无理扣留，但他们所表现的英勇不屈的爱国行动，却激励了广大人民，也博得了国际正直人士的尊敬，成为当时一个极为轰动的事件。"①以此为基础，《八百壮士》反映了全面抗战的现实：不仅表现了军队与军官的抗战热情，也表现了士兵与群众的英勇群像；不仅体现了中国军队的抗日决心，也体现了人民群众的抗日热情。该片在大后方上映后，受到广大观众的热烈欢迎，发挥了很好的鼓舞人民抗战的教育作用。

除了国防教育电影，民国中后期的其他科教片也多采取直接纪实方式。其中，孙明经是最有力的践行者与推广者。孙明经一生拍摄制作了许多部电影，其中绝大多数是直接纪实的风格：从全国地理风光的再现到农民劳作场景的复制，从工人劳动过程的描写到国防教育知识的说明，直接纪实方式的应用使其能以丰富的细节、自然的手法、直白的叙述传递一种真实的思想与情感。1940—1941年，孙明经曾赴美国考察教育电影，后有感于美国纪实电影的成就，他说："我感触最深的是纪实影片所采用的独到的技术和洗印技术的新发展。"在孙明经看来，纪实或者记录才是电影的本质。他认为："（电影）这种媒介可以直接记录形象、动作和声音，彩色电影还可以直接记录彩色，立体电影还可以记录立体的感觉。因为电影能够记录的范围如此广博而且直接，所以它最便于记载事实，传递思想，发挥情绪。"②除了在实践中践行，后期孙明经还在其创办的月刊《电影与播音》中推广纪实电影的理念与方式。《电影与播音》先后刊登了《教育影片在英国》《纪实电影的精华》《明日的纪实电影》等文章。其中，《教育影片在英国》介绍了格里尔逊发起的英国纪录片运动，《纪实电影的精华》介绍了英国纪录电影名作《锡兰之歌》《住房问题》和《今夜的目标》，《明日的纪实电影》更是直接翻译了格里尔逊的文章《没有戏剧的电影》（"Picture Without Threater"）③。综上可见，正是源于对纪实电影的认同，孙明经坚持"电影是记录和传播文化的媒介，

---

① 程季华.中国电影发展史：第二卷[M].北京：中国电影出版社,1963：24.
② 孙建秋.孙明经：中国电影教育的开拓者[J].传记文学,2007(4)：60.
③ 张同道,朱影.孙明经与格里尔逊：观念、理论与实践[J].电影艺术,2006(2)：68-73.

电影是教育和建设的利器"的观点，十余年间持之以恒地拍摄了百余部纪实类科教影片，以直白的叙述方式取代戏剧的表达手法，不仅记录了20世纪30—40年代中国的地理风景、工农劳作、国防科普等涵盖广泛的方方面面，也开启了一场轰轰烈烈的早期纪实电影运动。

在民国教育电影的诸多史料中，我们不止一次地看到爱迪生的一句名言："谁支配着电影，谁就把影响民众的一个最大的权威操在他的手内。"考察民国教育电影纪实范式的诞生与发展的历史语境，我们发现，从肇始之初起，它便置身于文化抵御、教育启蒙、国家图强等具有强烈救国色彩的社会运动中，其间，激烈的经济、政治、文化以及民族冲突此起彼伏。这些历史实践为教育电影纪实范式的生成构筑了一种具有重要意义和多重价值的动力网络，因而也自然使得教育电影承载了开启民智、反帝反封、民族建设等各类救国期待。无疑，历史的经脉引导了教育电影的生成进路和范式选择。

当时，因为中国长时间处于内忧外患的战争危机之中——从辛亥革命到北伐战争，从持续十余年的"军阀混战时期"到日本侵略者全面发动侵华战争，电影界仁人志士的民族使命感渐渐被全面激发出来，直面社会中的实践事件成为他们共同的现实选择，寻求通过电影实现救国期望成为彼时业内最活跃的话题。以蔡元培、陶行知为代表的教育界人士纷纷著书立说为教育电影摇旗呐喊，以郭有守、陈裕光为代表的政府官员竭尽所能为教育电影广开门路；以黎民伟、孙明经为代表的实践者也充分意识到，只有教育民众才可能真正发动全民救国。"要使得民众有钱出钱，有力出力，必须让民众知道为什么要出钱，为什么要出力。换句话说，必须让民众知道国家的事情。"[①]在这种理念的主导下，教育电影的纪实风格从早期委婉的、间接的手法走向后来鲜明的、直接的方式：在"三座大山"面前，电影人选择的是用故事化的方式影射；而在日本侵略者的刺刀面前，电影人选择的是直面生死存亡的国家危难。民族存亡之际，电影人丝毫不敢懈怠，他们不顾艰难险阻，凭借个人的实践智慧超水平地完成了历史赋予教育电影的时代使命。

---

① 孙建秋,孙建和.孙明经手记:抗战初期西南诸省民生写实[M].北京:世界图书出版公司北京公司,2011:34.

第四节　视听学习资源开发纪实范式的启迪

在前三节中，我们主要回顾了民国教育电影的发展历程，考察了民国教育电影的开发范式，也探讨了民国教育电影开发范式的生成动因。而本节的任务在于，通过对民国教育电影及其开发范式的考察，挖掘其对今日视听学习资源开发有益的宝贵启示。

显而易见的是，自1918年商务印书馆摄制《盲童教育》等到1949年，30余年间，纪实范式主导下的教育电影制作必然积累了许多经验，它们也必然对后世的电影发展尤其是纪实类电影制作产生诸多影响。其中，"实践关怀"这一纪实范式主导下的教育电影最为突出与鲜明的特征，更值得今后视听学习资源开发人员特别关注。

一、生于实践：议题从现实中生发

从宏观视角检视民国电影的发展，不难发现，民国电影人具有显著的实践品性，而这一点在教育电影人的身上则体现得更为强烈。其中，最为直接的证据便是教育电影的题材在很大程度上都是从实践中来的，它们要么是对生产生活的直接记录，要么是对社会事件的间接改编。从上述议题来源的实践范畴来看，大体上可划分为以下三种类型：

一是源于教育实践，这是纪实类教育电影最初发展时的特征。仍以1918年商务印书馆摄制的教育电影为例，商务印书馆摄制了"教育、体育、时事、风景、新剧、古剧"六类影片[①]。其中，教育、体育类题材的影片极为显著地彰显出源于教育实践的特点。譬如《盲童教育》便纪实性地记录了1912年由英国传教士约翰·傅兰雅在上海创办的盲童学校的日常教育教学活动实践[②]。再如《慈善教育》《养真幼稚园》《女子体育观》等影片，它们的内容不再是传统的书本上的僵硬知识，而是广泛取

---

① 肖朗，李斌.商务印书馆与近代中国教育电影[J].华中师范大学学报（人文社会科学版），2016，55（1）：168-176.

② 赵惠康，杨爱华.早期上海商务印书馆教育电影寻踪[J].电化教育研究，2010（6）：113-120.

材于现实教育生活，聚焦于特殊教育、慈善教育、体育运动等方面的日常活动，具有浓厚的实践色彩。

二是源于生活实践，特别是在中国教育电影协会成立以后，以孙明经为代表的教育电影人表现出了对生活乃至生产实践的极大热情。据不完全统计，孙明经一生共制作（含参与制作）了98部教育电影，分为7类[1]。其中，工业常识类电影无论是在数量上还是在影响上都是其制作的教育电影中最为重要的一部分，而这类电影也是其所有电影中纪实色彩最为浓厚的。《孙明经作品年表》统计，孙明经累计制作的工业常识类电影达33部，约占其全部教育电影数量的38%[2]。那么，为什么孙明经会制作如此之多的以工业常识为主题的教育电影呢？原因其实不难理解，因为工业常识类电影符合当时的社会发展需要。从时间上来看，孙明经制作工业常识类电影之时正是国民政府大力发展民族工业的关键时期。彼时经济萧条，为了鼓励民族工业发展，国民政府采取了一系列措施。利用教育电影普及工业常识，为民族工业发展注入来自电影的动力，是当时教育电影的历史使命，也是孙明经等教育电影人的时代责任。而这，也正是当时纪实类教育电影的题材由教育实践转向生活实践的重要原因之一。

三是源于革命实践。应该说，无论是早期的黎民伟，还是后来的孙明经，他们在从事教育电影开发的过程中，始终都不忘关心民族革命活动，并且，这种关心直接体现在他们的作品中。被誉为"中国电影之父"的黎民伟，一生制作了无数电影，至少包括娱乐故事与社会教育两大类，但今天来看，更具影响力也更彰显其个人历史价值的当属他曾经拍摄过的两部纪录片：《淞沪抗战纪实》（1937年）与《勋业千秋》（1941年）。前者因真实地揭露了"八·一三"日寇侵华行径，被称作"唤醒民众的爱国教科书"；后者除了展现了孙中山一生的辉煌，也以影像形式直接保存了日本帝国主义制造的"济南惨案"的罪证，被誉为"血肉的实录，珍贵的国宝"[3]。相比黎民伟在一线的奋斗，孙明经更像是背后的默默奉

---

① 史兴庆.民国教育电影研究：以孙明经为个案[M].北京：中国传媒大学出版社,2014:203.

② 史兴庆.民国教育电影研究：以孙明经为个案[M].北京：中国传媒大学出版社,2014:203-212.

③ 黎锡.《勋业千秋》的背后：一部记录孙中山先生光辉形象和北伐战争的影片[J].电影新作,2011(6):2-8.

献者。考察孙明经的作品，我们发现，其中记录一线战斗情景的影片并不多，但其历史贡献与实用价值却不亚于任何一部革命教育电影。仍以孙明经的成名作《防空》《防毒》为例。如其片名所示，两片均系国防教育类电影，其目的在于向民众传授防空、防毒方面的知识。在当时的情况下，日寇空袭不断，并大打毒气战，在此非常时期，这两部教育电影几乎成为人人必看的影片。回望教育电影发展的历史，自抗日战争爆发以后，民国教育电影的题材转向了以革命实践为中心，或是记录一线战斗场景，从精神层面激发民众的爱国激情，或是传授战争知识，从行动层面帮助人们学会自卫自保。民族危亡之际，教育电影人的摄像头就是他们的眼睛，也代表他们心灵的关注，他们用眼睛观察现实，用心灵把现实的一切转化为影像，最终期待完成对普通大众的视觉化呼喊。

从教育实践到生活实践，再到革命实践，不仅展现了民国教育电影的发展历程，更体现了其历史意义的升华过程。肇始之初，教育电影源于商务印书馆对新学教育的倡导；而后为了服务工业经济发展，教育电影开始涉足生产生活；随着抗日战争的爆发，民族冲突又牵引着教育电影走向抗日革命。在这一过程中，民国教育电影的纪实范式始终体现出显著的实践品性，这不仅表现为它真切关注着当下发生的社会现实，更重要的是，它以现实的问题为出发点，通过对现实的新情况、新问题、新需求的理性思考，创生出契合的题材与主题，最终通过影像的方式对具体现实进行转化与升华。于是，民国教育电影从最初的仅仅为促进教育服务，走向为经济发展助力，直至最终的为民族存亡呼喊。一言以蔽之，社会实践一直是民国纪实范式的教育电影发展的源头活水，更是其彰显历史价值与教育魅力的时代动因。

二、立足实践：足迹在田野中穿梭

纪实范式的教育电影的制作，不仅需要电影人怀有一颗关注实践的心，更需要他们有无数走向实践的行动，穿梭于"田野"之间。大文学家列夫·托尔斯泰说得好："世界上只有两种人：一种是观望者，一种是行动者。大多数人都想改变这个世界，但没有人想改变自己。"民国时期，稍有良知的知识分子都在关注、讨论着现实问题，然而，最终有人

"躲进小楼成一统",有人选择纸上谈兵、坐而论道,而真正深入实践,努力用实际行动改变现实的常常只有少数人。但是,改变世界的恰恰正是这一群少数人,包括一部分教育电影人。

这些教育电影人,凭着满腔的勇气在战斗一线穿梭。民国早期,拍摄纪实类教育电影是非常不容易的。那时的摄影器材非常笨重,摄影机没有马达,要用手摇带动35毫米的胶片运行,操作起来也不便利;同时,更为艰难的是,在制作战争类纪实教育电影时,拍摄者还要扛着如此笨重的设备,冒着生命危险穿行在炮火与弹雨的战场上。这样的拍摄必然很辛苦,时而需要趴在战壕里,时而需要登上房顶,时而需要安静,时而需要跟着战士们奔跑,但只有如此,才能真正记录战争的点点滴滴,这些镜头与画面是永远无法在录影棚中凭空制作出来的。最典型的就是黎民伟与朱树洪、徐长林、罗敬浩等拍摄的揭露"八·一三"日寇侵华的纪录片《淞沪抗战纪实》。黎民伟曾在日记中记录:"1937年8月13日晨,中日军队在沪发生战争。1937年8月14日伟与明、铿儿、均哥(梁伯慈,黎铿之谊父)到黄埔滩摄影,幸行后炸弹掷下华懋饭店及大世界前,死伤不少……1937年8月23日始乘汽车往苏州转京,是日伟与宽哥往见李国宁捐款赠药用,一时二十分到大世界则闻先施、永安被炸,即往拍活动片。连日铿儿在各公司劝募,慰劳伤兵……被炸日适我们休息,否则必遭于难。"①字里行间,拍摄影片的危险历历在目,电影人面对重重危险却毅然前行的勇气更是彰显无遗。

这些教育电影人,凭着坚强的毅力在偏远边疆穿梭。在孙明经的教育电影制作历程中,有一个特殊的行动颇受关注,即被称作"万里猎影"的华北之行和绥远之行,以及1939年、1944年两次西康之行②。为何称之为"万里猎影"?顾名思义,这几次拍摄行动行程过万里。走了如此之远,仅仅是为了拍摄出令自己满意、对社会有益处的影像与画面,其敬业之精神、毅力之坚韧可见一斑。更值得一提的是,在1939年第一次西康之行中,因"粮食缺乏,物价奇昂",预算"不敷甚巨",考察团实际仅历时三个月便结束了行程。然而,此时孙明经却毅然决定自己一人继

① 黎锡.《淞沪抗战纪实》:唤醒民众的爱国教科书[J].电影艺术,2005(5):20.
② 史兴庆.民国教育电影研究:以孙明经为个案[M].北京:中国传媒大学出版社,2014:109-113.

续前行。随后，孙明经带上全部的器材、胶片，独自开展了两个多月的摄制行程①。可以想见的是，在那个年代，没有发达的交通设施，又携带着笨重的摄影器材，再加上对当地地理环境、风俗习惯的不了解，独自一人的摄制过程将面临怎样的困难，经历怎样的艰辛?!由此不难理解，孙明经后来之所以被蔡元培誉为"拿摄影机写游记的今日徐霞客"，大概正是对其拍摄制作教育电影时的徐霞客式精神的赞誉。

今天来看，无论是他们冒着生命危险的这种勇气，还是他们忍受身体苦痛的这种毅力，都值得今天做教育的人，尤其是做教育技术的人学习的。当然，这并不是说我们还要冒着生命危险去制作开发视听学习资源，而是说我们至少应该去学习民国教育电影人不畏艰难困苦深入实践的这种敬业精神。而这恰恰是今天我们一些人所缺失的。我们习惯了"课堂搬家"，习惯了安静地坐在摄影机后面，习惯了依赖技术去完成一切。在这个意义上，今天的视听学习资源开发实际上等同于复制课堂，聚焦的仅仅是课堂上的实践，却忽视了课堂之外的教育实践，更遑论生活实践乃至更广阔的实践世界了。

三、面向实践：诉求以未来为指向

一如商务印书馆的宗旨"昌明教育，开启民智"所言，源于实践的教育电影，其最终的目的不仅仅在于向普通大众进行单纯的影像展示，它想通过努力展示达到"昌明教育，开启民智"的效用，最重要的是，它期待这种效用最终会在人们今后的实践中得到回响。套用马克思的话说，教育电影实际上是作为实践主体的教育电影人根据自身的需要和对实践课题的认识而对未来实践结果的构想，是实践主体对未来的实践结果的超前反映②。

首先，纪实范式下的教育电影注重的并非单纯的知识传输，它期待通过知识传输、事件再现等方式，促使人们改善实践行动。最典型的是孙明经所拍摄的国防教育电影。应当说，在制作国防教育电影的过程中，孙明经倾注了大量的精力，采用了更新的摆拍、搬演乃至动画的手法，

---

① 史兴庆.民国教育电影研究：以孙明经为个案[M].北京：中国传媒大学出版社,2014:110.
② 汪信砚.马克思主义哲学概论[M].北京：人民出版社,2011:116.

其目的在于期待影片能够兼具实用性与趣味性，进而能为广大民众接受乃至喜爱，最终能够在人们的实践活动中发挥其最大的教育功效。之所以如此，是因为孙明经深知，国防教育电影不同于工业农事电影与地理风光电影，它关乎的既不是经济利益，也不是爱国热情，而是千千万万民众的身家性命。拍得好，人们在实际行动中应用了，便是赋予千百万民众生的希望；拍得不好，人们难以转化成实践，就是将千百万民众推向死的深渊。在这个意义上，孙明经比任何时候都期待人民大众的实践回响。民国时期，教育电影中所展现的各类基于实践而超越实践的期待不只是一种美好的梦想，在教育电影人看来，它更是能通过实践解决实际问题的一种可行性存在，是实践过程中的一种可行理想，是满足人的实践需要和解答人的现实问题的一种理想状态。虽然这种期待是观念的东西，人们看不见、摸不着，但它始终是普通大众的实践活动得以发生的直接动因，理想的情况下，它甚至能为实践活动提供明确的方向和事先知道的目标。教育电影人期待，有了方向与目标，人们能够在其指引下行动起来，在实践中不断回应他们。

与个人的回应相比，教育电影人更期待的是民族与国家的实践回响。一个人的实践行动力量微小，但千千万万同胞的努力便力量非凡。应当说，民国教育电影人正是对电影抱有这样的期待，期待它能打动千千万万的人民大众。至少，在孙明经看来是这样的，"在孙明经的传播观念里，结绳记事是手推车，文字是马车，印刷是汽车，白话文是火车，而电影和广播则是飞机"①。孙明经认为，电影作为飞机式的媒介，其传播的速度之快、功能之强，是以往工具所不可及的。于是，孙明经充分发挥电影的这一功能，他所采取的方式就是尽可能地多放映。孙明经制作的电影不仅仅在校园里放映，其中不少影片都曾在电影院或广场广泛放映，有些影片还被列入教育部的"教育影片"库，在全国学校放映。当时金陵大学教育电影部每周五晚上的电影放映成为当地民众的重要文化生活，也是民众教育最有效的方式。孙明经回忆说，这一时期以成都和重庆为中心，有规模地大量展开放映，1944年一年中曾经放映828次，

① 张同道，黎煜.被遗忘的辉煌：论孙明经与金陵大学教育电影[J].北京电影学院学报，2005（4）：100.

观众人数达90万人，其中有540次是在成都地区放映的，288次是在重庆区放映的，其中不少次是在边远区域放映的（包括康定）……成都华西坝星期五晚的露天放映已经成了成都华西坝一带家喻户晓的习尚，每次平均观众一万人。放映也不止于成都、重庆这样的大城市，他们甚至还派出放映队去河西走廊与拉卜楞草原，为农民和牧民放映①。以上数据直接向我们展示了电影区别于其他传播工具的价值所在。显然，电影这一新兴事物本身的属性已经决定，只要运用得当，它影响的就不会是一个人或一群人，而必然是千万民众。在这个意义上，教育电影人实际上正是手拿教育电影这一教育和建设的利器为国家建设服务，为民族统一服务。

一言以蔽之，民国教育电影制作给予今天视听学习资源开发最大的启示在于：视听学习资源制作应具有高度的实践关怀，从实践中生发，在实践中历练，为实践服务。这一点，恰恰是今日视听学习资源开发需要弥补的。换言之，如何重建视听学习资源的实践品性，不仅是历史给予我们的提醒，也是今天教育技术人所要审慎思考的重要课题之一。

实践品性是任何教育行动都需要具有的一种属性，它所表明的是教育行动与生活实践之间不可分割的血肉联系。倘若要用一句话概括这种血肉联系的话，那便是一个几乎已成常识的教育信条："教育要回归生活世界。"它至少包括两层含义：一方面，我们的教育内容不能仅仅局限于单调的知识、机械的技能等，更重要的是，我们要教授学生关于生活世界的东西；另一方面，我们的教育目标也不能仅仅满足于学生完成了知识的接受、技能的习得等，同样更重要的是，我们要实现促进学生学会生活、学会生存的教育目标。应当说，在这一点上，视听学习资源开发亦不例外。于是，我们开发视听学习资源，必须像民国教育电影人一样，深入广阔的教育实践活动中寻找更为生动的素材，而不能仅仅停留于课堂之中，满足于"课堂搬家"。与此同时，我们开发视听学习资源，目的不仅仅在于为更多的学生提供学习知识技能的资源，而是要为学生提供更多、更好的认识生活世界的机会。唯有如此，视听学习资源才能在促

① 张同道,黎煜.被遗忘的辉煌:论孙明经与金陵大学教育电影[J].北京电影学院学报,2005(4):99-105.

进学生学会生活、学会生存方面发挥更多的教育效用。以上所述，实际是一个认识上的问题，而这恰恰是最为关键的。重建视听学习资源开发的实践品性，首先要求开发者们强化和深化对视听学习资源开发这一行为本身性质的认识。

有了这样一种认识，接下来应改变的是在开发视听学习资源的过程中更为真切地关注当下发生的教育现实乃至社会现实。这种关注至少可以有两种方式：其一，在课堂教学与生活世界之间建立一种连接。我们常常批判当下的课堂教学与生活世界存在断裂，而一种可行的弥补方式便是利用视听学习资源建立连续性，最简单的方式便是呈现课堂中的知识如何在实际生活中发挥作用。如杜威所言："有了连续性原则，可以使先前情境中的某些东西传递到以后的情境中去。"①当我们通过视听学习资源建立了这种连接，知识的学习或技能的习得便不再是单调孤立的了，它已经与生活世界息息相关了。其二，直接从生活世界寻找有利于教育的素材并进行创编。毋庸置疑，教育是一个持久的话题，无论何时都不会消亡。并且，教育宏观上的目标在不同时代都不会有太大的变化，都是促进学生不断进步发展。不过，目标虽然没有变化，但是承载目标的形式或方式必然需要随着时代的变化而变化。譬如，抗战时期，谈爱国，教育电影人将抗日战士的英勇形象用影像的形式呈现，人们的抗日热情能受到极大的鼓舞；但时至今日，假如我们仍然通过这些素材进行爱国主义教育，效用可能会打折扣了，因为这离现实生活太远而难以引起学生的共鸣，相对而言，更好的方式是采取贴近时代、贴近生活的案例，换言之，选用这个时代的发生在我们身边的人或事也许更好。而这便需要我们从生活世界中寻找素材进行创编了。

实际上，这里谈的第二点已经是一种提升，从关注具体的教育实践上升至具体教育实践赖以生成与发展的社会实践了。这一点亦是笔者想强调的，视听学习资源开发本身不仅与具体的教育实践相关，更与广阔的生活实践相关。我们开发视听学习资源，不仅要将眼光聚焦于具体的教育实践，也要考虑社会生活对于教育实践的客观需求，考虑生活实践与教育实践的现实互动。因为一定的教育实践总是在一定的生活实践中

①杜威.我们怎样思维·经验与教育[M].姜文闵，译.北京：人民教育出版社，2005：262.

发生的，不关注生活实践本身，教育实践实际上就等同于无源之水、无本之木。民国时期的教育电影之所以引起如此大的关注，产生了如此大的功效，其原因即在于它从教育实践走向了生活实践，关注社会发展进程本身所产生的问题，形式上是开发教育电影，实质上是揭露社会问题。关注生活世界，是一种典型的源于生活而超于生活的视听学习资源开发方式。倘若我们放弃这种方式，仅仅局限于"课堂搬家"，一步步从生活中放逐出来，不再对生活抱有激情，不再对社会问题持有关切，那么，所开发出来的视听学习资源自然无法引起共鸣，产生效用。在这个意义上，在视听学习资源开发面向未来的历史建构过程中，实践品性的建构实有优先的地位。

第四章　基于电视教材的视听学习资源开发范式探寻

电视这种媒体能够帮助教职员人数不够的学校解决因入学人数不断增加而产生的问题，但是，它还没有改造教育，也没有显著地改善大部分学生的学习情况。总之，电视还远远没有发挥它的巨大潜力。诚然，电视已经在教育中了，但是，它仍旧没有属于教育。

——J.墨菲，R.格罗斯

本章主要考察改革开放以来视听学习资源的一种具体样态——电视教材，内容主要包括四个方面：一是梳理电视与教材邂逅的短暂历史，二是挖掘主导这一时期电视教材的制作范式，三是反思电视教材制作范式形成的深层原因，四是汲取这一时期电视教材制作实践给予未来视听学习资源开发的有益启示。

第一节　电视与教材的时代结合

电视教材在中国的登场始于电视教育①的推广。如果将1958年5月1日北京电视台的成立视为我国电视教育的起点的话，那么，1959年5月北京电视台所推出的《汉语拼音字母电视教学讲座》则可以算作第一部

---

① 一般而言,电视教育根据其内容可分为四类:社会性教育节目、知识性教育节目、教学性教育节目、开放大学电视教育教学节目。参见:张庆,胡星亮.中国电视史[M].北京:中央广播电视大学出版社,1996:321-23.

由我国自主编制的电视教材。在经历了特殊时期的历史沉寂之后，1976年之后，伴随着我国教育事业的迅速恢复，电视教育也重吐新芽。从那以后，电视教材这个小小的"魔盒"就给我国的教育事业带来了翻天覆地的变化，其自身也在教育领域迅速普及，一直持续到新世纪前后。不过，随着2003年《国家精品课程建设工作实施办法》的发布，人们突然发现，电视教材这一曾经备受瞩目的教育产品，不知不觉之间便走向了生命的终点，已然被时代之海的数字化浪潮所吞没。

本节主要从名称、定义以及发展背景等方面简要回顾电视教材数十年生命历程中的些许问题，从中汲取其由兴至衰的经验与教训，为今后视听学习资源的发展提供一种参考。

一、什么是电视教材

这里，我们尝试运用逻辑学的基本规律，检视电视教材的名称、定义、分类等问题，试图重新认识电视教材这一学科问题，努力发现我们曾经的误区所在，为今后的学科发展提供一种参考。

（一）电视教材名称的逻辑反思

对电视教材这个名称进行逻辑反思，首先遇到的问题是，电视教材这一名称从何而来？笔者对过往的历史文献进行了细致的梳理，并未发现明确提出电视教材这一概念的记载，而只有"电视"这一名词的来源。西方的"电视"一词的英文为"Television"，是1900年法国科学家康斯坦丁·伯斯基为一次国际会议起草报告时创立的新名词，来源于希腊文"tele"（从远处、远的）和拉丁文"visio"（看，远距离传送画面）的合写，意为"从远距离可以看到的"，或是"从远距离传送来的画面"[1]。经考证，1927年，《申报》和《科学》采用意译方式，将我国古汉语"电视"一词对译英文"Television"，借以表达"利用无线电波传送物体影像的装置"和"利用无线电波传送物体影像装置传送的影像"等外来概念，赋予它新语义，从此，"电视"成为我国的一个新名词。随着技术的不断革新，"电视"一词逐渐成为物理学和新闻学的关键词，进入各大辞典和

① 张庆,胡星亮.中国电视史[M].北京:中央广播电视大学出版社,1996:25.

著作，融入社会，流传至今①。电视与教育的关联始于孙明经的实践推动。1938年，在孙明经的主导下，金陵大学理学院开始招收"电影与播音专修科"新生，该科"电影与播音"方面的课程共计19门，"电视"作为课程名称被列入其中，这是我国高校第一次把"电视"纳入教学课程。1942年12月15日，孙明经在他主编的《电影与播音》月刊第一卷第七、八期合刊中发表署名为罗无念的译文——《电视向电影挑战》，开启了我国刊物发表电视文章的先河②。在随后的实践中，尽管电视与教育的互动愈发频繁，电视节目作为教具、教材的实践已经如火如荼地开展，然而，梳理相关历史文献，我们均未发现"电视教材"这一专有名称，仅有类似的表达名称，如"磁带电影""录像教材""电视教学节目""电视教育讲座"等。据笔者目前掌握的资料看，一直到1978年，学者邓炎昌在其论文《荧光屏上教外语——浅谈电视英语教学的几个问题》中才首次正式使用"电视教材"这一术语。在原文中，作者并没有专门强调电视教材，而只是在论述"电视英语基础阶段的教材应怎样组织"这一问题时，自然地谈道："电视教材最好是每个单位小，重点突出，难度不大，易于上口，易于掌握，前后连贯但各单位又自成一体。"③1978年之后，随着中央广播电视大学的创办，各地广播电视大学陆续兴建，编制电视教材成为广播电视大学的日常重要工作任务之一④。也就是从那时起，电视教材这一名称开始愈发常见，并融入国内的话语体系。与之相应，电视教材的实践与研究开始进入兴盛阶段，一直持续至新世纪前后。通过对上述历史的梳理，笔者发现，尽管电视教材后来进入学术界，并曾经一度成为教育技术学科的学术研究热点，但实际上电视教材这一名称只是在过往电化教育实践中自然形成的工作术语，并不是作为一个学术概念而专门提出的。

作为工作术语的电视教材，能够对实践产生一定的积极影响。具体而言，其积极价值至少在于能够因为其通俗易懂而被有效理解。即便是

① 邓绍根.从新名词到关键词：民国"电视"概念史[J].现代传播（中国传媒大学学报），2015,37（7）：41-45.

② 孙建三.在中国Televison为什么叫"电视"[J].中国广播电视学刊,2004(3):68-70.

③ 邓炎昌.荧光屏上教外语：浅谈电视英语教学的几个问题[J].外语教学与研究,1978(1):55.

④ 张庆,胡星亮.中国电视史[M].北京：中央广播电视大学出版社,1996:345-346.

人们并不了解电视教材的定义，甚至没有见过真正的电视教材，但因为人们对教材有认知，对电视有感觉，因而自然地能够理解电视教材为何物。换言之，电视教材作为一个工作术语，通俗易懂，使得人们在工作沟通中无需过多的解释与说明，不存在任何的沟通障碍。这一点，是自然形成的工作术语常常具有的特殊优势。

然而，作为工作术语的电视教材，在学术上却显得不够严谨。从构成上看，"电视教材"是一个偏正结构的复合概念。在逻辑学中，概念有属性概念与实体概念之分，二者相对存在①。而在"电视教材"中，原本是实体概念的电视，在这里已经转化为一个属性概念用于修饰教材这个实体概念，它反映的是电视教材的技术属性。也就是说，在这个概念的名称结构中，电视被作为一种特有的技术属性凸显出来。一般而言，能够进入某一概念名称中的属性概念，自然是这个概念的本质属性，否则，概念的名称便无法囊括这个概念之下的外延。那么，电视属性确实是电视教材的本质属性吗？本质属性是本质的反映，也就是决定某事物所以成为某事物并区别于他事物的属性②。本质属性是事物内在的始终不变的特有属性。依此来看，电视属性似乎并不是电视教材的本质属性。原因在于，技术总是在不断变化的，不断变化的属性必然不是事物的本质属性③。譬如，在1956年美国安培公司成功研制磁带录像技术之后，为了保证质量，电视教材所依赖的电视技术已经由电视直播技术变为磁带录像技术④。随着技术的进一步发展，磁带录像技术后来又被数字录像技术取而代之⑤。也就是说，电视属性所指向的技术属性实际上在不断地变化，由此，电视教材的内涵与外延都在相应地变更。最终，以变化的技术属性来界定的电视教材名称便也随技术的更迭成为历史，其导致的另一结

---

① 徐锦中.逻辑学[M].天津:天津大学出版社,2001:24.

② 徐锦中.逻辑学[M].天津:天津大学出版社,2001:19.

③ 与"电视教材"类似的是，曾经有学者指出"电化教育"这一名称也不科学，因为它没有反映事物的本质。电化不是本质，形声才是本质。参见:南国农.当前电教理论和实践中的几个问题(上)[J].电化教育研究,1986(1):1-6.

④ 张庆,胡星亮.中国电视史[M].北京:中央广播电视大学出版社,1996:33.

⑤ 实际上，从磁带录像技术出现并应用于电影制作领域之后，电视教材与教育电影就不再有本质的区别，至于今天的数字技术时代，我们更难以分辨二者的不同了。

果便是，与电视教材相关的研究日趋式微，直至停滞①。综上，从严格的逻辑学上反思，电视教材这一名称实际上仅称得上一个技术术语，而不能成为一个合格的学术概念。概念是思维的工具，当学术概念不准确时，思考便会陷入模糊与混乱的误区。而这一点，其实也在一定程度上使得后续与其相关的学术研究一度陷入了无序的状态。在后来的学术研究中，人们根本无法区分电视教材与电影教材的本质不同便是证明。

以上对于电视教材名称的逻辑反思也启示我们，在学科内部的学术研究过程中，命名或确定某个学术概念不能囿于其变化的技术属性，而应寻找更能揭示其本质的特有属性，这种特有属性应能将其与其他概念完全区别开来。这一点，对于曾经长时间处于"前科学"状态的教育技术学的学术研究而言，重要性不言而喻。

（二）电视教材定义的逻辑反思

对于电视教材的含义，国内电化教育界曾经基本达成了一致的认识。不少学界前辈都曾这样界定电视教材的含义：电视教材是根据课程教学大纲的培养目标要求，用电视图像与声音去呈现教学内容，并且用电视录像技术进行记录储存与重放的一种视听教材②③。这一界定代表了彼时国内学术界的权威认识，其他学者的相关界定基本上也表达了几乎相同的含义。然而，从过往的实际情况来看，上述权威的电视教材定义虽已被人们使用、宣传乃至铭记于心，但很少有人从逻辑上对其进行严谨的检视。

倘若从逻辑学的角度审视，我们发现，上述定义实际上犯了同语反复的逻辑错误。所谓同语反复，是指在一个概念定义中，定义项不能直接或间接地包含被定义项，这是概念定义所必须遵循的一条规则④。在上述定义中，"电视教材"是被定义项，而"根据课程教学大纲的培养目标

---

① 尽管当前不少高校仍旧开设"电视教材编导与制作"等相关专业课程,但纵观当前教育技术学学科,相关学术研究已经寥寥无几。

② 南国农,李运林.电化教育学[M].2版.北京:高等教育出版社,1985:136-137.

③ 李运林.电视教材编导与制作[M].北京:高等教育出版社,1991:14.

④ 肖新发.对定义教学中几个问题的认识[J].武汉教育学院学报(哲学社会科学版),1989(4):67-70.

要求，用电视图像与声音去呈现教学内容，并且用电视录像技术进行记录储存与重放的一种视听教材"则是定义项，显然，定义项中已经反复出现了"电视"这个概念，等同于是以"电视"定义"电视"。从逻辑学上说，这便是存在同语反复的逻辑错误。为了避免这一逻辑错误，需要了解的问题是，电视技术具体是怎么支撑电视教材的呢？从技术原理上看，电视是根据人眼的视觉特性，用电子学的方法，实时地传送活动或静止图像以及声音信号的技术。电视技术通常由摄像技术、传输技术、显像技术等三部分组成①。由此，不难发现，实际上电视技术给予电视教材的支撑主要在于三个方面：一是制作的技术支撑，即电视教材需要借助磁带录像技术完成形声的录制；二是传送的技术支撑，即电视教材需要借助信号传输技术完成形声信号的传送；三是播放的技术支撑，即电视教材需要借助电子显像技术完成形声信号的播放。由此来看，电视教材实际上仅仅是利用磁带录像技术对有关教学内容的声音与图像进行录制所形成的事物，至于电视教材的传输与播放，乃是电视教材的应用，与电视教材本身无关。

除了逻辑上的错误，在上述定义中，还存在一种语用错误。准确地说，是存在语义重复问题。对上述定义的具体内容进行细致的推敲不难发现，"根据课程教学大纲的培养目标要求"这一语句的含义与"教材"的含义重复了，二者只能取其一。显然，在给概念下定义这一严谨的学术活动中，语义重复是肯定不能存在的。

从逻辑学与语用学的角度来看，上述定义仍有值得修正的地方。如何修正呢？有一个定义值得参考。李康教授曾经简洁地描述过电教教材的定义，即"电教教材是指：依据教学大纲的规定，主要采用现代电子技术设备制作和呈现的声像资料"。将此有关"电教教材"的简明定义稍做修改，便可适用于电视教材，即电视教材是指根据课程教学大纲的培养目标要求，采用现代电子技术设备制作和呈现的兼具声像效果的资料。

最后，需要强调的是，尽管上述定义存在些许问题，但实际上这些仅涉及学术严谨性的问题并未对实践层面产生太大的负面影响。也就是说，对于实践而言，这一定义在当时还是起到了有效的指导作用，为人

① 罗惠明.电视技术基础[M].广州:华南理工大学出版社,1988:1.

们认识电视教材提供了有价值、有意义的参考。

二、电视教材的独特属性

首先需要反思的一个问题是：电视教材真的是教材吗？从常识上看，这样的发问似乎纯属多余。因为，如果不是教材，何以称作教材？如果不是教材，何以进入学校乃至课堂？然而，如果从教材的内涵与属性的角度来看，情况似乎有所不同。教材有广义与狭义之分。广义的教材包括教师指导学生学习的一切教学材料[①]；狭义的教材是指根据一定育人目标、学习内容和学习活动方式分门别类组成的可供学生阅读、视听和借以操作的材料，它既是教师进行教学的基本材料，又是学生认识世界的媒体[②]。无论从广义还是狭义的认识来看，电视教材无疑都是属于教材行列的。

然而，倘若我们更进一步反思便能发现，作为教材的电视教材实际上并不完全符合教材的基本属性要求。这种不符至少集中体现在四个基本属性上。首先，电视教材不符合教材的系统性要求。所谓系统性是指，教材设计要符合教学论要求，在整体上形成系统的知识网络与知识链条。这包括两层含义：一是教材自身要具有系统性，前后贯通；二是某一教材要与其他教材有所关联，相互衔接[③]。仅从系统性的角度看，过往的电视教材自始至终都是不符合要求的。南国农先生曾坦言："电教教材目前多半是一片一带一题，旨在说明教学大纲中的某些重点、难点，一门学科的系统成套片带尚少。"[④]其次，电视教材不符合教材的规范性要求。从传统的教材史来看，教材的基本结构相对稳定，在教材的编制体例、印刷规格、符号、质量要求等方面一般有比较统一的标准[⑤]。而反观电视教材，在早期发展的十余年中，一直欠缺明确的规范标准，几乎完全处于随意发展的状态，无规可依，无范可循。直到1990年，国家教育委员

---

① 中国大百科全书编辑部.中国大百科全书·教育卷[M].北京:中国大百科全书出版社，1985:144.

② 廖哲勋.课程学[M].武汉:华中师范大学出版社，1992:197.

③ 曾天山.教材论[M].南昌:江西教育出版社，1997:12.

④ 南国农.怎样编制电教教材(上)[J].电化教育研究，1982(2):34.

⑤ 曾天山.教材论[M].南昌:江西教育出版社，1997:13.

会（今教育部前身）才印发《电视教材编制要求与技术质量试行标准》，对电视教材的编制提出了较为细致的规定与要求，从而促进电视教材质量的提升。再次，电视教材不符合教材的教学性要求。编制教材的目的是为教学服务，因此教材不但是科学书籍，而且它的内容和结构要符合学生的认知特性，深入浅出，循序渐进。然而，在这一点上，电视教材也是有所不足的。有学者曾经指出：为什么有的电视教材艺术性与技术性俱佳，却不受师生青睐？为什么一些截取的片段声像资料反而比专门制作的电视教材使用效果更好？问题的症结就在于电视教材的教学性不够①。诚然，确实有部分学者在理论研究层面意识到这一问题，但在具体的编制实践层面中，这一问题却并没有得到实质性的解决。最后，电视教材不符合教材的发展性要求。发展性是教材的基本属性，原因在于，教材本身的成长是一个反复使用、实验、修改和不断完善的过程，同时，随着知识的激增、社会的进化、教育的发展，教材便需要更新换代以适应诸种变化。然而，对电视教材而言，发展性却是其相对欠缺的方面，原因在于，与文字教材相比，电视教材的编制相对更加复杂，所需的人力、财力等都更多。因而，在过往的编制过程中，人们一直强调电视教材编制的完满性，期望一劳永逸，但事实证明这不仅是困难的，也是不现实的。实际上，在早期很长一段时间里（至少是在《电视教材编制要求与技术质量试行标准》真正执行之前），电视教材虽然冠以教材之名，却难符教材之实，因而也并没有完全发挥教材之全部功效。或许正因如此，人们在使用电视教材的过程中常常是抱着试一试的态度，并没有也无法将其当作真正的教材来使用。

当然，除了以上几点，电视教材也具有其自身的一些特性。南国农先生曾明确地提出了电教教材编制的基本原则，即教育性、科学性、技术性、艺术性和经济性原则等五项原则②。应当说，这五项原则不仅被视为电教教材编制的基本原则，也体现了电视教材的基本属性。在南先生提出这五项原则后，学界普遍表示认同，也进行了更多更为深入的探讨。此处需要说明的是，在上述属性中，教育性、科学性是与教材的基本属

---

① 李康.论电教教材的教学性[J].中国电化教育,1996(8):42-45.
② 南国农.怎样编制电教教材（上）[J].电化教育研究,1982(2):33-35.

性相契合的，而技术性、经济性与艺术性则是电视教材所具有的一种特殊属性，尤其是艺术性，是电视教材与传统教材最大的区别所在。电视教材本身就是视听艺术在教育领域的另类呈现。如果说电视是一种综合的艺术，那么，电视教材则是一种综合性比电视更强的艺术载体，它不仅涉及本就属于电视的种类繁多的艺术形式，如绘画和摄影艺术、文学艺术、电影艺术、音乐艺术等[①]，还涉及教育领域的各种教学艺术。因此，对于电视教材艺术性的探讨曾经成为学界电视教材研究的一个重点与热点。

综上，电视教材实际上并不是一种完全意义上的教材。电视教材既有不符合教材基本要求的先天属性，也有超出一般教材的特殊性质。只有认识到这一点，才能理性认知电视教材与传统教材的区别与联系，从而在后续的研究实践中促成二者的互动与渗透。

三、电视教材的兴起背景

迄今来看，电视教材是电视教育实践的时代产物。如前所述，1938年，孙明经在金陵大学理学院"电影与播音"课程中开设"电视"一课，从此电视走进了国内教育领域。不过，限于电视的技术发展与普及比较缓慢，电视教育在我国真正广泛兴起实际上是从20世纪60年代开始的，其中国外的电视技术推动与国内的电视学校发展是重要的原因。

（一）电视教材兴起的国外背景

电视教材的出现与电视技术的发展紧密关联，是电视技术发展到一定程度才得以形成的教育产品。

电视技术在发展的早期，并不足以支撑电视教材的制作。电视技术发明之初，扫描技术是形成电视图像的关键技术。在电视教材出现之前，扫描技术先后经历了机械扫描、电子扫描等阶段。扫描技术最初萌生于1880年德国科学家李伯莱发明的电视旋转盘扫描方式，真正发明是1884年德国科学家保罗·尼普科夫制作的机械性无线电图像传播扫描盘（又称作"尼普科夫圆盘"，尼普科夫也因此被后人称为"电视鼻祖"），它

---

① 李运林.电视教材编导与制作[M].北京:高等教育出版社,1991:67—71.

为现代电视的发明奠定了坚实的基础。进入20世纪，科学家对于电视的研究取得了更大的进展，其中最具突破性的是电子扫描技术的发明。1923年，美籍苏联人维拉蒂米尔·斯福罗金发明了光电摄像管，在此基础上，1928年他又发明了电子析像管摄像机，从此电视技术迈向了电子扫描时代。1936年，以斯福罗金为首的科学家向世界正式推出了电子电视①。电子技术的发展为电视教学的出现提供了可能，然而，在随后的数十年里，历经两次世界大战，电视技术发展得较为缓慢，能够支持电视录像存储的技术并不完善，具有教材属性的电视教育制品仍旧处于胶片技术阶段。

1956年，磁带录像技术的发明为电视教材的产生提供了最为关键的技术基础。此前的电视制作和播放，不论是电视新闻，还是电视教学等电视节目，都是"现场直播"，不仅难以保证节目的质量，也给电视录像的制作、存储与播放带来不便。以磁带录像技术为支撑的磁带录像机的发明，则有效地避免了"现场直播"的弊端，不仅提高了电视节目的摄制、剪辑和播出质量，更关键的是，使得电视节目的声音和图像能够得以保存并重新播出②。孙明经曾经总结了磁带录像技术的诸多优点，如在原始拍摄中的好处在于"录像前、录像后、录像时都能看到效果"，在后期制作中的好处在于"缩短时间、减少开支"，在发行放映中的好处在于"避免实时播发的失误，也有利于贮备节目和编排节目，便利提供节目的人员安排自己的时间"③。尽管磁带录像技术有诸多优点，但在发展早期，它与胶片成像技术相比也存在一些不足，譬如，标准化程度低、清晰度不够、摄制设备更新过快等。不过，在后续发展过程中，随着上述不足的逐渐完善，到20世纪70—80年代，至少在电视制作领域，磁带录像技术已经渐渐取代胶片成像技术而成为主流。随着国外技术的引入，同期的我国电视教材领域，基本上都是以磁带录像技术作为教材编制的核心技术基础。

① 张庆,胡星亮.中国电视史[M].北京:中央广播电视大学出版社,1996:26-29.
② 张庆,胡星亮.中国电视史[M].北京:中央广播电视大学出版社,1996:33.
③ 孙明经.磁带电影的基本概念(一)[J].电化教育研究,1981(2):25-33,15.

（二）电视教材兴起的国内背景

磁带录像等相关技术的发展，大大促进了电视技术在世界范围内的广泛应用。由于我国当时的国情，电视技术除了在新闻传播领域应用，还在教育领域发挥了巨大的作用。其中，电视学校的出现与发展成为国内教育领域最为瞩目的新兴现象。

在世界范围内，中国电视学校的创立时间都位于前列。早在1959年，中国的电视事业刚刚起步时，中国的一些中心城市就创办了运用广播电视等现代化教育技术开展高等、中等教育的新型学校——电视大学。1959年，哈尔滨市政府筹建了哈尔滨广播大学和哈尔滨电视师范大学；1960年2月，经北京市政府批准，成立了北京广播电视大学，由北京市教育局、北京大学、北京师范大学、北京师范学院等院校联合办学；1960年4月，经上海市政府批准，依托3所重点大学创办了上海电视大学。稍后，沈阳市和广州市也先后建立了广播电视大学。这些面向本地区进行远距离教育的广播电视高等学校，根据当地经济建设、社会发展和中小学师资的需要，开设了物理、化学、数学、政治、中文、英语、俄语、机械、电机、化工、农业等专业。专科学制3年，本科学制4至6年不等。到1966年，累计招收本、专科学生12万多人，毕业2.6万人。中国广播电视大学的创办，比世界上最早系统开办电视教学的英国开放大学还早10年，居世界前列，在世界远距离教育史上有着重要的地位和深远的影响。欧美、亚太等地区的许多国家当时都派出教育专家、学者前来考察，认为中国在这方面的开创举措及其所取得的成就，对世界教育有着极大的启示和贡献①。更重要的是，电视大学的广泛开办，既为后来电视教材大规模制作提供了机构支撑，也使得电视教材得以在远距离教育领域发挥出巨大的教育功效。

"文革"之后，一批新兴电视学校的创办与发展，使得电视教材这束教育界的鲜花真正开满祖国大地。1977年以来，随着我国电视事业春天的到来，电视学校也得到空前的发展。最突出的事件，是面向全国的中

---

① 张庆,胡星亮.中国电视史[M].北京:中央广播电视大学出版社,1996:340.

央广播电视大学的创办①。1978年2月6日，在邓小平同志的亲笔批示下，中央广播电视大学正式成立。次年，正式招收32万多名理工科学生，并在2月6日举行了隆重的开学典礼。当时，中央广播电视大学（简称"中央电大"）的主要教学方式便是利用广播电视技术进行现代化的远距离教育，因而，编制电视教材成为中央电大的日常重要工作之一。截至1993年，中央电大先后组织编制电视教材300余种，并通过中央电视台教育频道及各地市教育电视台常年播出。与中央电大同样影响力巨大的还有1987年创办的中国电视师范学院。为了加强中小学师资培训与继续教育，1987年7月，中国电视师范学院正式成立，为我国电视教育的发展注入了又一股强大力量。中国电视师范学院先后编制了数以千计的各类电视教材，如用于中等师范教育的电视教材1155学时；用于高等师范教育的电视教材8000多学时；用于中小学校长培训的电视教材492学时，专题片和案例教学片25部；小学教师继续教育专题电视教材572学时；中学教师继续教育专题电视教材1450学时②。如此大规模的电视教材的推出，为当时的电视师范教育提供了坚实的教材支撑。也是从那时起，提升电视教材的质量成为当时中国电视师范学院的中心工作。为了促进实践的进一步完善，中国电视师范学院还提出了电视教材编制的"三优"原则，即在全国范围内遴选优秀文字教材、优秀主讲教师、优秀制作单位，用于支撑电视教材的编制。在电视教材编制方面，曾经的中央农业广播电视学校与中国燎原广播电视学校也发挥了重要作用。中央农业广播电视学校主要开展学历教育，而中国燎原广播电视学校主要开展非学历教育，二者均主要致力于用现代化手段开展农业技能与知识教育，利用广播、电视、文字和音像教材等多种媒体，主要面向农村进行远距离教育，为农业技术人员、回乡知识青年、乡镇企业职工、乡镇党政干部等农村各类人员提供课程（节目），为乡镇农民文化技术学校、职业技术教育中心、农村职业中学、农业中专等提供教学服务，因而先后也编制了一批农业教育方面的电视教材，积累了相关的编制经验。譬如，中国燎原广播电视学校在组织编制电视教材的过程中，始终坚持"教学第一"

① 张庆,胡星亮.中国电视史[M].北京:中央广播电视大学出版社,1996:340-341.
② 张庆,胡星亮.中国电视史[M].北京:中央广播电视大学出版社,1996:354-355.

第四章　基于电视教材的视听学习资源开发范式探寻

的原则，取得了一定的实效。

除了以上面向全国范围的电视学校，其他专门从事过电视教材编制的还有各地的电视中专、电视职业高中等，如交通部电视中等专业学校，北京市广播电视中等专业学校，北京、天津、辽宁、安徽等省市广播电视中专（广播电视大学中专部）成立的广播电视中专协作组，以及太原、乌鲁木齐、长春等市开办的电视职业高中等。

第二节　改革开放以后视听学习资源开发的典型做法

本节是本章的核心所在。改革开放至21世纪初，电视教材是国内视听学习资源最为主流的表现样态。本节所要追问的是，这一时期的电视教材编制是否形成了有代表性的视听学习资源开发范式？如果是，这种范式是什么？表现出怎样的特征？又呈现出哪些类型？下文围绕上述问题进行论述。

一、视听学习资源开发的移植范式

通过对改革开放至21世纪初电视教材发展历程与编制实践的具体考察发现，这一时期的电视教材编制较为明显地形成了一种具有代表性的视听学习资源开发范式，笔者尝试将此种范式概括为移植范式。那么，什么是视听学习资源开发的移植范式？

回答上述问题之前，首先要解释的是"移植"这一概念的意涵。移栽本身是一个生物学术语，据《辞海》解释，移栽有两层含义：一是医学含义，意为移植术，是指"将身体的某一器官或某一部分，移置到同一个体（自体移植）或另一个体（异体移植）的特定部位而使其继续生活的手术。一般是为修补机体的某种缺陷"。二是植物学含义，意为移植苗，是指"从原来的育苗地移栽到另一个育苗地，再继续培育的苗木"[1]。笔者对于"移植"的理解同样包括两方面含义，其一是"移"，从他处拿来新的东西，如新理念、新方法、新模式、新工具等；其二是

---

① 夏征农.辞海[Z].上海：上海辞书出版社，1999：2115.

"植"，要使新的东西在现在的地方继续生长或发展，当然这种生长或发展有两个方向，要么按照被移者原来的样子生长或发展，要么按照受移者的方式生长或发展。至于哪一种更好或者说称得上移植成功，取决于采取移植行为的人的目标。也就是说，移植最终是否实现了移植者的目标。

一般认为，"移植"被作为一个教育学概念使用最早可追溯到20世纪60年代[①]。彼时，英国兼具生物学家与教育学家身份的埃里克·阿什比就从植物学移植的视角考察了英国高等教育在印度和非洲的发展情况。在我国，多年以前，著名学者梅贻琦在谈到中国大学的源流时就指出：今日中国之大学教育，溯其源流，实自西洋移植而来，顾制度为一事，而精神又为一事。就制度而言，中国教育史固不见有形式相似之组织，就精神而言，则人类文明之经验大致相同，而事有可通者[②]。近年来，在国内教育界，"移植"一词及其相关术语曾经也一度使用频繁。学者们同样主要从医学与植物学两个视角使用移植（有时也称"移栽"）这一术语考察高等教育、教育史领域的教育现象。譬如，有学者曾在植物学的意义上使用移栽等术语，指出高等教育国际转移主要有移栽与嫁接两种模式[③]。又如，有学者曾经分析清末新学堂建立过程中的"移植与疏离"[④]。再如，有学者在借鉴与拓展医学视角的移植理论的基础上对19世纪下半叶以来我国现代高等教育产生的历史源流进行梳理和解释[⑤]。

而在教育技术学领域，有关"移植"的问题也曾被部分学者所关注。譬如，李艺教授在谈到我国教育技术研究理论溯源的缺失时曾指出，学界在理论引进时常常奉行简单的"拿来主义"[⑥]。李康教授曾更为直接地点明，"回顾对电教教材基本属性的研究，我们大致看到这样的脉络：对电教教材的探讨大多局限于移植电影、电视摄制的理论、原则和手法，对教材的相关属性探讨的不多"[⑦]。而南国农先生也曾经委婉地指出：电

① 陈先哲.中国现代高等教育的移植与排斥[J].江苏高教,2014(1):21-24.

② 梅贻琦.大学一解[J].清华大学学报,1941,13(1):1-12.

③ 叶飞帆.移栽与嫁接:高等教育国际转移的两种模式[J].教育研究,2012(10):84-88.

④ 胡金平.移植与疏离:清末新学堂建立过程中遭遇毁学风潮的分析[J].北京大学教育评论,2012,10(4):2-13,184.

⑤ 陈先哲.中国现代高等教育的移植与排斥[J].江苏高教,2014(1):21-24.

⑥ 李艺,安涛.谈教育技术研究中文化传承、理论溯源和学派精神的缺失[J].电化教育研究,2012(4):15-20.

⑦ 李康.论电教教材的教学性[J].中国电化教育,1996(8):43.

教研究的材料、数据等，"引进的痕迹过浓"，"自己的东西较少"[①]，"评价电教教材，多是从拍摄技巧和艺术手法的角度进行分析，很少从教育和学习的角度进行分析，这是不全面的"[②]。对于此类现象，南国农先生其实早已给出解决之道："办电教，要借鉴，对中外古今好的东西，可以拿来，但不能止于拿来，要把拿来变成拿去，在借鉴的基础上有所创新。"[③]南先生的话语虽简短精练，却饱含智慧。

通过对我国近三十年的电视教材编制实践的考察，也在上述学者振聋发聩的警醒下，笔者不揣浅陋，将这数十年的实践行动总结为视听学习资源开发的"移植范式"。依笔者愚见，从电视教材编制实践来看，其所反映出来的视听学习资源开发"移植范式"更多类似于植物学上"移植苗"的含义，即从原来的育苗地移栽到另一个育苗地，再继续培育的苗木。具体到视听学习资源开发而言，在电视教材时期，这种移植范式表现为，原来的"育苗地"为电视领域，新的"育苗地"是教育领域，移植的是一系列新理论（如电视编导理论）、新方法（如电视节目制作的模式）、新工具（如非线性编辑系统）等。一言以蔽之，所谓移植范式，是指资源开发者创新性地将电视编导领域的各类理论与技术移至教育教材开发领域，并期待这些理论与技术能够在教育领域"生根发芽"，以修补教育领域的传统缺陷或促进教育领域的优化发展。

二、视听学习资源开发移植范式的层次区分

与植物移植不同的是，视听学习资源开发实践中的移植属于社会系统的移植，它的移植过程可能会更漫长、更艰难。这种漫长与艰难常常会表现出不同的层次或阶段。这里，我们借助金耀基先生提出的"中国现代化的三个层次"思想[④]，将视听学习资源开发移植范式的内在层次划

① 南国农.我国电化教育学科建设的回顾与展望[J].华东师范大学学报(教育科学版),1990(1):28.

② 南国农.当前电教理论和实践中的几个问题(下)[J].电化教育研究,1986(2):30.

③ 南国农.80年代以来中国电化教育的发展[J].电化教育研究,2000(12):3.

④ 金耀基先生指出,中国现代化运动中中国文化的"形变之链"的过程实际上契合汤因比所创的"文化的反射率",依此推衍,中国的现代化大致说来是循着"器物技能层次(technicallevel)""制度层次(insititutionallevel)""思想行为层次(behariovallevel)"等三个层次变化的。笔者以为,视听学习资源开发移植范式的内在层次实际上与此亦有契合之处。详见:金耀基.从传统到现代[M].北京:法律出版社,2017:125-131.

分为"器物层次（technical level）""制度层次（insititutional level）""思想层次（beharioval level）"三个阶段。

首先是器物层次的移植。实际上器物层次的移植可以追溯到教育电影在我国的肇始之初，只不过在电视教材时期，这种器物层次的移植更为显著。有这样几个典型的事件可资佐证。在世界范围内，自电视发明以后，人们一直努力地想将其引入教育领域。1950年，美国率先建立了世界上第一座专业性的教育电视台。自此之后，法、英、意等国也纷纷利用电视设备发展教育事业。后来，随着闭路电视技术的完善，各国又着手将其用于课堂教学活动并迅速普及开来。之后，卫星技术的发展，又为电视教育的发展开辟了新的领域，1974年，美国率先发射卫星用于播送教学节目①。与国际相类似的是，我国改革开放之后，电视技术在教育领域的应用也是如火如荼。我国20世纪60年代就开始兴办广播电视大学，"文革"时期被迫停办，之后，中央和地方陆续建立和恢复广播电视办学。1986年，我国开始利用卫星开展电视教育，受到各地教育培训部门的欢迎。据统计，截至1988年底，全国教育系统已建立教育电视台、收转站、接收站3000多个，放像点21840个②。一系列电视及其相关技术的引进，给我国的教育事业带来了新的生机，并在很大程度上促进了教育现代化的发展。不过，不难发现的是，上述种种实际上都只是典型的器物层次的移植，属于单纯地将电视领域的诸多播放与接受技术引入教育领域。

一般而言，器物层次的移植是一种操作最为简单且影响相对较小的移植方式。究其原因至少有两点：其一，文化中物质因素之转变较非物质因素更快。的确，随着时代的发展，纵观技术对教育的影响，器物的转变是最先的，电影的介入、广播的流行、电视的风靡等，莫不如此。其二，器物层次是一种外部因素，它有其特有的优势，更重要的是，器物层次的移植一般并不侵害到本体领域的内部价值，故而常常备受欢迎。譬如电影电视技术进入教育领域之初所营造出的大规模教育效果，明显地扩大了教育教学活动的覆盖面，这是它的优势所在。与此同时，电影、

① 李运林.电视教材编导与制作[M].北京:高等教育出版社,1991:1-2.
② 国家教育委员会电化教育司.电化教育规章文件选编[M].北京:高等教育出版社,1991:1-3.

第四章 基于电视教材的视听学习资源开发范式探寻

电视等器物的引入更多时候也就停留在这一层面了，很难继续深入。尽管很多人曾夸大地认为电影、电视对教育教学具有革命性影响，但事实告诉我们，在不改变教育本体领域的内部价值的前提下，教育领域是欢迎移植的，但一旦有所越界，层层阻力便随之而来。

其次是制度层次的移植。有阻力并不意味着不能前进。制度层次的移植较之器物层次的移植又深了一层，但也难了一层。原因很简单，由于制度较之器物对教育内部价值的影响更大，因而所遇到的阻力也越大。电视教材时期，电视领域是否也有制度层面的移植呢？答案是肯定的，有相关事实为证。在电视教材时期，国家主管教育的部门曾经就电视教材的编制制定过一系列的规章制度。譬如，综合类的有《关于卫星电视教育工作的报告》（1987年5月18日），专业类的有《关于加强电化教育教材建设的意见》（1988年3月28日）、《电视教材编制要求与技术质量试行标准》（1990年11月17日）等。不过，需要注意的是，上述种种制度移植的举措并非"颠覆"，而只是"弥补"。所谓弥补，有两层含义：一方面是因原有系统存在不足，所以需要增加一些新东西以完善；另一方面，因为只是弥补，所以不可能对原有系统有太大的根本性的改变。也就是说，在电视教材时期，有制度移植的做法，但这些做法都是有限的、局部的、辅助的，它们并没有真正深入传统教材体系的内部，因而没有从根本上改变原有教材系统的面貌。更重要的是，当今天我们重新审视这些制度时，不难发现，这些制度层面的移植实际上与器物层面的移植相类似，它们没有与教育系统相结合、相融合，而仍是单纯地"拿来"，更多是具有电视属性而缺乏教育色彩，也因此，它们实际上很难对原有的教育系统产生大的影响。

最后是思想层次的移植。思想层次的移植实际上是一种文化层面的移植，"它牵涉一个文化的信仰系统、价值系统、社会习俗等最内层的质素"①。也因此，这一层次的移植是最不容易的，也是最缓慢的。电视与教育实际上都代表着各自的文化，前者反映的是现代社会的技术文化，而后者蕴藏着传统社会的教育文化。当以电视为标识的技术文化与以传统为特征的教育文化相接触时，常常表现出一种"滞后"现象。这种现

---

① 金耀基.从传统到现代[M].北京:法律出版社,2017:129.

象通常表现为两种方式，一种是器物与思想之间的"滞后"，人们使用着最新的电视技术，心里想的却仍旧是如何传授书本上的僵硬知识，而非再现丰富多彩的生活世界。实际上，这些技术服务的还是传统的教学模式，或者说，这些技术仅仅是在辅助传统教育教学活动。另一种是制度与思想之间的"滞后"。尽管相关的制度层出不穷，尽管制度的顶层设计者们也在不断强调"要制定加速发展电视、广播等现代化教育手段的措施，这是多快好省发展教育事业的重要途径，必须引起充分的重视"①，然而实际上在这些制度之下，人们的思维并没有变化。曾经，我们国家有完善的电化教育体系，各级教育机构都设有相关的电化教育馆，然而，在如此完善的"电化教育"制度之下，"书本教育""黑板教育"的观念仍旧根深蒂固。从这个"滞后"意义上看，电视等视听技术之于教育的真正价值实际上没有得到有效的释放。

以上是对视听学习资源开发移植范式的一种大体上的层次划分，倘若以此为尺度审视过往的实践，可以发现，在有些时候，我们实际上都停留于器物层次的移植，更多是奉行"拿来主义"，将电视技术简单地拿到教育领域，这是很容易实现的，但其效果也是有限的。不过，庆幸的是，制度层面的移植形成了一定成效。一方面，这种移植产生了一些兼具电视与教育双重属性的制度；另一方面，所形成的种种制度也在一定程度上、一定时期内带动了教育系统的变革。可惜的是，在思想层面，这种移植似乎并不常见。一方面，我们很难在"道"的层面发现过往电视与教育整合实践的理论成果；另一方面，在这一时期，各类视听技术背后的技术文化仍旧尚未变革传统的教育文化。事实上，即便是在今天，静态、封闭的传统教育文化实际上仍旧没有完全被包括数字文化、互动文化和共享文化在内的技术文化所变革，更遑论视听技术上不发达的曾经②。

正是在上述意义上，笔者认为，与基于教育电影的纪实范式相比，基于电视教材的移植范式实际上有一定的先进之处。概括而言，这种先进体现在视听技术"进入"教育的程度上。纪实范式下，视听技术仅仅

---

① 国家教育委员会电化教育司.电化教育规章文件选编[M].北京:高等教育出版社,1991:1.
② 邱相彬,李艺,沈书生.信息技术作用下的课程文化变革思维[J].教育研究,2017(9):92-98.

是被"加入"教育中；而到了移植范式，实践者们已经试图将视听技术"嵌入"教育之中。二者的区别在于，从形式上看，纪实范式还处于改变形式的阶段，而移植范式已经尝试改换环节；从技术的变化上看，纪实范式多是拿来器物技术，而移植范式不仅对器物技术进行应用，还尝试移植基于技术的方式方法；从发挥的作用上看，纪实范式更多是服务于社会教育（包括革命教育），而移植范式则在促进社会教育的基础上，广泛为学校教育提供支撑。在这里，笔者将从纪实范式到移植范式的视听学习资源开发转换用图4-1来呈现。总的说来，尽管存在些许不足，但不可否认，随着时代的发展，无论是从技术属性还是从教育属性来看，视听学习资源开发的移植范式都是比纪实范式有所提升的。一句话，移植范式是在纪实范式的基础上发展起来的更为先进的范式。

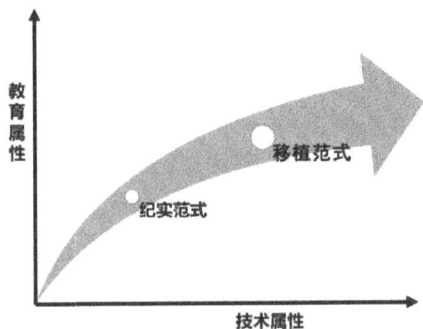

图4-1 视听学习资源开发范式的转换关系（一）

第三节 视听学习资源开发移植范式的生成动因

本节试图追问的问题是，为什么在这个时期我国的视听学习资源开发显现出典型的移植范式？如前所述，所谓移植范式，是指资源开发者创新性地将电视编导领域的各类理论与技术移至教育教材开发领域，并期待这些理论与技术能够在教育领域"生根发芽"，以修补教育领域的传统缺陷或促进教育领域的优化发展。因而，在"为什么"这一基础性的追问之下，实际上隐含着几个更为具体的子问题。其一，改革开放之后我国的教育系统出现了怎样的"缺陷"，或者说表现出怎样的时代特征？其二，电视技术有何优势使得它能够"修补"教育的缺陷？其三，在这个时期，电视技术具体在哪些方面修补了教育的缺陷，效果如何？下文将围绕上述子问题展开论述。

一、改革开放初期的教育现状

众所周知，改革开放初期，百废待举，各行各业都处于亟待振兴发展的阶段。教育领域亦是如此。总体而言，在改革开放之初，教育领域至少在以下方面亟待"修复"。

（一）普及教育亟待实现

在新中国成立之初，国家便要求全国城乡普及五年小学教育。当时由于抗美援朝的战争正在进行，国内仍有肃清残匪的任务，大规模的土地改革运动尚未结束，在农村普及五年小学教育还有困难。不过，到1956年农业合作化实现以后，农民生活有了显著的改善，教育事业也蓬勃发展起来。据统计，截全1958年，各级学校的学生数相比旧中国都有了极大的提升。例如，"受学前教育的幼儿达到3100万人，增加237倍，小学生达到8600多万人，增加2.6倍，全国学龄儿童有85%已经入学，许多市县基本上普及了小学教育；中学生达到1052万人，增加5.6倍；中等专业学校学生达到147万人，增加2.8倍；高等学校学生达到66万人，增加3.2倍……"[①]

然而，由于"文革"，教育事业遭到了严重破坏。相比之前，"文革"时期教育事业的各个方面都显现出倒退的现象。其中，最为突出的就是广大适龄儿童"没学上"，教育普及率急剧下降。据统计，截至1979年，尽管七岁儿童入学率是90%，但能读完五年的不过60%，能真正达到小学毕业程度的只有30%[②]。高中毕业生的学业水平也偏低。高等学校的教学质量也没有恢复到"文革"前的水平[③]。1981年，全国适龄儿童的学前

---

① 杨秀峰.我国教育事业的大革命和大发展[J].湖南教育,1959(20):3.
② 郑仪.普及教育是国家的义务[J].南京师大学报(社会科学版),1980(2):18-20.
③ 延思.争取80年代教育事业有一个大的发展[J].人民教育,1980(8):6-9.

三年毛入园率仅为12.62%①。仅由以上数据，教育普及的重任可见一斑。

（二）师资力量亟待增强

受"文革"影响，改革开放之初教师队伍同样极其缺乏。"文革"期间，原有的教师纷纷逃离这一行业。"文革"期间，陈伯达等控制的《人民日报》曾在当时编发了一百多次《关于农村中小学下放到大队去办的讨论》，为他们破坏普及教育事业制造舆论。他们把原来由国家出钱办的小学下放到大队，把原来由国家发给工资的教师改为"赤脚"教师，由生产队记工分。由于绝大多数农村生产水平低，工分值低，教师的待遇没有保障②。在物质与精神的双重压迫下，许多教师纷纷转至其他行业，作为教育基石的师资队伍的质量一落千丈。在1987年《教育研究》编辑部所编撰的《中国普及义务教育调查》中，全国各省市在师资队伍方面的调查结果中提到最多的关键词便是"量少质差"。

首先是教师数量不够。这一情形几乎是当时全国教育发展的通病，不论是教育发展相对较好的直辖市，还是教育发展相对落后的偏远省份。以当时情况最好的北京市、天津市为例，截至1985年，由于改革开放之后教育事业的发展，学生数量激增，北京市仅初中教师缺额就达3700人③。在天津市，"七五"期间，主要由于中小学学生陡增，市区仅小学教师缺额就达13895人，郊县缺初中教师6598人④。其他相对落后省份的情况就更加恶劣了。譬如在黑龙江省，据当时预测，"七五"期间，全省平均每年需要补充合格的初中教师5000人，小学教师4000人。而该省师专当时的培养能力为每年培养2700人，缺额2300人；中师的培养能力为每年培养2800人，缺额1200人⑤。除此之外，数量不足还表现在专业师资结构不合理，体、音、美、外语教师严重缺乏。譬如在北京市，1986年全市初中毕业统考人数为8.3万人，其中没有开设外语课，只考五科的有2.9万人，约占考生总数的35%。有的学校长期缺音乐教师，校园中几

① 杜冰,颜维琦.改革开放40年:教育现代化的中国之路[J].师资建设,2018(6):29-33.
② 郑仪.普及教育是国家的义务[J].南京师大学报(社会科学版),1980(2):18-20.
③《教育研究》编辑部.中国普及义务教育调查[M].天津:天津教育出版社,1987:113.
④《教育研究》编辑部.中国普及义务教育调查[M].天津:天津教育出版社,1987:121.
⑤《教育研究》编辑部.中国普及义务教育调查[M].天津:天津教育出版社,1987:243.

年没有歌声[1]。

其次是教师质量低。在教育发展相对较好的地区，譬如北京市，全市小学教师有4.2万人，其中具有中师、高中以上学历的3.2万人，占比约76%。初中教师2.9万人，其中具有大学本科学历的6600人，具有大学专科学历的9400人，二者共计1.6万人，占比约55%，也就是说，还有24%的小学教师和45%的初中教师学历不合格[2]。再看天津市，不具备相应学历的教师，高中占51.5%，初中占56.4%，小学占33.7%。郊县农村初中教师的情况就更差，有80%~85%的教师不具备应有的学历。不能胜任教学工作的教师，中学约有15%，小学约有12%[3]。在相对落后的地区，情况更不容乐观。仅以安徽省为例，全省小学专任教师26.47万人，其中未达到合格学历的11.38万人，占比约43%；初中专任教师8.72万人，未达到合格学历的6.23万人，占比约71.4%；高中专任教师1.528万人，未达到合格学历的0.626万人，占比约41%。民办教师的比重，小学为61.5%，初中为20.4%。教师的分布很不均衡，越是贫穷、落后、偏远的地区，学历不合格教师和民办教师的比重越高。人均收入只有212元的阜南县，中小学专任教师中，民办教师占74.6%，学历不合格的，小学占50.7%，初中占88.5%，高中占51.4%[4]。

教育发展的关键在于教师队伍。要想改善改革开放之初的教育现状，师资队伍建设是首先需要完成的重任。从以上数据中可以看到，改革开放之初我国师资力量处于极为低下的水平。正因如此，电视教材后来在我国的师范教育领域发挥了极大的助推作用。

（三）外语教育亟待拓展

除了教育普及、师资队伍等方面的生存性问题，改革开放之初，我国教育事业还显现出一些亟待解决的发展性问题。其中，外语教育是最为典型的一类。

改革开放之初，我国外语教育的基础极为薄弱，几乎处于完全停滞

①《教育研究》编辑部.中国普及义务教育调查[M].天津:天津教育出版社,1987:113.
②《教育研究》编辑部.中国普及义务教育调查[M].天津:天津教育出版社,1987:112.
③《教育研究》编辑部.中国普及义务教育调查[M].天津:天津教育出版社,1987:121.
④《教育研究》编辑部.中国普及义务教育调查[M].天津:天津教育出版社,1987:335.

状态。新中国成立之初，我国曾经采取了一系列措施来加强中学外语教育，收到一定成效。20世纪60年代初，周恩来总理指出，从儿童时期就开始学外语，能收到良好的效果，能学到地道的外语，形成外语思维和运用外语的习惯①。然而，"文革"期间，由于"四人帮"的破坏，国内普遍存在一种片面看法，如"学外语就是为了做外语工作，搞其他工作学不学外语无关紧要，或者认为外语在需要时突击一下就成，不一定非要在中学里学不可"②。"文革"中后期，这种片面的看法发展到了顶点，"不学 ABC，照样干革命"的谬论影响广泛。可以说，在改革开放初期，我国的外语教育几乎名存实亡。

1978年，十一届三中全会召开，标志着我国社会主义现代化建设进入了一个新的时期，同时也拉开了外语教育的新篇章。1978年，教育部专门召开全国外语教育座谈会，会议提出《关于加强外语教育的几点意见》。该意见指出，加强外语教育不仅是实现四个现代化的需要，也是加强我国与世界各国人民友好往来的需要。该意见还提出"必须加强中小学外语教育"，"要大力办好高等学校公共外语教育和各种形式的业余外语教育"等。1982年，教育部又发出《关于加强中学外语教育的意见》，进一步强调外语学习的重要性与战略意义，并明确指出："凡学过外语的初中学生，报考高中应考外语，考试成绩从1983年起百分之百计入总分。"③随着国家层面一系列外语教育政策的发布，特别是将外语学习纳入升学考试的范畴之后，自20世纪80年代开始，全社会掀起了一股学习外语的热潮。

二、电视教材应用的客观优势

如前所述，在改革开放初期百废待兴的情形下，如何迅速恢复并发展教育成为当时教育界的头等大事，大家千方百计地寻找突破的捷径。正是在这种情况下，电视技术成为各方的一致选择。原因很简单，可概括为四个字：多、快、好、省。1978年，邓小平同志在全国教育工作会

---

① 付克.中国外语教育史[M].上海：上海外语教育出版社,1986:75.
② 张永彪.中学外语教育工作中的几个问题[J].人民教育,1982(10):45–47.
③ 教育部.关于加强中学外语教育的意见[J].人民教育,1982(10):48.

议上指出："要制定加速发展电视、广播等现代化教育手段的措施，这是多快好省发展教育事业的重要途径，必须引起充分的重视。"[1]自此，"多快好省"成为大家对电视技术促进教育发展的一致印象，而实际上，"多快好省"恰恰也极其简练地言明了电视技术的客观优势。

所谓多，意指数量多，谈的是电视技术的广播特点。所谓广播，顾名思义，它有普遍施予、广泛布撒的意思[2]。后来，广播泛指通过无线电波或有线系统向广大听众或观众传送节目的过程[3]。电视技术的广播特点无疑契合了当时教育发展的客观需求。如前所述，改革开放之初广大人民群众对于教育的需求是极其迫切的。当时我国的人口数量极其庞大，需要接受教育的人数也是极其众多，现有的各级别教育机构根本无法满足人民群众的教育需求。因而，当时国家一方面加强正常的学校教育机构的建设，另一方面就是大力发展广播电视教育，试图在最短的时间内满足更多人的教育需求。

所谓快，意指速度快，谈的是电视技术的传输特点。电视技术是以电波传播的速度来传送信息，因此，具有速度快的特点。最初，我国电视教育主要通过闭路电视技术开展，利用导线进行传输。后来，为了进一步提升传输速度，我国又大力研发卫星技术，建设卫星接收设备，开展卫星电视教育。通过卫星技术传输教育节目，几乎在信息播出的同时，听众和观众就可以立即收到；而且在某一事件发生的同时，就可以把它传播到全国各地，实现现场直播。尽管今天我们对电视技术的传输速度早已习以为常，但在改革开放之初，如此速度的传输的确给教育事业的发展带来了极大的便利。

所谓好，意指质量好，谈的是电视教材的视听特点。电视能够以声音和图像的形式来传递信息，使人们在接收信息时既能"闻其声"，又能"观其貌"，因此具有形象化的特点。形象化的传播媒介具有亲切、真实、直观的特点，使听众或观众喜闻乐见，易于接受[4]。由于电视视听兼备、声画结合的形式能使静态的事物出现动态效果，使得一些抽象枯燥、难

① 国家教育委员会电化教育司.电化教育规章文件选编[M].北京:高等教育出版社,1991:1.

② 毕一鸣.现代广播电视论纲[M].北京:中国广播电视出版社,2007:4.

③ 史萍,倪世兰.广播电视技术概论[M].北京:中国广播电视出版社,2003:1.

④ 史萍,倪世兰.广播电视技术概论[M].北京:中国广播电视出版社,2003:1.

学难懂的知识变得生动形象、可视易学，因此，电视教育特别符合儿童和青少年学习的特点，并能收到良好的教学效果。例如，由中央电视台整理制作的儿童电视英语教学节目《玛泽的故事》，就是利用其生动活泼的动画画面及富有趣味的故事情节，吸引儿童学习初步的英语日常用语和英语基础知识，培养孩子们学习外语的兴趣，并且通过提供大量听、说的机会培养孩子们的英语语感，为以后的学习打下一个良好的基础[①]。

所谓省，意指成本省，谈的是电视教材的制作特点。利用电视技术发展教育事业节约成本主要体现在两个方面：其一，从效果上看，上述"多快好"的特点，本身就意味着利用电视技术会发挥"省"的优势。其二，从技术上看，与传统的胶片制作技术相比，早期电视教材制作依靠的是磁带技术。这一技术不但方便，而且节约成本。譬如，用胶片制作电影时，后期工作比较复杂，工作量很大，消耗材料也多；用胶片转印，对调光校色需要很高的技术，要反复试印，往往需要好几个回合，消耗工料很多，易有浪费；胶片制作需建立专门的洗印厂或洗印车间，洗印工作要求很大的投资等[②]。上述问题，对于当时的电视教材的制作而言都无须涉及。改革开放之初，国家各方面尤其是经济发展处于低谷时期，教育经费的投入也是捉襟见肘，因而，能够节省成本也是当时需要考虑的重要方面之一。

不可否认的是，作为一种现代化的传播媒介，电视在改革开放初期教育事业的恢复发展中发挥了极大的作用。在当时，电视正以"无线传播""有线传播"和"卫星传播"等多种方式，向全国各地的人们大量地传播着各种各样的教育信息。其传播速度之快，范围之广，信息量之大，受众之多，是前所未有的；并且电视声像兼备、"百闻不如一见"的传播优势，使它在与报纸、广播等大众传播媒介的竞争中具有独特的魅力，备受教育界的青睐。总的来说，在当时来看，利用电视技术发展教育事业极为鲜明地体现出了"多快好省"的特点，这也是改革开放之初我国视听学习资源开发很大程度上移植电视节目制作模式的最为重要的原因所在。

---

① 张庆，胡星亮.中国电视史[M].北京:中央广播电视大学出版社,1996:328.
② 孙明经.磁带电影的基本概念(一)[J].电化教育研究,1981(2):25-33,15.

三、电视教材承担的历史价值

事实也证明，改革开放之初我国视听学习资源开发采取的移植范式是符合教育发展需要的。自改革开放以后，国家就开办了一系列社会性的、教学性的和知识性的电视教育节目，制作了大量的视听教材，内容丰富，形式多样，给予了人们不同的知识与教育；远距离教育等教育电视的发展成就更是显著。尽管"文革"期间电视教育遭受挫折陷于停顿，但是，新时期以来，它乘着时代改革的强劲东风，以多种形式办出了世界上最大的"没有围墙的大学"，为恢复与发展彼时的中国教育事业作出了自己独特的贡献。

譬如，电视教育极大地提升了当时落后的师范教育。如前所述，改革开放之初，我国教育事业非常落后，教师队伍"量少质差"。为改善当时的教育现状，提高教师质量，国家大力开展教师培训工作，电视技术在其中也发挥了关键的作用。1986年，国家教委专门成立了中国电视师范学院。该学院大范围利用电视教材开展教师培训工作，当时决定用四年时间播完三年制中等师范学校的电视教材课程，用三年时间播完二年制高等师范专科学校的电视教材课程，分别招收达不到中师毕业程度的小学在职教师和达不到师专毕业程度的中学在职教师进行系统进修。中师课程和师专课程利用卫星电视向全国播送，并采取卫星电视、广播和函授互相配合的形式进行教学。仅1986年一年，电视中师就招收小学在职教师28万多人，于当年10月开课。翌年，电视师专7个专业开始招生，并开出15门课程[1]。据统计，当时的中国电视师范学院编制了大量用于教学的电视教材：1986年编制电视教材1155学时；1987年编制电视教材8000多学时；1989年组织编制培训课程和继续教育电视教材492学时，专题片和案例教学片25部；1991年编制小学教师继续教育电视教材572学时，中学教师继续教育电视教材1450学时[2]。截至1992年，中国电视师范学院已培养36万高等师范专科和中等师范毕业生，有200多万中小学教师收看了继续教育节目，有100多万中小学校长学习了岗位培训电视

---

① 马啸风.中国师范教育史(1897—2000)[M].北京:首都师范大学出版社,2003:432.
② 张庆,胡星亮.中国电视史[M].北京:中央广播电视大学出版社,1996:354-355.

课程①。电视技术的引入、电视教材的编制与运用，大大加快了当时中小学教师的培训进度。

再如，电视教育有效地提升了当时短缺的学历教育。学历教育是指颁发国家承认的学历证书的教育。1977年以来，我国电视教育得到了空前的发展，最突出的事件就是面向全国的广播电视大学的创办。根据邓小平同志及国务院有关领导的指示精神，1978年国务院发出文件，决定创办面向全国的中央广播电视大学。1979年正式招收32万多名理工科学生。于是，在中国大地上诞生了一所世界上最大的大学——中央广播电视大学，同时还设立了各省、自治区、直辖市、计划单列市广播电视大学，地（市）广播电视大学（分校）和县级广播电视大学（工作站）。中央广播电视大学的诞生，标志着传统面授教育在中国一花独放局面的结束，中国教育开始进入传统面授教育与现代电视教育并存的新阶段②。当时，广播电视大学主要开展高等专科学历教育，包括2年制专科、3年制专科和第二专科。同时，开展中等专科教育。中央电大和各省、自治区、直辖市、计划单列市广播电视大学共开设工科、农科、林科、医药、师范、文科、理科、财经、政法、体育、艺术等11个大的学科。这些学科下又分专业科类。而这些学科的学历教育主要是通过电视教育完成的。当时还出现了一个极具电视色彩的学生种类——注册视听生。注册视听生实行完全学分制，不以固定的教学班建制组织教学活动，学生可以选择学习时间和部分选修课程，以自学和收听或收看广播、录音、电视、录像课为主，接受必要的教学辅导；学生所学课程考试合格并修满教学计划所规定的毕业总学分，实践教学环节考核合格，思想品德经鉴定符合要求，即准予毕业并颁发国家承认的大专学历毕业证书。换言之，对于注册视听生而言，几乎是完全通过电视课程学习，便可以获得国家认定的学历。

又如，电视教育适时地增强了当时新兴的外语教育。借助电视技术乃至电化教育手段促进外语教育，几乎成为改革开放初期人们的共识。有两件事可以充分说明电视技术在外语教育中所发挥的重要作用。一是当时一系列外语电视教材在全国的风靡。譬如，1982年1月，中央电视

---

① 张庆,胡星亮.中国电视史[M].北京:中央广播电视大学出版社,1996:356.

② 张庆,胡星亮.中国电视史[M].北京:中央广播电视大学出版社,1996:341-342.

台开始播出英语教学系列片《跟我学》，该片以其特有的风格独树一帜，恰当地处理好了教学目的与电视技术的融合，在全国范围内掀起了英语学习的热潮①。除此之外，当时外语教育领域还开发了许多以外国语教学为主要内容的电视教材，如《基础英语》《基础德语》《交际俄语》《基础日语：标准日本语》《基础法语：讲法语》等。二是外语电化教育领域的形成。正是意识到电视技术乃至电化教育手段对于外语学习的关键作用，国内外语教育界自发形成了外语电化教育领域，并实施了一系列的举措。如创办期刊，当时的上海外国语学院于1979年创办《外语电化教学》期刊，并于1981年正式发行，该期刊至今都是国内教育技术界的重要期刊之一；再如，还有学者建议开设外语电教专业，专门培养外语电教人才以促进外语电化教育的发展②。

总的来说，改革开放之初，无论是在社会教育领域，还是在学校教育领域，各种普及性的教育工作都亟待开展，与此同时，电视技术与电视教材的客观属性恰好契合了当时各种普及性教育的需要。在那个特殊的历史时期，有很多人接受教育的过程实际上是在"看电视"的过程中完成的。正是在这一时代背景下，视听学习资源开发的移植范式逐渐形成，电视教材的编制方式移植照搬电视节目的编导模式成为一种自然而然的实践方式。一句话，时代的教育诉求造就了视听学习资源开发的移植范式，反过来，视听学习资源开发的移植范式也极大地促进了那个时代教育的恢复与发展。

第四节　视听学习资源开发移植范式的现象考察

之所以将电视教材时期的实践概括为视听学习资源开发的移植范式，更多依据的是对这一时期各种实践表现的考察。不过，由于过往编制完成的电视教材多因各种原因而难寻踪迹，我们无法通过对大量作品的分

---

① 张庆,胡星亮.中国电视史[M].北京:中央广播电视大学出版社,1996:326.
② 周以行.建设外语电教专业 培养外语电教人才 适应外语教育发展[J].外语电化教学,1985(1):7-8.

析去总体上探寻其背后的制作范式。于是，笔者选择退而求其次，通过对曾经有关电视教材的大量"文本"[①]进行宏观性的考察，以期从整体上复归文本原初生成时的思想构境，乃至挖掘出文本背后内隐的"移植范式"。

具体而言，笔者主要考察了三种语言性的文本，即研究文本、教材文本与政策文本。研究文本不仅是研究人员学术成果的载体，也是有识之士表达创见的平台；而教材文本则是研究者的实践转化，也是实践者的知识来源；至于政策文本，更是高度集中反映了研究者的理论精华，从而成为实践者最终的行动导引。换言之，在相当的程度上，静态的文本常常蕴含着动态的思想。因而，依笔者陋见，在无法直接接触足够多的人（电视教材编制者）和足够多的物（电视教材具体作品）的情况下，对这些与人和物相关的文本进行全方位、深层次的解读，一定程度上能够检索出这一时期视听学习资源开发实践的主流范式。至于这一过程中的要求，用诠释学的话语来说，那便是唯有"精确地进入讲话者"才能达到对文本的精确理解与解释，揭示蕴含于文本中的作者原意[②]。下面，我们将具体阐述电视教材时期的视听学习资源开发移植范式在上述三类文本中的表现。

一、电视教材之研究文本中的移植现象

迄今来看，我国电视教材的研究史基本上与改革开放的历史相重合。理论研究常常肇始于实践的反思，并最终指导实践的完善，电视教材研究领域尤其如此。电视教材是一个实践性极强的研究领域，纵观过往研究，不难发现，不少研究成果在相当程度上就是实践经验的总结与凝练，其根本旨归在于改变、改造乃至改善电视教材编制实践。因而，对电视

[①] 需说明的是，"文本"（text）概念在现代诠释学中是一个非常宽泛的概念，它包括语言性的文本和非语言性的文本。前者是指见诸文字的书写文本，以及言语性的，亦即口耳相传的流传物，如荷马时代的吟咏诗人口头流传的《荷马史诗》；后者则是指除了语言性文本之外的一切被理解的对象，如人的肢体动作、艺术作品，甚或自然对象。（参见：潘德荣.文本理解、自我理解与自我塑造[J].中国社会科学，2014（7）：50-65，205.）在本章的语境中谈论"文本"，其主要对象无疑是语言性的文本，特别是书写文本。

[②] 潘德荣.文本理解、自我理解与自我塑造[J].中国社会科学，2014（7）：50-65，205.

教材研究文本的检视，其实接近于从理论层面对电视教材实践进行检视。

从中国知网（CNKI）收录的文献来看，第一批以"电视教材"为关键词的文献始于1982年，距今（指2017年）已有35年。35年来，我国电视教材研究历经20世纪80年代的兴起、90年代的繁荣和21世纪之后的式微，逐渐走向落寞。今天，通过对论文文本的考察，我们重新省思电视教材研究的历史，梳理电视教材研究的特征，探寻电视教材研究的取向，以期窥视到电视教材编制理念在理论研究层面的学术呈现。

此部分研究分析的电视教材研究文本来源为中国知网数据库。为了能完整且精确地囊括国内电视教材研究领域的全部文献，经过主题检索、篇名检索、关键词检索等多种检索方式的尝试，本研究拟采取以下检索方式获取相关文献：①以"电视教材"为关键词；②发文时间不限；③检索时间为2017年11月9日。最终，共获取文献1442篇。中国知网收录的最早的电视教材研究文献是西安交通大学徐乃杰、庄为其发表于《电化教育研究》（1982年第1期）的《党史电视教材"转战陕北"的编写与科学研究》，收录的最晚的研究文献是华南农业大学李玉玲发表于《中国教育技术装备》（2017年第20期）的《实验指导型电视教材开发与应用研究——以科学实验课为例》，这两篇文献的时间跨度为35年。笔者获取的文献主要包括以下类型：期刊类1378篇，报纸类38篇，硕士论文14篇，会议论文11篇。本研究最终获取的数据包括篇名、作者、期刊、摘要、关键词、参考文献等全记录题录信息。

这里，我们利用CiteSpace可视化文献分析软件对电视教材研究文本进行关键词可视化呈现与统计，利用内容分析法对相关文献进行具体的内容分析。

利用CiteSpace进行关键词可视化分析的主要步骤如下：①将由中国知网下载的题录数据（Refworks格式）导入CiteSpace，通过软件的数据转换功能将其转换为软件可分析的格式。②对CiteSpace进行参数设置，具体如下：时间分区（Time Slicing）：1982—2017年；分区时间间隔（#yearsPerSlice）：6年；节点类型（Node Types）：关键词（Keyword）；选词标准（Selection Criteria）：每一时间分区被引频次或出现频次最高的前50个数据；图谱修剪方法（Pruning）：算法为最小生成树（Minimum Spanning

Tree），策略为修剪整体网络（Pruning the Merged Network）[1][2]；其他属性选择软件默认设置。为了清晰呈现且便于对比，仅将被引频次大于等于10次的数据显示出来，最终分析的可视化图谱如图4-2所示。同时，笔者通过进一步筛选，将不能反映研究细节的关键词（如电视教材、电教教材、电视教学片等）剔除，并对图谱无法呈现的频次与中心度进行了精确统计，如表4-1所示。

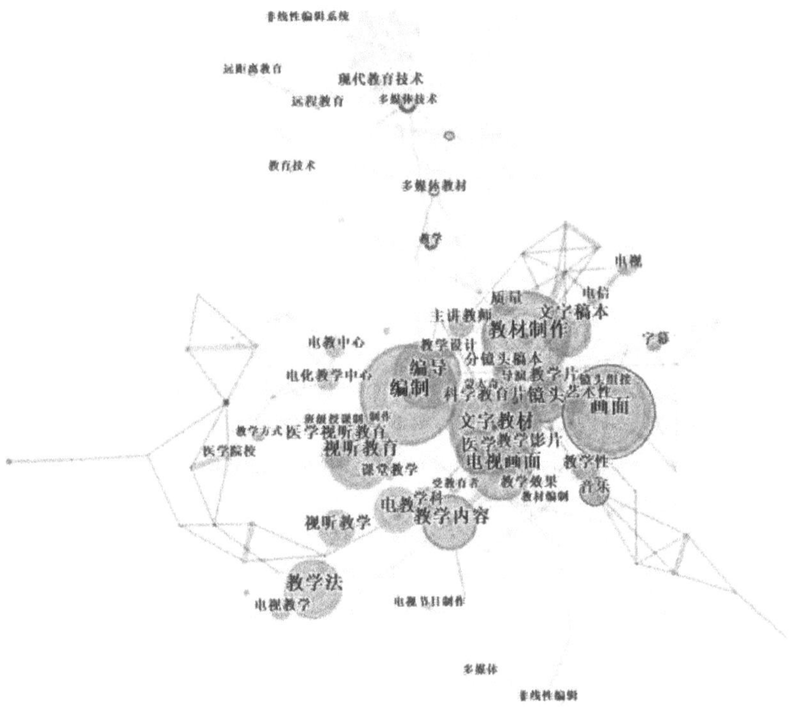

图4-2 我国电视教材研究文本的关键词可视化图谱（频次≥10）

---

①最小生成树算法的原理是通过构造网络图谱的最小脉络来简化图谱,整体网络修剪策略是指同时对所有时间段的图谱进行修剪,它能使生成的图谱较为集中,运用这两种修剪方法所生成的图谱较原始图谱更为简洁,便于直观清晰地呈现分析结果。

②吴文涛,张舒予.中美翻转课堂研究的可视化比较分析及其启示[J].远程教育杂志,2016,34（5）:89-96.

表 4-1　我国电视教材研究文本的关键词频次统计(≥10)

排名	关键词	频次	排名	关键词	频次	排名	关键词	频次
1	编制	75	10	音乐	35	20	构图	18
2	教材制作	73	11	分镜头稿本	33		字幕	18
	画面	73	12	课堂教学	32	22	景别	17
3	文字教材	70		班级授课制	32		剪辑	17
4	编导	56	14	镜头组接	30		教学大纲	17
5	电视画面	53		非线性编辑	30		线性编辑	17
6	教学法	46		节奏	30	26	解说词	15
7	镜头	45	17	导演	25	27	画面语言	14
8	文字稿本	42		蒙太奇	25	28	画面内容	12
9	医学	36	19	电视节目制作	20	29	多媒体技术	10

　　与此同时，笔者采用解读式内容分析法对关键词指向的文献进行具体的内容解读。一般而言，内容分析是以信息的具体内容为主要研究对象，也就是探究"什么"（what）的问题。而解读式内容分析法则是一种通过精读、理解并阐释文本内容来传达作者意图的方法。"解读"的含义不只停留在对事实进行简单解说的层面上，而是从整体和更高的层次上把握文本内容的复杂背景和思想结构，从而发掘文本内容的真正意义[1]。

　　通过对关键词背后的相关文献的分析，国内电视教材研究的主题大致可归纳为三种类型。

（一）电视类问题研究

　　电视类问题研究是国内电视教材研究涉及内容最多的一类。所谓电视类问题研究，是指研究聚焦于电视艺术方面的探讨。这类研究涉及的关键词有："画面""编导""镜头""文字稿本""音乐""分镜头稿本""镜头组接""节奏""导演""蒙太奇""电视节目制作""构图""景别""解说词""画面语言""画面内容"等。相信对电视编导稍微熟悉的同仁们一眼便能看出，上述关键词本就是电视编导领域的专用术语。

---

[1] 邱均平，邹菲.关于内容分析法的研究[J].中国图书馆学报，2004,30(2):12-17.

进一步从研究的具体内容来看，绝大多数论文主要探讨了电视编导艺术在电视教材编制中的应用。其中，针对三个主题的探讨最为典型：一是电视教材的画面。有学者从分镜头画面的电视艺术手法、一个电视镜头的含义、电视教材分镜头的依据、一个电视镜头画面的艺术设计等方面，论述了电视教材分镜头画面的再创作[1]。有学者从电视教学片制作技巧的角度，探讨了电视教材镜头画面如何突出主体[2]。有学者分析了电视教材画面跳动的原因，并针对性地提出解决方法[3]。有学者针对电视教材的画面构图问题，描述了电视教材的画面特征及构图方法[4]。二是电视教材与蒙太奇手法。有学者结合影视蒙太奇基本理论，阐述了电视教材中蒙太奇、表现蒙太奇的作用及分类问题，并根据电视教材的特性，详细探讨了平行、交叉、积累、对比、重复、隐喻几种表现蒙太奇手法在电视教材中的具体运用[5]。有学者针对电视教材中所存在的制作技巧上的问题，指出运用蒙太奇的必要性、蒙太奇手法在电视教材中的作用及其在电视教材中的用法[6]。三是电视教材与导演问题。最初，学界在电视教材或教学电影中是否需要配备专职导演这个问题上是存在争议的。譬如，孙明经先生便不赞成配备专职导演，他指出："对教学电影的制作起主导作用的应是教师，不是导演。即使某部教学电影中有一些要表演的场面，最好也是由教师兼作导演，不必另请导演。如果教师不善于导演，那可以学一点导演（知识），而不宜由不熟习教材、教法和教学条件的故事片导演来导演他的形声教科书。"[7]而另有学者则认为，"（电视教材）编、导工作是很难由一人承担的（个别情况除外），必须要有专职导演，而这个导演无须也不可能由故事片导演来担任"[8]；"要做一个优秀的，或者真正合格的教学片导演就不是'学一点导演'的问题了"；"导演工作是一项繁重的脑力和体力劳动，要花费大量的时间和精力"，因而，"教师

---

① 徐福荫.论电视教材分镜头画面的再创作[J].电化教育研究,1992(3):44-47.

② 许允贤.对电视教材镜头画面如何突出主体的探讨[J].电化教育研究,1984(3):72-75.

③ 魏吉庆.电视教材画面跳动的原因及解决方法[J].中国医学教育技术,1992(2):107-109.

④ 周良驹.电视教材与动态构图[J].电化教育研究,1985(3):44-48.

⑤ 马继霞,许雄.表现蒙太奇在电视教材中的运用[J].中国电化教育,1998(3):51-52.

⑥ 颉宁侠.电视教材中的蒙太奇[J].电化教育研究,1998(4):68-70.

⑦ 孙明经.教学电影中是否要有导演? [J].外语电化教学,1984(1):34.

⑧ 学声.导演工作的重要性[J].外语电化教学,1984(3):31.

不能取代专职导演"①。此外，有学者则综而论之："需要探求的不在于
要不要导演，而在于要明确教师（编稿）和导演在编制教学片中的作用
和地位，以及对教师（编稿）和导演在素质上和修养上的要求。"②综上，
无论是画面问题，还是蒙太奇手法，抑或是导演问题，均属电视艺术范
畴的研究对象，而这些对象在电视教材编制过程中的适用性问题，曾经
是国内电视教材研究领域的一个重要议题。

（二）技术类问题研究

技术类问题研究是我国电视教材研究的另一大方向，仅次于电视类
问题研究。这类研究涉及的关键词有："非线性编辑""线性编辑""数字
化""多媒体技术""虚拟演播室""网络技术"等。其中，非线性编辑技
术在电视教材编制中的应用曾经一度成为电视教材研究领域的一个重要
议题。不少论文曾经着重探讨了非线性编辑系统的优点、如何将非线性
编辑应用于电视教材制作及操作人员对非线性编辑系统的适应性等问
题③。此外，虚拟演播室技术曾经也得到电视教材研究者的青睐。有学者
从虚拟演播室的基本原理、主要技术以及在电视教材制作领域的应用等
几个方面专门介绍了这一技术④。在技术类问题研究方面，相关论文主要
偏向于新技术的原理与方法的介绍、新技术在电视教材编制方面的应用
等内容，稍具科普价值，但并无太大的学术价值。

事实上，技术类问题研究相当程度上是电视类问题研究的延续。这
些技术一般都是先在电视制作领域涌现出来，而后被部分学者推介至电
视教材领域。譬如早期的电脑动画技术，因在电视节目制作中占据一席
之地，为电视动画提供了更先进、实用的技术手段，使动画创作丰富多
彩，增添了运用动画的自由，所以，便有学者将其拿到电视教材制作中
进行尝试。再如，非线性编辑技术原本是伴随着电视节目制作领域的数

---

① 陈祥.教师不能取代专职导演[J].外语电化教学,1985(1):39.
② 王兴裕."教""导"相长　相得益彰：谈教学片的编稿与导演[J].外语电化教学,1985(4):42.
③ 陈惠芹.将非线性编辑系统应用于电视教材制作[J].电化教育研究,2001(5):63-65,72;华传强,陈昱村.非线性编辑系统在电视教材制作中的应用[J].扬州职业大学学报,2004,8(2):44-45.
④ 王卫军,杨晓宏.虚拟演播室技术及其在电视教材制作中的应用[J].电化教育研究,2002(1):48-50.

字化革命而诞生的，最初在影视制作行业展现出令人叹为观止的优势，而后便有不少学者将其引进电视教材制作中，尝试为电视教材后期的编辑制作探寻一条技术捷径。又如，虚拟演播室技术，自从1994年亮相以来，短短几年内便风靡于世界各地电视台的节目制作中，显现出不可低估的发展前景，被越来越多的电视节目制作人员以及视频业界高度关注。于是，便有学者将其引入电视教育领域，尝试发挥其优势，为电视教材制作人员提供无限制的创作手段，以节省空间、人力和财力。凡此种种，不一而足。不难看出，即便是在引入某些新技术方面，学者们常常也是首先从"电视"领域寻找，无法逃脱"电视"的规限。

（三）教育类问题研究

相比前两类研究，教育类问题研究在电视教材领域占据较小的比重。综合上文图表来看，这类研究涉及的关键词主要有"教学性""教学效果""文字教材""班级授课制""教学设计"等。其中，有关电视教材"教学性"的探讨成为电视教材研究领域的一个热点。李康教授曾经指出，电教教材许多问题的症结在于我们对电教教材的教学性研究和把握得不够[1]。也有学者明确指出，评价一部电视教材的优劣，其教学性是第一位的[2]。此外，电视教材的"教学效果"也是学界关注的另一重点。早在1982年，李克东教授便借助日本藤田广一等人首创的S-P表分检法，来客观评价电视教材的教学效果[3]。有学者认为，影响电视教材教学效果的因素主要有错误的传统视听观念、多层性的创作过程、易生歧义的画面、搭配不当的解说词、不够统一的节奏等[4]。另外，电视教材的教学设计问题曾经也引起学界的广泛关注。有学者根据自身的实际工作总结出电视教材编导工作中的八条教学设计原则[5]。另有学者探讨了教学设计理论在电视教材中的应用，并结合案例提出专题片电视教材教学设计的一

---

① 李康.论电教教材的教学性[J].中国电化教育,1996(8):42-45.
② 方名主.试论电视教材的教学性[J].中国电化教育,1995(1):29-31.
③ 李克东.电视教材教学效果的客观评价:S-P表分检法[J].电化教育研究,1982(2):50-52.
④ 王军.影响电视教材教学效果因素分析[J].电化教育研究,1995(4):40-45.
⑤ 白世庠.电影、电视教材编导中的教学设计原则[J].电化教育研究,1984(2):65-67.

般方法与步骤①。综上，电视教材领域内的教育类问题研究主要围绕"教学"这个关键词展开，这说明学界已经充分意识到，服务于教学是电视教材得以发挥作用的前提。然而，同时我们也发现，有关电视教材的教育类问题研究也仅限于"教学"这一个维度，并没有由教学走向更广阔的教育学领域。换言之，电视教材编制与使用方面的研究，除了涉及"教学"属性的理论、方法等，并没有更多地尝试从教育学、心理学的理论中汲取智慧支持，这一定程度上也限制了电视教材理论研究的发展与完善。

事实上，电视教材领域的教育类问题研究大抵上是一种批判取向的研究。具体来说，是对第一类研究与第二类研究的批判。李康教授曾经毫不讳言地指出："回顾对电教教材基本属性的研究，我们大致看到这样的脉络：对电教教材的探讨大多局限于移植电影、电视摄制的理论、原则和手法，对教材的相关属性探讨的不多。"②这一问题实际上反映的是电视教材领域曾经显现的一种典型的"工具理性"的取向。人们过于依赖"电视"本身，而忽视了电视教材作为一种教育资源，首先应当具有教育属性，应当关注教学活动本身；人们盲目地认同"电视"的有效性，却不去关心"电视"进入"教育"的目的性与规律性。最终，人们理所当然地移植一切关于电视的理论与技术，却忘了反思是否应该这样做、移植的目的何在。电视教材领域的教育类问题研究，尽管字面上具有教育属性，但实际上只是前两类问题的一种批判性研究。

二、电视教材之教材文本中的移植现象

分析教材文本的用意何在？回答这一问题之前首先有必要回顾一下"教材"的内涵。一般认为，教材是教师指导学生学习的教学材料③。依此，电视教材编制之教材即教师指导学生学习电视教材编制的教学材料。在日常学习中，相对于研究论文，学生接触到教材的机会更多。也就是说，更多情况下，教材才是学生学习的最大源泉。于是，我们有理由认

---

① 谢幼如.专题片电视教材的教学设计[J].中国电化教育,2000(8):37-40.

② 李康.论电教教材的教学性[J].中国电化教育,1996(8):43.

③ 中国大百科全书编辑部.中国大百科全书·教育卷[M].北京:中国大百科全书出版社,1985:144.

为，电视教材编制之教材，实际上是早期电视教材编制者们学习有关电视教材编制知识、技能乃至思想的最佳途径。得益于那些经典的电视教材编制之教材，无数电化教育专业与专题培训班的毕业生将知识从书本带到编制一线，成为全国电视教材编制领域的骨干力量。因此，对电视教材编制之教材进行分析，实际上是对全国电视教材编制骨干人员的一种间接考察。在这个意义上，对于经典教材的文本分析，应能在相当程度上达成本研究所期待的观念探寻的目的。

在开始具体的分析之前，有必要先介绍一本"母版"教材——《电教教材的制作》。新中国成立后，百废待兴，电化教育也进入新的发展阶段。这一时期发展的重点是各种新兴技术（幻灯、电影、广播以及电视）被引入教育教学中，呈现的特点是实践应用方兴未艾，而理论研究尚未起步。这一时期，虽然有的高校（如北京师范大学、西北师范大学、内蒙古师范大学等）开设了电化教育选修课，但使用的大都是讲义而不是正式出版的教材[①]。"文革"之后，电化教育走向了"恢复"与"重建"的道路。改革开放之后，电化教育的教材建设进入了高速发展时期。1985年，在教育部电化教育局的支持下成立的"电化教育丛书"编委会，聘南国农、李运林等为骨干，制定了电化教育专业15门课程教材和23种电教丛书的编写计划。在此形势下，1987年，从事电教教材编制多年的周君达先生出版了《电教教材的制作》（科学出版社出版）一书。据笔者所掌握的资料来看，这应是改革开放以后我国第一部关于电教教材制作的系统性教材，具有一定的开创性意义。其中，该教材的第三篇章"电影、电视教材的制作"，一定程度上成为后续以电视教材编制为核心议题的众多教材编制的范本与母版。

《电教教材的制作》第三篇章"电影、电视教材的制作"的目录如表4-2所示：

---

① 南国农.中国电化教育（教育技术）史[M].北京:人民教育出版社,2013:242-243.

表4-2 《电教教材的制作》第三篇章"电影、电视教材的制作"目录

章序号	章名	章节具体内容
第六章	概述	第一节 电影、电视教材的特点
		第二节 电影、电视教材的分类
		第三节 电影、电视教材的制作过程
第七章	确定电影、电视教材的选题	第一节 概述
		第二节 确定选题原则
		第三节 如何制定选题计划
第八章	文字稿本的撰写	第一节 编写文字稿本的意义与作用
		第二节 文字稿本的主要编写者
		第三节 编写文字稿本的准备工作
		第四节 文字稿本的编写方法
		第五节 文字稿本的修改与审定
		第六节 作者的培养与提高
第九章	分镜头稿本的撰写	第一节 为什么要写分镜头稿本
		第二节 分镜头前的准备工作
		第三节 分镜头稿本的格式、栏目及写法
		第四节 艺术处理与镜头组接
		第五节 导演实拍过程
第十章	摄影构图	第一节 光线及其运用
		第二节 画面的布局
		第三节 拍摄位置
		第四节 线条与色彩
第十一章	电视特技画面的制作	第一节 前期拍摄技巧
		第二节 前期特技的制作
		第三节 后期特技加工
第十二章	编辑与配音	第一节 前期拍摄
		第二节 剪辑与编辑
		第三节 电视动画
		第四节 配音与音响制作

由表4-2可以看出，《电教教材的制作》中有关"电影、电视教材的制作"的内容主要涉及7个主题。这7个主题分别是：概述、选题、文字稿本、分镜头稿本、摄影构图、拍摄制作、编辑配音。纵观后续几部教材的结构，尽管有些主题或增或减，或分或合，但基本内容都没有脱离这本教材中"电影、电视教材的制作"的主题，上述几个主题也成为各教材的主要着力点。电视教材领域的教材建设呈现出"英雄所见略同"的景象。

当然，尽管《电教教材的制作》一书颇具开创性意义，却也存在着一定的不足。对于这一点，前辈周君达先生也有所自知，诚如其所言："本书虽取名《电教教材的制作》，但限于组织者的水平，内容尚不够完整。至于能否在实践中应急与实用，则需请广大读者提出意见。作为本书的作者，抛砖引玉，希望今后能有更多的这类书问世。"①显然，作者秉持着谦卑的态度与清晰的认识。事实上，《电教教材的制作》一书的出版，很大程度上有"应急"的目的。1978年电教重新起步之时，电教教材非常稀缺。如何使广大的教育工作者尽快掌握制作方法，并能在实践中制作出高质量的电教教材已成为当务之急。《电教教材的制作》就是为适应这一需要而编写的。因而，作者也并不回避与掩饰"内容不够完整"这一客观问题。作为电视教材领域的开创性教材，限于时间、人力、技术等原因，在某些方面必然存在一定的不足。

或许是意识到该母版教材的不足与缺失，在这本教材之后，20世纪90年代先后涌现出了一批有影响力的以"电视教材编制"为主题的教材。如李运林等主编的《电视教材编导与制作》（1991年第1版，2004年第2版，均为高等教育出版社出版）、侯攀峰等主编的《电视教材编导基础》（山西高校联合出版社1993年版）、抗文生等主编的《电视教材的摄制与编导》（国防工业出版社1995年版）、宋桂青等主编的《电视教材编导实用基础》（首都师范大学出版社1998年版）、刘茂才等主编的《电视教材编导基础》（解放军出版社1991年版）等。这些教材在很大程度上与《电教教材的制作》珠璧交辉，拓展并深化了电视教材建设的核心议题与主要内容。

笔者利用超星汇雅书世界的电子数据库与中国国家图书馆的电子图

---

① 周君达.电教教材的制作[M].北京:科学出版社,1987:1.

书数据库以及孔夫子旧书网等路径进行多重搜索，在综合不同路径下检索结果的基础上进行遴选，截至目前，国内以"电视教材编制"为主题的教材主要有上述5本①，因而，笔者即选择这5本教材作为分析对象，试图通过对教材文本的分析，挖掘教材文本中所蕴含的编制观念。笔者运用文本分析法，对上述5本电视教材编制之教材②中的章节安排、结构设计、知识类型、拓展案例、参考文献等项目进行了分析。具体分析结果如下：

（一）章节安排：有多有少，详略各异

章节安排是教材编写者首先要谋划的，它不仅体现了教材的结构体系，也体现了编写者对教材主题的主观认知。于是，因为编写者的主观认知的不同，即便是同一主题的不同教材，在章节安排、字数分配上也会有所区别。那么，同是以"电视教材编制"为主题的5本教材在章节安排与字数分配上的具体情况如何呢？具体见表4-3所示。

表4-3 5本教材的章节字数情况统计

教材	章数	节数	总字数/万	单节平均字数/万
教材1	11	45	37	0.822
教材2	11	41	31.5	0.768
教材3	5	22	20.5	0.932
教材4	6	29	21.4	0.738
教材5	26	84	34.8	0.414

从表4-3中可以看出，5本教材在章数、节数、字数③等方面存在明

① 检索时间为2017年。据笔者搜索，与电视教材有关的教材还有1976年上海电视台电视教育组编的《电视教育讲座》、1991年由南国农先生主编的《电教教材的编制》（甘肃教育出版社）、1990年高力主编的《电视教材编制基础》（延边大学出版社）、1994年李匡主编的《电视教材编导基础》（广东高等教育出版社）等，然而限于条件，无论是纸质版还是电子版，笔者均遍寻而不得，因而无法纳入分析范畴，此为本研究的重要不足。

② 5本教材的编号如下：教材1，李运林等主编的《电视教材编导与制作》；教材2，侯攀峰等主编的《电视教材编导基础》；教材3，抗文生等主编的《电视教材的摄制与编导》；教材4，宋桂青等主编的《电视教材编导实用基础》；教材5，刘茂才等主编的《电视教材编导基础》。

③ 教材的字数参照各教材版权页上所标注的字数数据。一般情况下，图书的实际字数会少于版权页字数。

显的差异。章数方面，最多的为教材 5，有 26 章，最少的为教材 3，仅有 5 章，平均为 11.8 章，标准差为 8.41；节数方面，教材 5 最多，有 84 节，教材 3 最少，有 22 节，平均为 44.2 节，标准差为 24.1；总字数方面，最多的为教材 1，有 37 万字，而最少的为教材 3，有 20.5 万字，平均为 29.04 万字，标准差为 7.6；单节平均字数方面，最多的为教材 3，有 0.932 万字，最少的为教材 5，有 0.414 万字，平均为 0.7348 万字，标准差为 0.194。显然，从各类标准差可以看出，无论是章数与节数，还是总字数与单节平均字数，5 本教材都是存在明显差异的。其中，教材 5 相对其他教材而言，章数与节数均高出一筹，为此，笔者对其内容做了进一步的分析。经比较，与其他教材相比，教材 5 的特别之处在于将内容进一步细化与分类，譬如，"文字稿本"在教材 1 中仅为 1 章 9 节，而在教材 5 中则被细化为 6 章 20 节。而从总字数上来看，教材 1 与教材 5 在 5 本教材中是相对较多的。就实际应用过程中的影响力而言，教材 1，也就是李运林等主编的《电视教材编导与制作》因其较高的质量而备受欢迎。该教材于 1991 年在高等教育出版社发行第 1 版，2004 年再版，截至 2014 年 5 月，共计印刷 17 次，发行数十万册。从这一点上看，教材的体量不仅反映了编写者的认真态度与努力程度，而且一定程度上也保证了教材的质量。

（二）结构设计：电视编导主题多，教育教学主题少

教材的章节安排是外在化的、形式化的，而教材的主题内容安排才是教材编写者重点考察之处。因而，更具实质意义的分析是对教材内在的主题结构安排进行具体微观的考察。笔者对上述 5 本教材的目录进行了文本统计与主题梳理①，得出 5 本教材总共涉及主题 32 个，其中涉及最少的为 14 个，最多的为 22 个，平均为 17.6 个。具体结果见图 4-3。

---

① 在不同教材中，部分主题存在表述不同但意义相同等情况，为此，笔者基于个人的主观判断，对相关主题进行了拆分、合并、归类等处理。需注意的是，依笔者愚见，教材的章数并不等同于主题数。原因在于，有时一章只包含一个主题，如"电视教材的评价"一章只包含一个主题"评价"；而有时一章包含几个主题，如"电视教材的理论基础"就包含了"教育学基础""心理学基础""传播学基础""艺术基础""美学基础"等多个主题。

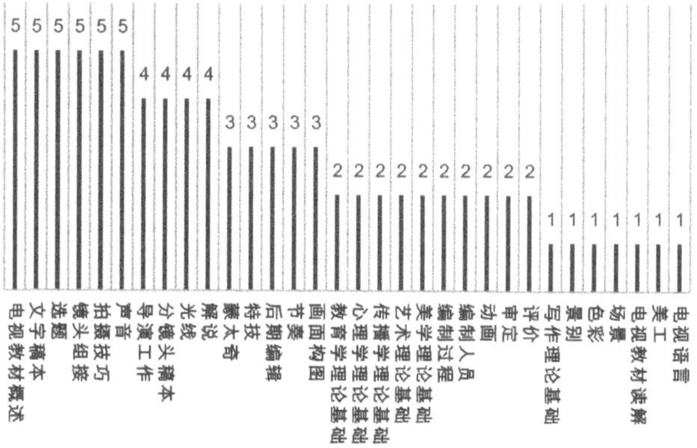

图4-3 5本教材主题频数分布情况

5本教材涉及主题的具体情况如下：①电视教材概述、文字稿本、选题、镜头组接、拍摄技巧、声音等6个主题的出现频次为5次，也就是说，每本教材都涉及这6个主题。②导演工作、分镜头稿本、光线、解说等4个主题的出现频次为4次；蒙太奇、特技、后期编辑、节奏、画面结构等5个主题词出现的频次为3次，换言之，至少3本以上的教材都涉及了以上9个主题。③至于其余17个主题，有10个出现的频次为2次，有7个出现的频次为1次，也意味着，这些主题在上述5本教材中并不经常出现。综上可知，上述5本教材在结构体系上既有"英雄所见略同"之处，又有"各执一词"的地方。

其中，值得强调的一点是，上述5本教材中，电视编导类的主题明显占据绝大多数，而教育教学主题出现的频次明显偏少。作为纯粹的教育教学主题，"教育学理论基础"出现的频次仅为2次，也就是说，仅有2本教材涉及这一主题的内容，也即教材1《电视教材编导与制作》与教材3《电视教材摄制与编导》。进一步考察，在这2本教材中，实际上涉及"教育学理论基础"这一主题的内容非常之少。在教材1中，仅第二章"电视教材的理论基础"部分的第一节内容"电视教材的教育学基础"涉及这一主题，具体内容包括四个方面，即电视教材与教育目的，电视教材与教学计划、教学大纲，电视教材与教学原则，电视教材与教学方法。在教材3中，仅第二章"电视教材制作的理论基础"第一节"电视教材的教学原则与心理学基础"中的第一部分涉及这一主题，即"电视教材的教学原则"①，但其内容仅仅涉及作者认为电视教材编制所需要遵循的十条原则，如"科学性与思想性相结合原则""理论与实际相结合原则"等。即便是从广义教育的范畴看，将"心理学理论基础"与"传播学理论基础"主题也纳入考察，上述5本教材中涉及与教育相关的主题仍然偏少，呈现的知识也远远不够。

由此可见，作为以电视教材编制为议题的教材，不涉及或仅仅很少涉及教育教学的内容，显然是不符合逻辑与事实的。从逻辑上看，电视教材首先是一种教材，教材这一属性决定了它与其他电视节目、电视录像之间的根本区别，是它存在的独特理由。一旦承认这一点，从逻辑上讲，强调其为什么成为教材、如何成为教材（包括整体上如何体现教材属性、具体编制过程中如何发挥教材作用等）等关键性的教育主题便是电视教材编制之教材的中心主题与主要内容。这是从正常逻辑出发便可得出的结论。与之相反，一旦忽略教材属性类的主题，而首先把电视编导类主题作为中心，那么，电视教材编制之教材便常常名不符实，使得人们几乎无法发现它们与其他电视节目编导类主题教材有何区别。这便涉及事实方面的问题。从事实上看，如果仅仅是为了罗列电视编导类主题的内容，那么电视教材编制之教材便无太大的存在必要。原因在于，有关电视编导类的知识与技能，已经有了更加专业、细致和全面的相关教材了。上述5本教材所列的参考文献即是明证。

当然，这里并不是说以电视教材编导为议题的教材并不需要涉及电视编导类的主题与内容，而是想强调，相关教材的首要任务并不在于电视编导类的主题与内容的呈现，而在于以此为基础，进一步论述电视编导如何与教育教学相结合，如何为教育教学服务。也就是说，从初级的电视编导知识的推介，走向高级的电视编导与教育教学融合性知识的创生，应是电视教材编制之教材的重要任务所在。其中的道理不难理解，以演讲之教材为例，以演讲为主题的教材必然也会涉及如何"讲"的基础性知识，但它更重要的任务在于阐述一种高级的"讲"，即如何在"演"的场景下"讲"。一言以蔽之，电视是工具，教育是目的，如何用

---

① 在教材3中，实际主题词为"教学原则"，笔者为了便于统计，将其归为"教育学理论基础"这一主题中。

工具固然重要，但如何用工具实现目的才是关键所在。

（三）知识类型：操作性知识有余，原理性知识不足

这是"电视编导主题多，教育教学主题少"这一结构设计在教材知识类型上的一种体现。教材是知识的物化形式，它不仅具有向学生传递人类文化和经验的功能，也是学生获得个人知识和能力所依赖的主要工具。教材中的知识有类型之分。著名教育心理学家约翰·罗伯特·安德森曾将知识划分为陈述性知识与程序性知识。前者指向事物的原理，后者指向行为的发生。另有学者将教材中的知识分为学术型知识与经验型知识。前者强调的是知识与事物的联系，以及知识与人的关系，后者注重的是知识自身发展和演进的脉络①。用更通俗的话语表达，知识有操作性知识与原理性知识之分，前者指向"怎么做"，而后者指向"为什么"。无论是陈述性知识与程序性知识，还是学术型知识与经验型知识，抑或是操作性知识与原理性知识，都是可以互动生成，相互转化的。

从两类知识划分的角度来看，综合上述图表，一个值得注意的问题是，在本节所分析的5本教材中，操作性知识明显多于原理性知识。以教材1为例，其主体内容分为三篇，即总论、编导与制作。其中，总论部分多为原理性知识，而编导与制作两部分则多为操作性知识。这一点很容易从章节标题看出，如"文字稿本的编写与创作""电视手法与分镜头稿本""电视教材导演工作""摄像与录像""特技与动画"等。至于其他4本教材，除了在"电视教材概述"一章中涉及部分原理性知识，几乎通篇均在传授电视编导与制作的操作性知识。

这样的教材是有待优化的。原因在于，就教材的知识分布而言，操作性知识与原理性知识犹如自行车的两个车轮，需要在行进中共同支撑，共同运转。当两个车轮的大小相同时，自行车自然行驶得稳定、平衡，相反，如果两个车轮大小不一，行进间难免费劲、失衡。同样的道理，操作性知识与原理性知识在教材的体系结构中如果分布不当，或者互不融合，不能相互支撑，也容易导致教材体系的失衡，还会影响读者的理解。一本优秀教材的体系结构应当是两种知识形态的融合，而且这种融

① 任丹凤.论教材的知识形态[J].上海教育科研,2003(10):66-68.

合是经过有机整合过的结合，而非机械地叠加在一起的[①]。古语言"知其然，知其所以然"，亦为此理。

过于注重操作性知识容易造成"单向度的教育"[②]。所谓"单向度的教育"，意指单独地、片面地注重某一方面的教育，而有意无意地忽视了与之相对的另一方面。无疑，操作性知识非常重要，缺少了它，我们不可能拍出任何电视教材。但是，如果教材中只有操作性知识，而缺少原理性知识，那么，那些奉教材为圭臬的人们极易在教材的引导下，热衷于"编制"电视节目，而不是"设计"教材。

实际上，在笔者看来，原理性知识有时候比操作性知识对教育更有意义。关于这一点，马克思曾有过一个精妙的比喻："最蹩脚的建筑师从一开始就比最灵巧的蜜蜂高明的地方，是他在用蜂蜡建筑蜂房以前，已经在自己的头脑中把它建成了。劳动过程结束时得到的结果，在这个过程开始时就已经在劳动者的表象中存在着，即已经观念地存在着。"一般来看，操作性知识指向的更多是技艺层面的问题，而原理性知识指向的更多是观念层面的问题。我们需要技艺，但更需要时而从技艺中解脱出来，问问为什么需要这样的技艺，这样技艺才不至于失去存在的意义，才不会与它所指向的目的相偏离。具体到电视教材编制这一实践对象上，则意味着，我们不仅要掌握有关编制技艺的操作性知识，还要了解为什么编制的原理性知识。唯有接受这样的教育，教育技术实践者们才可能从一个"单向度"的技术操作者，发展成一个有思想的技术操作者，直至成为一个有思想的教育工作者，电视教材编制这一教育技术实践也才有可能从电视技艺的此岸，走向优化教育的彼岸。

（四）参考资料："电视"类一家独大，"教育"类寥寥无几

综上分析，我们已然发现5本教材中的一种移植取向，那就是，电视属性显著，而教育属性不足。这种偏重还可以从上述教材的参考资料中发现端倪。一般认为，参考文献是论著的重要知识来源，尤其是在学科教材中。因而，我们对上述5本教材的参考文献进行了简要的分析，并

---

① 任丹凤.论教材的知识结构[J].课程·教材·教法,2003(2):5-8.
② 此处所用的"单向度的教育"，借鉴了马尔库塞的著名概念——"单向度的人"。

对它们的参考书目做了简单的计量统计，如表4-4所示。

表4-4　5本教材参考资料统计一览

教材	参考资料总数/本	"电视"类参考资料		"教育"类参考资料		综合类参考资料		其他参考资料	
		名称	数量/本	名称	数量/本	名称	数量/本	名称	数量/本
教材1	15	《影视导演基础知识》《影视基础理论与技巧》《电视摄制学》……	8	《教育传播科学研究方法》	1	《电教教材的制作》《怎样编制教学录像》《电视教材节奏初探》……	6	无	0
教材2	0	无	0	无	0	无	0		
教材3	5	无	0	《教育学》《电化教育学》《教育传播科学研究方法》	3	《电视教材编导与制作》	1	《美学概论》	1
教材4	24	《电视制作》《为银幕写作》《电影美学》《摄影构图学》……	19	《教育心理学》	1	《电教教材的制作》《科教电影简论》《科教电影编导简论》《教育电视节目制作》	4	无	0
教材5	18	《世界电影史》《电影美学》《电影语言》……	6	无	0	无《船山遗书》《文心雕龙》《艺概》	0	《诗话》《船山遗书》《文心雕龙》《艺概》	12
总计	62		33		5		11		13

统计后发现，上述5本教材在参考文献方面存在一定的不规范之处。一是参考文献缺失。在5本教材中，有4本教材（教材1、教材3、教材4、教材5）在书中或书后明确列出参考文献，而另外1本教材（教材2）则并未列出参考文献。从教材编撰规范的角度说，参考文献不但是佐证作者观点的不可缺少的资料源，而且是读者溯本求源的最佳渠道。它的缺失，对教材中观点的权威性与真实性，对读者进一步深入探究都有一定的负面影响。二是参考文献过少。由表4-4可知，5本教材的参考文献共计62条，平均每本教材12.4条。如果是对一篇容量不大的主题论文来说，仅有10余条参考文献还是可以理解的，然而，对于数十万字的鸿篇巨制而言，如此之少的参考文献数量就显得不相匹配了。不过，需要说明的是，上述教材大多发行于20世纪90年代，彼时我国教材出版界学术规范意识并不强烈，各方面要求也不甚严格，出现此类不足，也是情有可原的。

上述5本教材的参考文献在类型上也呈现出鲜明的特征。需要提前说明的是，笔者依据参考文献所属学科领域，将文献分为四种类型，即电视类、教育类、综合类、其他。电视类即指完全属于电视学科的文献资料；教育类即指完全属于教育学科的文献资料；综合类即指与电视学科和教育学科均有所关联的文献资料；其他类即指上述三类之外的参考文献资料。如表4-4所示，在5本教材所参考的文献资料中，属于电视类参考资料的共计33本，平均为6.6本；属于教育类参考资料的共计5本，平均为1本；属于综合类参考资料的共计11本，平均为2.2本；属于其他类参考资料的共计13本，平均为2.6本。不难发现，电视类参考资料的数量远远超出其他类型，并且，涉及范围既广又深，从摄影、电视到电影，从技术层面的电影语言到哲学层面的电影美学。而与其形成鲜明对比的是，教育类参考资料则远远低于其他类型，仅仅涉及4本教育学著作，即《教育学》《教育传播科学研究方法》《电化教育学》《教育心理学》，不但数量少之又少，而且内容单调，让人不由心生疑问，难道谈电视教材之编制，根本不需要教育学领域的智慧支持吗？综上，基于这样一个简单的实证数据，可以作出的推论是，上述5本教材在撰写过程中，其知识来源多为电视学科而非教育学科，这便是这5本教材的参考文献所呈现出来的鲜明特征。

　　不过，在笔者看来，这一鲜明特征既不符合逻辑，也不符合事实。先来看逻辑方面。电视教材的编制有何原则？南国农先生早在1982年就明确提出了电教教材的指导性思想，即教育性、科学性、技术性、艺术性和经济性等五项原则[①]。后来学界又补充了一个教学性原则[②]。那么，如何遵循这些原则呢？在一本以"电视教材编制"为主题的教材中，电视学科的知识来源，至多能够保证电视教材编制遵循技术性、艺术性等原则；而教育性、教学性原则的遵循，则不可能离开教育学领域基本理论（如教学论、教育心理学等）的智慧支持。换句话说，仅凭电视学科的知识来源，是不可能体现出电视教材编制之教育性与教学性的。因此，仅从逻辑的意义上说，上述5本教材本身的编制实际上也是存在瑕疵的。再来看事实方面。实际上，无论内容如何的电视教材，最终都是要面向学生去发挥教育功效的，不凸显教育属性，仅呈现电视特征，如何保证学生从中获益呢？无论编制怎样的电视教材，最终都是要用于教学实践的，不体现教学属性，仅呈现电视特征，教师如何运用呢？电视教材本身就定位为教材，其关键功能在于为教育教学服务，不体现教学属性、凸显教育属性，那么，它与一般的电视节目又有何区别呢？于是，从逻辑与事实两方面来看，必须再次强调电视教材要依据课程教学大纲的培养目标与要求来编制，并且，这种强调不是空洞的、朦胧的、不可实施的，而要将其落实到电视教材编制的全过程中，让教师在使用教材时感受得到，让学生在观看教材时体会得到。唯有如此，电视教材作为教材方能合乎逻辑与事实。

　　综上，我们对以"电视教材编制"为主题的5本教材进行了四个维

[①] 南国农.怎样编制电教教材（下）[J].电化教育研究，1982（3）：28-32.
[②] 具体而言，教育性原则指向学生传授某门学科的基础知识，发展学生的能力，培养学生的思想品德，促进学生的体力发展，应能起到良好的作用，有益于学生个性的全面发展。科学性原则指能正确反映科学基础知识和现代科学技术发展水平。技术性原则指要图像清晰、声音清楚、色彩逼真、声画同步，有良好的技术质量。艺术性原则指要有丰富的表现力和感染力，能激发学生的情感，引起学习动机，提高学习兴趣和审美能力。经济性原则指要考虑经济效益，以最小代价，得到最大收获。教学性原则指编制的教材要有较强的教学针对性和适用性，既要体现教师教授的功能，更要符合和促进学生心理发展，满足学习的需要。参见：李康.我国教育信息资源开发思想的形成与发展[J].电化教育研究，2015（6）：26-30，36.

度的分析。从章节安排上看，它们的体量有多有少，详略各异；从结构设计上看，它们囊括的电视编导主题多，教育教学主题少；从知识类型上看，它们所包含的操作性知识有余，原理性知识不足；从参考文献上看，电视类一家独大，教育类寥寥无几。不难看出，在分析的过程中，笔者秉持一种较为强烈的批判意识，试图发现那些少有人问津的电视教材中的些许问题，以期为今后视听学习资源的发展提供一种参考与启示。如此一来，因为对教材的分析主要以发现问题为目的，便没有太多地强调教材的价值与贡献。为此，这里需说明的是，实际上，上述5本教材在电视教材编制领域所发挥的引导价值是不可磨灭的，尤其是李运林先生等编著的《电视教材编导与制作》，几乎成为彼时国内电视教材编制领域最为重要的知识来源。

三、电视教材之政策文本中的移植现象

首先需要说明的是，本部分所分析的政策文本是一种教育政策文本。那么，为什么要选择教育政策文本来分析？在回答这一问题前，有必要先弄清什么是教育政策。一般认为，"教育政策是负有教育的法律或行政责任的组织及团体为了实现一定时期的教育目标和任务而规定的行动准则"[1]。作为"行动准则"，教育政策具有导向功能与控制功能。前者是指教育政策对教育教学活动、对人们的行为具有引导作用[2]。后者是指任何教育政策都是为了解决一定的教育问题或者预防某一教育问题而制定的，具有约束和规范人们行为的作用[3]。于是，在导向与控制之间，教育政策通过有效的实施，能将顶层的教育愿望和教育意志转化为基层的教育行动与教育意识。有鉴于此，通过对以电视教材编制为主题的教育政策文本的分析，应当能够探寻到彼时顶层与基层的有关电视教材编制的意志或意识，即一种观念取向。

通过多方搜寻，笔者有幸找到了迄今为止电视教材编制领域最为重要的一个政策文本。本部分所分析的对象为原国家教委办公厅于1990年

---

① 成有信.教育政治学[M].南京:江苏教育出版社,1993:201.
② 孙绵涛.教育政策学[M].武汉:武汉工业大学出版社,1997:19.
③ 孙绵涛.教育政策学[M].武汉:武汉工业大学出版社,1997:22.

11月17日印发的《电视教材编制要求与技术质量试行标准》（以下简称《标准》）。从文本本身的情况来看，它是符合教育政策的定义要求的。原因很简单：从发布主体来看，该《标准》系原国家教委办公厅印发，这是国家层面的"负有教育的法律或行政责任的组织"；从实施对象来看，需参照执行该《标准》的组织机构为"各省、自治区、直辖市及计划单列市教委、高教局、教育厅（局），国务院有关部委教育司（局），委属高等院校、中央电大、中国教育电视台、中央电教馆、中国电视师范学院等有关单位"；从实施目标来看，该《标准》的目的在于"加强对电视教材的管理，提高电视教材的质量"，有一定的"教育目标和任务"；而从文本性质来看，该《标准》虽被定位于试行标准，但被明确规定为实施对象在编制电视教材时必须参照执行的行动准则[①]。

（一）《标准》的具体内容

显然，该《标准》是一个特殊时期的历史产物。《标准》发布之时，也是我国电视教材编制实践最为繁荣的时期。当时，我国广播电视教育正处于蓬勃发展阶段，全国广播电视大学自1979年建立以来，已在全国各地基本形成教学网络，开设80多个专业，400多门课程，在校学生有100多万人。与此同时，1986年，我国又开始实施卫星电视教育。如此形势下，电视教材编制工作进入了一个飞速发展的时期。然而，发展的背后也暴露出一系列的问题。譬如：结合教学不紧，选题过宽，节奏过快，字幕过多，配乐过繁，事前不重设计，事后不重评价，结果、目标不明，质量难得保证，等等[②]。如此情形下，《标准》应时而生，旨在从全国范围内"加强对电视教材的管理，提高电视教材的质量"。具体而言，《标准》主要包括四个部分：三章主体内容与最后的注释部分。

《标准》的第一章为"电视教材编制要求"，共有8条内容，累计1070字，以"总—分"的方式分别强调了电视教材编制的具体要求。其中，第一条明确了电视教材的定义与范围，强调了电视教材编制的总体

---

① 国家教育委员会电化教育司.电化教育规章文件选编[M].北京:高等教育出版社,1991:199-208.

② 南国农.我国电化教育的现状与展望（上）[J].电化教育研究,1987(2):1-8.

要求、基本特征与关键作用；第二条指出了电视教材的基本原则及其主要做法；第三条强调了电视教材的艺术性及其实现方式；第四条强调了电视教材与其他教学媒体的关系；第五条指出了电视教材在远距离教学中的应用原则；第六条强调了电视教材编制人员的基本素质；第七条明晰了电视教材编制的基本程序；第八条强调了电视教材编制的计划性。总的来说，在第一章中，《标准》要求全面但不细致，导向性强但操作性不强。

与第一章截然不同的是，《标准》的第二章不但细致、明确，而且图文并茂、切实可行。《标准》的第二章为"电视教材技术质量标准"，共有6条，累计1229字，另配图表3幅。其中，第九条明确了记录制式与有关设备的要求；第十条明确了视频信号指标与画面质量要求；第十一条明确了音频信号指标与音响质量要求；第十二条就字幕与卡片等内容图文并茂地提出了细致要求；第十三条针对录像磁带提出了尺寸、时间等方面的要求；第十四条就技术质量综合评定给出了评级方法。总的来说，按照《标准》第二章的要求，编制人员能够有效、快速地完成电视教材技术指标的设定。

至于《标准》的后两部分则是对前两部分的补充解释。其中，《标准》的第三章内容是"附则"，主要是对前两章内容的两条补充说明。说明一为"电视教材的分类"，根据教学需要和电视教材制作的难易程度，将电视教材分为三类，即讲授实录型、讲授与资料编辑型与形象素材资料编辑型。说明二为"电视教材的编制程序"，主要包括规划计划、申报论证、建组签约、编写设计、摄录编辑以及审查与审定等6个程序。《标准》的最后一部分是"注释"，主要对三类稿本进行了解释，即文字稿本、分镜头稿本以及完成稿本。

（二）《标准》的主要特征

在对《标准》进行内容梳理的过程中，笔者认为，《标准》具有两个鲜明特征：模糊的教育要求与精确的技术指标。

所谓模糊的教育要求，即有规定但并不历历可辨，要遵从但不知从何做起。譬如，《标准》指出，"要体现不同教学层次、不同专业和课程内容、不同教学对象的特点和要求"。又如,《标准》强调,电视教材要"选材合理";再如,《标准》认为,要"恰当运用各种编制技巧"。然而,究竟如何"体现"?何谓"合理"?怎样"恰当"?《标准》并未给出解答。也就是说,尽管《标准》做出了"必须"执行的实践指令,但实际上,它并没有提供"可行"的操作路径。从教育政策的角度来看,作为一种控制标准,教育政策必须明确、合理,没有一套明确、合理的控制标准,就无法检查、计量和鉴定政策执行的效果及偏差,自然也就无法采取正确有效的纠偏措施[①]。在这个意义上说,模糊的教育要求在相当程度上等同于无效的教育要求,因为它不但难以被执行,而且难以被评价,以至于也就难以被纠正。

与模糊的教育要求完全相反,《标准》所规定的技术指标极其精确。譬如,"(电视教材的)记录制式:应符合 PAL-D 彩色制式";再如,《标准》明确指出:"(电视教材的)清晰度:全片图像彩色清晰度应达到250线,黑白不低于320线。"又如,"音频信噪比不低于48 dB,无失真,标准音频电平为0 dB(按广播电视部标准),全片中不应出现外界干扰噪音"。此外,关于字幕、信号、评审等要求还有明确的图示。显然,《标准》对于电视教材的色彩、画面、声音等方面的技术要求不可谓不具体,不可谓不精确。如此一来,编制者在编制电视教材时自然是有章可循,有规可依;审查者在评定电视教材时也有标准可依。

《标准》对于电视教材的技术指标的限定足够精确,这是值得赞赏的。但是,为何《标准》对于电视教材的教育要求的表述如此模糊呢?这是不得不追问的。或许有人会认为,电视教材的技术指标已经有了诸多的现成标准可以参照,而教育要求则没有相应的参照准则。对此,笔者想到的是,电视教材技术指标的参照标准从何而来?答案是众多电视技术研究者研究出来的。同理,当电视教材的教育要求无章可循、无规可依时,电视教材研究者是不是也应该付出相应的努力,从而改善这种窘境呢?这是我们今后在视听学习资源开发领域不得不妥善解决的关键课题。也就是说,未来的视听学习资源开发,必须考虑究竟如何去实现那些教育要求的技术路径,即向前再迈进一步,进行相应的教育工程研

① 孙绵涛.教育政策学[M].武汉:武汉工业大学出版社,1997:24.

究。说得更通俗点，我们不但要知道应该做什么，而且要知道究竟怎么做？其中的关键在于，要下决心尽快改善需改善的知识结构，充实需充实的理论积累，使我们既能开发满足教育要求的视听学习资源，也能探索实现要求的"技术路径"。唯有如此，从事视听学习资源开发的实践者们才不至于不知所措、无所适从。

通过对以上三类文本的分析，不难发现，这三类文本中实际上存在着一种共性的移植取向。在研究文本中，针对"电视"的问题，通过"电视"的话语，生成"电视"的结果；在教材文本中，以"电视"为主题的操作性知识明显多于以"教育"为主题的原理性知识；至于政策文本，教育方面的模糊要求与电视技术的精确指标形成了鲜明对比。一言以蔽之，以上对文本的考察结果，是笔者提出视听学习资源开发移植范式的主要原因所在。在一定程度上，电视教材时期的视听学习资源开发移植范式实际上已经在电视教材编制的研究取向、教学指导乃至实践行动等各个方面蔓延开来。

第五章　基于教学视频的视听学习资源开发范式探寻

> 复制技术使复制品脱离了传统的领域。通过制造出许许多多的复制品，它以一种摹本的众多性取代了独一无二的存在。复制品能在持有者或听众的特殊环境中供人欣赏，在此，它复活了被复制出来的对象。
>
> ——瓦尔特·本雅明
>
> 视频是我们未来的一门艺术——说它自恋，只不过是因为我们让自己变得自恋了；说它具有内在的商业性，只不过是因为我们自己的脑袋瓜沾上了市侩气……学会怎样看待视频设备——它不是一个因其内在特性而注定会有局限性的实体，它是进行各项艺术创作的一种工具。
>
> ——莫·图林

这是个技术的时代，无数新兴技术如雨后春笋般涌现，从VR到AR，再到全息技术；从App到人工智能，再到区块链技术。于是，学者们纷纷激动得跃跃欲试，感到大有可为。然而，与此相反，不少前辈却倍感危机："随着社会化服务的发展，媒体技术服务已经不是问题了。社会化的物业公司承担了相关管理工作；各种网络资源开发公司承担了信息资源制作。更要命的是，媒体技术本身越来越智能化、自动化，操作越来越方便，'技术门槛'大大降低了，一些工作无需专业人员了。"[1]当前，这一危机在视听学习资源开发领域表现得尤其明显。具体情形究竟如何？

---

[1] 王竹立.衰落，还是兴盛？——关于教育技术学科前景的争鸣与反思[J].电化教育研究,2017(1):5-6.

我们试图通过剖析"教学视频"这个具体样态去一探究竟。

第一节　教学与视频的网络共生

在本章的首节，需要说明两个问题：其一，什么是教学视频？我们需要对其进行一个大致的界定，这是后文展开论述的基础性问题。其二，教学视频发展的时代背景如何？这里我们主要对其发展的技术背景进行说明。

一、什么是教学视频

在开始本章的论述之前，首先需要明晰一个问题：什么是教学视频？或者说，从学理上而言，教学视频这一概念的具体含义是什么？在这一基础性的问题之下，实际上包含着两个子问题：什么是教学？什么是视频？

首先，何谓教学？尽管这是一个教学论领域的基础性与常识性问题，但这里还是有必要对其进行简要的回顾。最初，人们一般认为，"教学即有组织的教师教和学生学的过程，它正是随着学校和教师的出现而萌发的"[①]。这一认识有"一分为二"的趋向，即将教学分为"教师教"和"学生学"两个过程。受此影响，人们常常陷入将教学看作"教师教"与"学生学"的简单相加的误区。为消除这一误解，学界后来基本形成了一种相对统一的辩证认识，即教学是"教师教"和"学生学"的相结合或相统一的活动，具体地说，就是教师指导学生进行学习的活动。这一观点的核心在于强调"教师教"与"学生学"的结合或统一。"教"离不开"学"，"学"也离不开"教"。二者在教学中彼此依存，相辅相成，既不存在没有"学"的"教"，也不存在没有"教"的"学"。一句话，教学永远包括教与学，但不是简单地相加，而是有机地结合或辩证地统一[②]。

其次，何谓视频？众所周知，"视频"是当今时代的一个技术术语，

[①] 弗拉基米尔·鲍良克.教学论[M].叶澜,译.福州:福建人民出版社,1984:1.

[②] 田慧生,李如密.教学论[M].石家庄:河北教育出版社,1996:1.

一般有两种解释。其一，视频泛指将一系列的静态影像以电信号方式加以捕捉、纪录、处理、存储、发送与重现的各种技术，其英文"video"来源于拉丁语的"我能看见"，通常指不同种类的活动画面。其二，按照百度百科的解释，连续的图像变化每秒超过24帧（frame）画面以上时，根据视觉暂留原理，人眼无法辨别单幅的静态画面，看上去是平滑连续的视觉效果，这样连续的画面叫作视频。前者是一种专业层面的技术解答，强调的是视频的技术属性，即视频指的是一系列的基础技术；后者偏向一种生活层面的通俗阐释，即视频被视为一种动态图像。在本书中，视频的含义主要指的是后者。从本质上看，视频是一张张静态图像的叠加；从视觉效果上看，快速度的叠加使其形成了动态的效果。此外，以上两种解释主要强调视频之"视"的属性，而并未提及其"听"的功能。实际上随着电视技术进入有声时代以来，视频一般都兼具视与听的双重功能。在这个意义上，视频其实等同于一种音像资料。

综上，我们能够大致为"教学视频"下一个通俗的定义。简单地说，教学视频就是为教师指导学生进行学习活动而服务的音像资料。鉴于前义对教学的辩证认识，合理意义上的教学视频显然不是只为教师的教服务，或只为学生的学服务，而是为相统一的教与学的活动服务的。也就是说，不存在只为教不为学的教学视频，也不存在只为学不为教的教学视频。因而，从学理上看，凡教学视频，必既符合教的原理，又契合学的规律。

二、教学视频的发展背景

简要回顾视频技术发展史，便不难发现，视频萌生于电视技术，发展于数字技术，加速于网络技术。20世纪90年代以前，视频有另一个称呼——电视。关于电视及其相关技术前文已有论述，此处不再赘言。我们需要明确的一点是，正是电视技术的发展为视频的产生奠定了坚实的基础。在20世纪很长一段时间里，视频都是电视的"子集"，随着电视的发展而变化。1998年，数字电视在美国、英国同时开播，视频从此挥别了模拟技术时代，跨入了数字技术时代。进入21世纪后，随着计算机网络技术的发展，视频技术的应用领域不断拓宽，无论是广播电视领域，还是文化教育领域，抑或商业娱乐领域，等等，都有视频技术的身影[①]。此时，各种视频产品陆续步入寻常百姓家庭，它已不再是以前的"电视"所能包容的了。而教学视频，便是视频技术在教育领域最典型的应用。与其他领域一样，教学视频的相关技术支撑已与过往的电视时代有了翻天覆地的不同，这主要体现在拍摄技术与制作技术两方面。

与人类的历史一样，视听技术的车轮也总是滚滚向前。在人类发明活动影戏的20世纪上半叶，胶片是记录光影的唯一载体。无论是世界上的第一部电影《工厂大门》，还是中国的第一部电影《定军山》，都是通过胶片晃出了人影。在那段时期，美国的柯达家族在光学影像领域拥有不可撼动的垄断地位。然而，电子影像的问世打破了传统光学影像一统天下的局面。20世纪50年代以后，在无数无线电专家的努力下，光影开始通过永不消逝的电波进入千家万户。与其相伴而生的，电子摄像技术取代胶片技术成为影视界的主流，日本企业也取代美国柯达成为世界影像器材工业的跨国托拉斯。然而，光影的电子时代却比胶片时代主导世界的时间更为短暂，20世纪90年代之后，数字时代悄悄来临。数字技术一改电子摄像机将光学信号转为电子信号的古旧方法，而是创造性地将光学信号编码为1和0，以数字格式进行记录，而这，更加完美地消解了传统影像传输过程中的衰减弊端。伴随着技术的变革，视频拍摄与制作技术的红利也已辐射至教育领域。

（一）拍摄技术的平民化

尽管电子摄像时代已经实现了对胶片成像时代的超越，但电子摄像却有着一定的局限性。彼时，赋予电子摄像的修饰词多半是"广播级""高清晰""性能稳定"等字眼，但与之相应的，"昂贵""大体积""高技术"等也成为人们对电子摄像器材的一般认知。以电子摄像机为例，一般行业内将摄像机分为广播级、专业级和家用级。广播级、专业级器材主要应用于电影电视领域，性能自然无话可说，但也正是为了提高其性能指标，通常采用较大尺寸的摄像器件（譬如专业电视台的Betacame机器动辄十几、二十几公斤），其价格也动辄数十万，相关技术设置也是异

[①] 谈新权,邓天平.视频技术基础[M].武汉:华中科技大学出版社,2004:2.

常复杂。因此，广播级与专业级摄像器材实际上多配备在新闻电视机构，一般人不但买不起，而且用不了。至于电子摄像时代的家用级摄像器材，虽价格便宜、容易上手，但拍摄出来的影像质量却远远没有达到播出的要求。在电子摄像时代，电视图像的播出标准大约在500电视线以上，但普通家用摄像机的清晰度不到300线；即便是相对高级的机器也不过400线左右，云影依稀，颗粒粗大，更不用说色彩、亮度、声音采样率等一系列技术指标了①。此外，由于电子摄像技术客观的图像衰减问题，一般家用级摄像器材拍摄的视频若再经过几次传输、翻录与加工，便更加不清晰了。

无疑，数字时代的来临大大弥补了这种鸿沟。这首先要感谢数字摄像机的发明。数字摄像机，也就是DV（Digital Video），它是日本索尼公司于1995年率先开发并推向市场的新型数码视频摄像机。与传统的电子摄像设备相比，DV有其不可比拟的优势。首先，它能达到专业级甚至是广播级设备的图像品质。由于不是采用数字信号取代传统的模拟信号记录视频，不但使得DV的图像质量轻松达到500线以上，而且色彩与亮度的频宽是传统家用摄像机的6倍。也因此，DV所摄取的影像质量已经与专业影像设备相差无几，能够满足多数电视台的基本播出要求②。DV能够带给人们专业级的视听享受。其次，它能实现无损失的复制和重放。同样是以数字信号存储，DV所拍摄的影像可经多次复制而几乎无损耗，重放的音像质量与原版相比无任何降低（电子模拟存储的影像每复制一次降低质量约20%）。再次，它小巧玲珑，便于携带。与传统电子摄像器材的大体积、大重量相比，DV摄像器材不但体积越来越小，而且重量越来越轻③。一些MiniDV甚至小到可以轻松装进口袋，轻到仅为几百克。最后，也是极为关键的一点，DV的价格还一直在降低，从最初的数万元，下降至今天的数千元甚至数百元。

DV的出现，不仅宣告了"平民影像时代"的到来，也为教学视频的大规模生产奠定了坚实的物质基础。回顾过去，且不论价格、技术等因

---

① 朱靖江.DV宝典：从"菜鸟"到独立制片人[M].北京：中央编译出版社,2003:5.

② 朱靖江.DV宝典：从"菜鸟"到独立制片人[M].北京：中央编译出版社,2003:7.

③ 苏文,林少雄.完美DV：数码摄像与影视制作[M].上海：东华大学出版社,2004:5.

素，摄像器材本身的弊端就大大限制了教育电影、电视教材等视听学习资源的制作。譬如，民国时期，拍摄教育电影并不是一件容易的事，"因为那时的摄影器材非常笨重，摄影机没有马达，要用手摇带动35毫米的胶片运行，操作起来也不便利"①。即便是改革开放以后，拍摄电视教材也要经历一个较复杂的工作过程，要涉及拍摄、录制器材准备的烦琐程序，如对灯具、摄像机、录像机、控制台等进行各种调试②。时至今日，得益于DV式数字摄像器材的发明，其结果自然是"旧时王谢堂前燕，飞入寻常百姓家"。无论是在高校，还是在中小学，教学视频的拍摄已经成为一种常规性的教育技术活动。而这一切，首先离不开的便是高性价比数字摄像器材的普及。价格便宜了，大部分学校才有可能配备；技术要求低了，教育技术人员乃至稍有技术素养的一般教师都能轻松上手；音像质量有保证，也使得最终拍摄出来的教学视频能够满足播出的要求。

（二）制作技术的智能化

除了数字摄像器材的发明促使教学视频大规模拍摄成为可能，一系列新的视听制作技术的出现也进一步促进教学视频编辑走向智能化阶段。且不说胶片时代的"全手工"物理编辑技术，就是电子时代的线性编辑系统也逐渐被时代所抛弃。随着录像技术的发展和录像机功能的完善，视频编辑技术在1961年前后进入了电子编辑的阶段。相较于物理编辑，电子编辑的主要优势有两点：一是摆脱了物理编辑的黑箱操作模式，避免了对磁带的永久性物理损伤；二是制作人员不但能随时查看编辑结果，而且可以及时修改，还可以随时保存③。不过，电子编辑也存在编辑精度不高、录像带速不匀等问题。

真正使得视听编辑技术有革命性变化的是非线性编辑技术的发明。1970年，世界上第一个非线性编辑系统出现于美国，20世纪80年代，纯数字技术的非线性编辑系统正式问世。非线性编辑系统（Nonlinear Editing System，简称NLE），是使用数字存储媒体进行数字视音频编辑的后期

---

① 凤群.黎民伟评传[M].北京:文化艺术出版社,2009:75.

② 李运林.电视教材编导与制作[M].北京:高等教育出版社,1991:78.

③ 余胜泉,杨可.非线性编辑系统[M].北京:北京广播学院出版社,2000:2-3.

制作系统①。非线性编辑系统是一种对信息媒体进行加工和处理的设备，主要用于电视节目的后期制作，也可以用于电影剪辑、多媒体光盘制作和计算机游戏制作等领域。与电子编辑这类传统的线性编辑技术相比，非线性编辑技术的革命性进步在于具有高度集成化、功能齐全、操作方便等特性。只需外加一台录像机，非线性编辑系统就能完成一套线性编辑系统所能完成的编辑工作。具体而言，非线性编辑系统的优势主要有：（1）视频信号处理链路基本不受外界噪波干扰，图像质量高。（2）由于是数字信号的编辑，图像质量不会因设备的新旧而出现大的差别。（3）制作节目快捷，高效。（4）节省机时，设备使用寿命长。（5）硬件接口标准化，可运行多种编辑软件，支持多种数字特技，增加节目的艺术性。（6）具备多代复制而图像质量不会急剧下降的特点。（7）由于编辑系统基于计算机技术，易于构建大型甚至全球视频网络，从而使节目的交换及素材资料资源共享成为可能。（8）由于视频和音频都以数字形式存贮在硬盘中，因而还可以应用静帧技术制作出多彩多姿的图像电子邮件或软件封面，在多媒体制作领域中加以应用。（9）设备体积小，便携性能好，易于挂接计算机互联网络，编辑、传输工作可以随时随地进行②。

关于非线性编辑技术的具体内容，还可以说很多，不过，这并不是本书的重点。本书想强调的是：正因为有了非线性编辑技术，视频的无限次复制成为可能；正因为有了非线性编辑技术，视频的高速度制作成为可能；正因为有了非线性编辑技术，视频的艺术化设计成为可能；等等。

在非线性编辑技术发明之后，视听制作技术的门槛进一步降低。时至今日，各种小型、快捷的视听编辑软件不计其数。以一款称作"传影"的在线视频制作软件为例，它的口号是"10分钟一键制作"，软件的卖点在于"超简单的在线视频制作工具，丰富模板，傻瓜操作，一键替换图文，快速生成"。通过了解，对于简单的、无个性化需求的视频编辑，这款软件的确能如其所言，快速便捷，但对于更为复杂的、有一定个性化需求的视频编辑，这款软件便难以满足了。在教学视频编辑实践中，人

① 余胜泉,杨可.非线性编辑系统[M].北京:北京广播学院出版社,2000:18.

② 余胜泉,杨可.非线性编辑系统[M].北京:北京广播学院出版社,2000:24-25.

们更喜欢使用的是一款叫作"爱剪辑"的制作软件。从需求上看，该软件操作简单轻松，"一开始便以更适合中国用户的使用习惯与功能需求为出发点进行全新创新设计"；从功能上看，该软件提供最全的视频与音频格式支持、最逼真的好莱坞文字特效、最多的风格效果、最多的转场特效……甚至已经能够为专业的影视领域提供服务；更为关键的是，该软件是完全免费的。综上，该软件当仁不让成为教学视频编辑人员最为偏爱的软件之一。除了上述两种软件，类似的软件还有很多。得益于这些软件的支持，教学视频制作与编辑已经并不需要专业人员的专业操作了，即便是没有太多基础的教师，也能够轻松地完成一段教学视频的剪辑了。一句话，教学视频制作所需要的一切支持，智能化的软件都提供了。

总而言之，以非线性编辑技术为基础，越来越智能化的软件不断涌现，这不仅意味着传统电子编辑时代的落寞，也宣告了数字视频时代的崛起。与此同时，互联网技术的飞速发展，进一步预示着教学视频将在网络时代发挥出不可限量的教育功效。

第二节　网络时代视听学习资源开发的机械操作

21世纪初至今，教学视频一跃成为视听学习资源的主流表现样态。无论是国家层面的精品资源共享课，还是社会层面的各类在线教育，教学视频都是最主要的表现形式。本节所要探索的问题是，在网络时代，教学视频录制的背后隐藏着怎样的视听学习资源开发范式？这种范式表现出怎样的特征？又产生了怎样的影响？下文围绕上述问题进行论述。

一、视听学习资源开发的复制范式

通过对21世纪以来教学视频的发展历程与编制实践的具体考察，笔者发现，网络时代教学视频开发较为明显地形成了一种具有代表性的视听学习资源开发范式，笔者尝试将此种范式概括为复制范式。延续前文的思路，这里首先要回答的问题是：什么是视听学习资源开发的复制范式？

首先需要解释的是关键词"复制"。复制是一个日常使用极其频繁的生活词语，简而言之，即重复制作。依《辞海》所言，复制有三种含义：一是仿照原件制作；二是产生与模板相同结构的生物合成过程；三是著作权法上指以印刷、复印、临摹、拓印、录音、录像、翻录、翻拍的方式将作品制作一份或者多份的行为，是作品得以传播的重要手段[①]。在这里，我们使用的是第三种含义，是指对教育教学活动等行为进行的录音录像，目的在于将现实行为制作成音像制品用于广泛传播。"复制"对应的英文有"reproduce""duplicate""copy"等。"reproduce"意为"再次制造"，词根"produce"的拉丁语词源为"producere"（向前引领），其"生产"之意是从17世纪才出现的。"duplicate"的拉丁语词源"duplicare"的意思是"双重"，而"copy"的拉丁语词源是"copia"，原意为对宗教书籍的转录或者抄写[②]。

除了作为一种生活词语，"复制"后来也慢慢进入学术视域，学者们发现，原来它可以成为一个既颇有渊源又兼具时代特征的学术概念。之所以说其颇有渊源，是因为最早在柏拉图那里，就曾有过"去复制（reproduce）它（理念）的形式和特征"的论说，而亚里士多德也曾指出，被动地复制并不合理，主动地模仿才是正途；又说其具有时代特征，是因为德国两位哲学家瓦尔特·本雅明与西奥多·阿多诺关于机械复制艺术的学术争鸣一度使得"复制"这一概念备受关注。在这场争论中，两人的观点截然对立。在《机械复制时代的艺术作品》中，本雅明就艺术作品的生产过程指出，复制具有解放性，复制能够生产大量的艺术复本，这使得艺术作品不再是只属于少数精英群体的私人收藏，而是成为普通大众皆可欣赏的超时空作品。对此，阿多诺则反驳说，复制会让艺术品变成文化商品，会将人整合至文化工业之中，并且复制可能会变成单调乏味的重复、抄袭，也可能被文化工业所利用，成为主宰人们的工具；还可能出现复制人的行为和智能的危机，成为人类的威胁[③]。不难发现，本雅明与阿多诺的观点都既有其合理之处，却又带着典型的极端特征。

---

① 夏征农.辞海[Z].上海:上海辞书出版社,1999:247.
② 陶峰.西方文论关键词:复制[J].外国文学,2018(6):94-102.
③ 陶峰.西方文论关键词:复制[J].外国文学,2018(6):94-102.

换言之，复制既有本雅明所言的解放性之益处，又有阿多诺所言的机械性之危机。因而，单纯地偏向哪一边都是失之偏颇的。正如美国学者理查德·沃林所言："本雅明为了机械复制的政治维度而牺牲了审美自律原则，这很可能让艺术被集权利益所控制；而阿多诺捍卫自律艺术的独特性和否定性，则让艺术变得难以理解，成了少数专家的游戏。"①

通过以上梳理，我们发现，实际上复制本身也是一种技术。这种技术兼具积极维度与消极维度，其本身是道德无涉的，关键在于实施复制技术的人。实施得当，复制技术解放其所复制的事物；实施过度，复制便消解了其所复制事物的价值。站在教育的场域中反思，一方面视听复制技术的应用自然能够给更多人带来享受优质教育资源的权利，但另一方面，这些复制的教育资源的盛行，却又使得很多本应主动实施教育行为，迸发教育智慧的教育者陷于依赖。此外，教育实践不同于艺术欣赏，教育实践面对的是活生生的人，而每一个人都是鲜活而有个性的，指望复制的教育资源能够满足所有受教育者的需求，显然是不切实际的。技术能够复制资源，但技术却不能替代教育。

总而言之，在本书中，针对今日国内教学视频开发实践的种种问题，使用"复制"这一关键词主要强调其消极维度的机械、单调、被动等属性。简言之，所谓视听学习资源开发的复制范式，是指在视听学习资源开发实践中，学习资源不是基于教育教学活动的一种创作设计，而是对教育世界（以传统课堂为主）的机械复制。

二、视听学习资源开发复制范式的现实表现

就当下的教学视频开发实践现状而言，其形成的视听学习资源开发的复制范式实际上至少已经表现出以下三个具有逻辑延续关系的症候。

（一）稍显机械的资源开发过程

一个必须承认的现实是，在当下的各大互联网教育平台中，绝大多数视听学习资源都属于"课堂搬家"型资源。不管是过往的网络教育课程开发，还是今天的MOOC教学视频制作，多数情况下，人们只是利用

---

① 陶峰.西方文论关键词复制[J].外国文学,2018(6):98.

视听技术复制传统的课堂。如此情形下，开发视听学习资源几乎等同于对传统课堂的"实况录像"。

如此情形下，视听学习资源的整个开发过程也自然退化为一种稍显机械的技术劳动。依据过往经验，摄制视听学习资源其实是一个极其复杂的创制过程，需要涉及用光造型、摄像构图、特技造型、动画造型、编辑配音等再创作环节①。然而，时下人们的开发过程却极其简单，常常只需完成两个环节便能制作一段视听学习资源：首先，在传统课堂中架设一台或几台摄像机；其次，利用编辑软件对摄制的素材进行简单的形式处理与格式转换。且不说要进行上述复杂的再创作环节，就连最简单的移动式拍摄、蒙太奇式编辑等操作手法都几乎很难在当前的资源开发中看见。概言之，在与过往实践比较的意义上看，当今视听学习资源开发过程的这种机械性主要体现为：人为的再创作手段越来越少，对摄像机器、编辑软件等设备的依赖愈发强烈。

（二）过于单调的资源呈现方式

这是机械的资源开发过程的一个必然结果。由于视听学习资源开发已经沦为对传统课堂的"实况录像"，所以开发者便无须再对学习资源的画面、声音以及结构进行太多的设计与处理。其结果便是，在当下的视听学习资源中，画面常常还是传统课堂的画面，声音每每还是传统课堂的声音，结构往往还是传统课堂的结构。

如此一来，视听学习资源的呈现方式自然显得非常单调了。假如将视听学习资源看作一种视觉影像叙事作品，这种单调至少表现在以下方面：第一，叙事视角单调，主要以教师为中心。在绝大多数的资源呈现方式中，教师无疑担当绝对的主角，以全知全能的姿态向学生灌输知识。第二，叙事结构单调，过于平铺直叙。由于当前的视听学习资源过度强化教育功能，因而导致其一味采取线性的叙事方式，叙事结构变化较少，几乎不会出现平行蒙太奇、跳跃蒙太奇等影像叙事方式。第三，叙事时空单调，过于依赖传统场景。如前所述，当前视听学习资源绝大多数都属于"课堂搬家"型资源，其中最为突出的问题便在于拍摄场景单一，

---

① 李运林.电视教材编导与制作[M].北京:高等教育出版社,1991:232.

过于依赖传统课堂、报告厅等场景，忽视了创造性地开发传统课堂之外的广阔时空[①]。

（三）相对较低的资源利用效率

这是单调的资源呈现方式的一个必然结果。一旦作为观众的学习者发现一切都没有改变：视听学习资源中所呈现的还是教师的知识灌输、线性的叙事结构、传统的时空场景，较少或不愿使用这类资源自然成为一种常态。

这种常态业已被大量事实所反复证明。仅以面向大学生的视听学习资源为例，2003年以来，教育部组织各高校建设了数千门国家精品课程。有调查显示，在国家精品课程的应用方面，66.67%的被调查者所在的高校很少使用其他高校相关学科的国家级精品课程，只有19.44%的高校在教学当中经常使用其他高校的精品课程，另有13.89%的高校根本不使用精品课程。此外，大部分精品课程参与者（85%以上）自身也认为精品课程对高等院校的教学影响不大[②]。也就是说，不仅是视听学习资源面向的应用者，就连视听学习资源的开发者自身，都承认资源的实际可用性不高。造成这种情况的原因有很多，但"课堂搬家"型资源本身单调的呈现方式的确是其中十分重要的原因之一[③]。

三、视听学习资源开发复制范式的深层危机

迄今为止，除了以上所述的资源开发自身的问题，复制主义资源开发观已经引发了更多深层次的危机。就现状而言，这种深层危机至少体现在以下三个方面：

（一）片面的评价方式

复制主义资源开发观首先引发的危机便是资源评价方式的变化。原因很简单，任何的考核评价均需以符合事实为根本依据。换言之，对实

---

① 王念春,张舒予.视觉文化的视角:人文社科类网络视频课程叙事策略探究[J].电化教育研究,2015(1):89-95,114.

② 秦炜炜.国家精品课程发展十年现状调查[J].中国远程教育,2013(8):53-57.

③ 黄立新.透析网络课程中教学视频的问题[J].电化教育研究,2006(3):47-50.

践的评价方式需根据实践的具体事实来选择。当视听学习资源开发等同于对传统课堂教学进行"实况录像"时，资源开发者的工作事实便是对资源的各种技术属性进行设置与编辑。如此一来，以技术属性为主的考核方式便成为一种理所应当、自然而然的评价途径。

事实也正是这样。2013年，教育部发布了《精品视听公开课拍摄制作技术标准》（以下简称《标准》）。无论是从名称上看，还是从内容上看（《标准》明确指出，它"主要包括视听公开课的音视听录制、后期制作和文件交付等基本技术规范"），该《标准》仅仅是一套规定精品视听公开课视频参数的技术指标。然而，鉴于精品视听公开课在我国视听学习资源范畴中的较高地位，《标准》一经发布，不仅成为视听学习资源开发主体的操作依据，也成为各级教育行政部门考核视听学习资源的评价标准。

此时，相信对电视教材审核原则稍有知晓的同仁们便能发现潜在的问题所在：根据过往经验，针对视听学习资源的评价包括五个方面，即教育性、科学性、思想性、艺术性和技术性[1]。因而，假如只对视听学习资源的技术性提出要求，而不对其他维度的品质进行明确规定，便极易引发一种唯技术指标的片面评价方式。更令人担忧的是，当资源开发实践变成一种机械的技术复制时，唯技术指标的评价方式不仅不能成为发现问题的监督工具，相反，它却在纵容实践问题的持续恶化。最终，在"机械的复制—片面的评价"的恶性循环中，视听学习资源的考核评价便仅剩"技术标准"这一根救命稻草了。

（二）边缘的开发主体

复制主义资源开发观引发的第二个危机便是开发主体地位的不断边缘化。大量的事实已经证明，无论是在高等教育阶段，还是在基础教育阶段，都存在从事视听学习资源开发的教育技术工作者曾经或正在遭遇着边缘化的现象。在视听学习资源开发的舞台上，教育技术工作者常常只能扮演配角：他们按照外在的要求拍摄，按照技术的流程操作，按照规定的参数编辑。

---

[1] 李干臣.教学片中不应设置导演[J].外语电化教学,1985(1):40.

然而，即便是这样一个边缘化的配角，如今都已经渐渐地被取代。时至今日，随着 MOOC 的风靡、微课的火爆，教育领域对视听学习资源的需求愈发强烈。进而，在充足教育经费的支持下，从事视听学习资源开发的教育技术工作者已经被越来越多的专业视频制作公司所替代。个中原因不难理解，当教育技术工作者秉持着复制主义的观念开发资源时，他们实际上已经不是从事教育工作的教育人，而只是从事技术劳动的技术人。一旦人们意识到这一点时，仅仅作为技术人而存在的资源开发主体自然在教育领域毫无地位可言。夸张地说，即便不是被更具技术水平的其他群体所替代，仅仅从事技术劳动的资源开发主体未来也会被更具技术功能的智能机器所替代。

（三）消逝的技术价值

视听技术在教育领域的价值的消逝，是迄今为止复制主义资源开发观所引发的最为严重，也是最需要警惕的深层危机。具体而言，它主要体现在视听技术的内在负荷价值与外在应用价值两个方面。

其一，在复制主义资源开发观的影响下，开发主体忽视了视听技术内在负荷价值的彰显。哲学领域的技术负荷价值说认为，技术是人的目的的展现方式，目的的设定就负荷了人的价值[1]。学者吴国盛将这种"目的的展现方式"称为"意向结构"。譬如，所有的锤子都指向砸的功能，这里的"砸"就是锤子的意向结构。那么，视听技术的意向结构是什么呢？答案应是"再现"。也就是说，视听技术指向的是"再现"功能。

细分来看，不同的再现技术实际上指向的是不同类型的再现功能。譬如照相技术，它指向的是静态且无声的再现功能；又如有声电影技术，它指向的是动态且有声的再现功能；至于今天的数字视听技术，它的意向结构应是一种丰富且多元的再现功能。在一个拿锤子的人的眼里，世界就是个钉子；在手持照相机的人眼中，世界就是一张照片；而在掌握数字视听技术的人眼里，世界应当可以有许许多多的再现方式。在这许许多多的再现方式中，理应有一类适合教育并能优化教育的再现方式。从学科使命上看，创制这类再现方式的任务无疑应由教育技术人来承担。

①远航.技术的价值负荷过程[J].自然辩证法研究,2003(12):31-33,76.

然而，令人遗憾的是，迄今来看，我们并没有完成好这一任务。

其二，对于视听技术内在负荷价值的忽视，进一步导致了视听技术外在应用价值的消解。每一个将视听技术应用于教育领域的教育技术工作者，其本意都是想利用视听技术促进与优化教师的教学与学生的学习。不过，实际情况似乎并不完全符合这一本意。从资源的宏观效用看，在互联网时代，任何视听学习资源只要被上传至网络，其在扩大教育资源覆盖面、提升教育资源利用率等方面必然有所裨益。然而，就资源的微观价值而言，情况却有所不同。一个必须承认的现实是，现实的教育世界并不是十全十美的，那里也有不优秀的教师，也有不专心的学生，也有不完美的课堂。即便是退一步说，教师、学生、课堂都没有瑕疵，但发生在信息化时代的教育教学，有些预期的效果也难以仅靠优秀的教师来实现，有些期待的改变也难以单凭自觉的学生来完成，有些理想的设计也难以只靠传统的课堂来实施。此时，倘若开发者们将复制主义资源开发观奉为圭臬，一方面，教育现实中的许多不足之处将难以避免地被复制至视听学习资源中；另一方面，这在一定程度上也违背了"用技术来促进人类学习"的学科使命[1]。

最后，仍有一个需要澄清的问题是，当下教学视频开发的复制范式并不等同于民国时期教育电影制作的纪实范式。原因何在？尽管复制与纪实实际上都是一种对社会事实的记录，但二者还是有明显的区别的。如前文所述，"镜头前面的景物是真实的，但摄影家能够运用他的照相机使景物表现另一种真实、一种更深刻而且也许是更重要的真实——他可以作出评论。如果说纪实摄影的第一属性是它表现现实世界真相的能力，那么，它的第二属性就是传达摄影家评论这种真相的能力"[2]。在纪实范式中，制作者的第一任务是记录，第二任务是评价。当然，这里所说的评价并不是一般意义上的评价，而是指制作者借助影像作品所传达的个人思想。而这一点，恰恰是复制范式所缺乏的。在复制范式中，人们的行动是机械的，目标是单一的。机械地复制教育现实，单纯地依赖教育

---

① 黄荣怀.论教育技术的学科精神：以此祝贺南国农先生90华诞[J].电化教育研究,2010(8)：12-14,50.

② 孙京涛.纪实摄影：风格与探索[M].济南：山东画报出版社,2004：9-10.

现实。这时候，制作者实际上等同于技术的延伸，没有或者说很少有个人思想的表达与教育智慧的迸发。正是在这个意义上，笔者以为，复制实际上就是一种记录范式，而纪实则基于记录而高于记录。

问题的关键不仅在于认识到当今世界的现实之困，更在于发现走向美好世界的理想之路。在前文论述中，笔者无疑是以批判的态度考察了实践背后的复制范式及其引发的种种现实之困，然而，假如我们仅仅停留于此，而不更进一步，尝试建构能够优化实践的新观念，那我们的批判显然不能成为推动实践改善的有效力量。那么，具体如何建构呢？这是我们后文中需要着重论述的核心问题所在。

需要继续说明的是，在笔者看来，与基于教育电影的纪实范式和基于电视教材的移植范式相比，基于教学视频的复制范式实际上并没有延续之前的方向向纵深发展。相反，复制范式脱离了正常的轨道，没有按照循序渐进的方向发展，反而有点倒退的意味。这种倒退可以通过视听技术"进入"教育的程度来体现。如前所述，纪实范式下，视听技术是被"加入"教育；移植范式下，视听技术是被"嵌入"教育，而到了复制范式下，似乎有点回到了"加入"的程度。用图示的方式表达视听学习开发范式的转换关系，如图5-1所示。

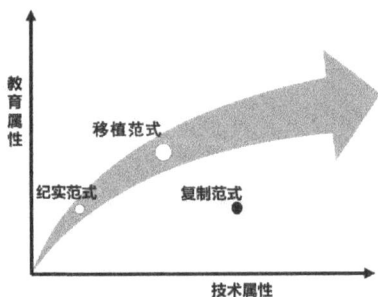

图5-1　视听学习资源开发范式转换关系（二）

与前两种范式相比，在技术维度上，视听学习资源开发的复制范式无疑要比之前的范式先进。然而，从考察情况来看，在教育维度方面，视听学习资源开发的复制范式并没有表现出明显的进步之处。原因在于，与纪实范式类似，复制范式下，更多的是对技术的机械操作，而很难看到开发者对视听技术的"教育化"改造。不过，复制范式与纪实范式又有不同，主要在于：复制范式多面向的是学校教育，而纪实范式多面向的是社会教育；复制范式下的素材多源于课堂，而纪实范式下的素材多源于社会。也正因如此，复制范式实际上缺少与社会和生活的连接。与此同时，尽管复制范式在宏观上实现了国家促进教育公平的需要，但由于"工具理性"与"功利色彩"的影响，复制范式下的视听学习资源在一定程度上走向了"育分"的错误方向。

第三节　视听学习资源开发复制范式的生成动因

为何复制范式会成为一种主流，主导着十余年来教学视频开发的实践样态？这是本节需解答的核心问题。无疑，原因自然是多方面的，我们无法一一说明。不过，相较而言，至少有两个方面的原因值得我们审视。一是教育发展的客观需求。21世纪以来，我国教育发展面临诸多新的挑战，这也在一定程度上影响着教学视频的发展方向。二是实施主体的主观选择。如何使教学视频满足教育教学的需要，或者说在多大程度上满足教育教学的需要，这依赖于实施主体的实践智慧。

一、教学视频发展的现实需求

21世纪初至今，我国教育发展面临的挑战已有所转变。在改革开放至20世纪末的二十余年间，主要任务是解决"温饱水平"的就学机会公平；而近十余年来，"小康水平"的就读优质学校机会公平已成为社会层面的关键课题①。

（一）愈发凸显的教育公平问题

一般认为，所谓教育公平，指的是每个社会成员在享受公共教育资源时受到公正和平等的对待②。在世纪之交突飞猛进的发展中，教育公平

---

① 著名学者吴康宁教授曾将教育机会公平划分为三个层次，即"温饱水平"的就学机会公平、"小康水平"的就读优质学校机会公平以及"发达水平"的教育过程参与机会公平。详见：吴康宁.教育机会公平的三个层次[N].中国教育报(教育科学版)，2010-05-04(4).

② 周洪宇.教育公平是和谐社会的基石[M].合肥：安徽教育出版社，2007:3.

逐渐成为突出的社会问题，引起社会舆论的强烈关注和持续不断的声讨批判[①]。

实事求是地看，21 世纪初，我国教育领域存在着诸多不公平现象，这种不公平主要表现为城乡教育差距。毋庸讳言，城乡之间的教育差距是教育公平问题中表现得最为突出的问题之一。从教育的不同阶段来看，城乡之间的教育差距主要表现为城乡之间的基础教育差距与高等教育差距。就基础教育差距而言，主要包括基础教育机会的差距与基础教育质量的差距。应当说，改革开放至今，城乡之间基础教育机会的差距渐渐在缩小直至消失。换言之，在基础教育机会方面，国家已经通过各种政策保证每一位学生都能有学上。然而，在基础教育质量上，城乡之间的差距仍然存在。这种差距主要表现在教育经费投入、物质资源配置与师资力量配置等方面。有相关调查数据显示：农村普通中小学的生均教育经费投入低于全国平均水平，更低于城市生均教育经费投入；在与投入和设备有比较大的关系的空间占有上，城乡差距比较明显；而在生均计算机、生均图书和生均电子图书、生均仪器设备价值等指标上，城乡差距进一步扩大[②]。除去硬件差距，表现得更为突出的是城乡师资质量差距。有学者选取了教师的学历和职称两个指标进行城乡对比，结果显示，不管是从学历层次还是职称层次，城市教师都明显优于农村教师[③]。与基础教育的情况有所不同的是，高等教育的城乡差距更多地表现为教育机会差距。事实上这一现象早就受到社会的关注，2009 年 1 月新华社播发了国务院总理温家宝有关教育问题的署名文章，文中说："有个现象值得我们注意，过去我们上大学的时候，班里农村的孩子几乎占到 80%，甚至还要高，现在不同了，农村学生的比重下降了。这是我常想的一件事情。本来经济社会发展了，农民收入逐步提高了，农村孩子上学的机会多了，但是他们上高职、上大学的比重却下降了。"[④]概言之，迄今来看，

---

① 杨东平.从权利平等到机会均等:新中国教育公平的轨迹[J].北京大学教育评论,2006,4(2):2-11.

② 高丽.教育公平与教育资源配置[M].北京:中国社会科学出版社,2009:24-26.

③ 高丽.教育公平与教育资源配置[M].北京:中国社会科学出版社,2009:28.

④ 转引自:李春玲.高等教育扩张与教育机会不平等:高校扩招的平等化效应考查[J].社会学研究,2010(3):82.

城乡之间的教育差距主要表现为，在基础教育阶段，主要是教育质量差距，而在高等教育阶段，主要是教育机会差距。因为我国高等教育尚未进入普及水平，高等教育机会的获取是通过选拔的方式进行，因而基础教育的质量常常决定着一个人是否能够接受高等教育。在这个意义上看，一定程度上，正是因为城乡之间基础教育阶段的教育质量差距，导致了城乡之间高等教育阶段的教育机会差距。

（二）教育公平问题实质上是教育资源配置问题

教育公平是一个多维度、多层次的概念，其内涵极其丰富。它在社会学视野里强调的是平等，在伦理学的视野里强调的是公正，在法学视野里强调的是权利。相对而言，更为大多数人所认同的是从经济学视角的理解。

从经济学的视角来看，教育公平实质上就是教育资源的公平分配。反过来说，教育公平问题实际上是教育资源分配问题，教育不公平就是教育资源分配不公平。到目前为止，公认的教育资源分配的公平原则主要包括：资源分配均等原则、财政中立原则、调整特殊需要原则、成本分担和成本补偿原则、公共资源从富裕流向贫困原则等[①]。就目前我国国情而言，在很多情况下还难以完全按照上述原则执行。这也是我国教育不公平现象始终凸显的原因之一。

论及教育资源，首先应对其内涵进行相应的探讨。一般认为，教育资源包括财力、人力和物力资源。这三者就是教育资源的"三要素"。这一观点认为，财力主要是指教育经费，人力主要是指师资力量，物力主要是指学校的教育设施、设备。相较之下，师资力量又是其中最为重要的。原因很简单，财力、物力资源都属于"物"的层面，一定程度上，它们是可控的，而师资力量则属于"人"的层面，相对而言并不容易控制。迄今来看，事实也正是如此。近年来随着国家经济发展与综合国力的提高，教育经费的投入不断增加。如此一来，乡村学校的教育经费投入不断加大，教育设施、设备也不断完善。目前来看，至少在物的层面看，城乡教育资源的差距并不是越来越大，而是渐渐缩小。2018年5月，

---

① 高丽.教育公平与教育资源配置[M].北京:中国社会科学出版社,2009:28.

国务院办公厅发布《关于全面加强乡村小规模学校和乡镇寄宿制学校建设的指导意见》，进一步要求改善乡村学校的办学条件，"多渠道筹措经费，加快推进两类学校建设……确定两类学校校舍建设、装备配备、信息化、安全防范等基本办学标准。对于小规模学校，要保障信息化、音体美设施设备和教学仪器、图书配备，设置必要的功能教室，改善生活卫生条件。对于寄宿制学校，要在保障基本教育教学条件基础上，进一步明确床铺、食堂、饮用水、厕所、浴室等基本生活条件标准和开展共青团、少先队活动及文体活动所必需的场地与设施条件"。

然而，与此不相协调的是，城乡教育资源在人力上的差距却不断拉大。一个不得不承认的事实是，近年来，乡村学校的师资力量越发薄弱。山东省的一项调查显示，"乡镇及以下农村中小学本科以上学历教师增幅低于县城41个百分点；截至2011年底，中学一级和小学高级以上职称的教师比2006年减少了25.19%；有4个县的13个农村教学点分别只有1名教师，负责教授一到三年级学生的全部课程……"[1]另有学者调查显示，农村教师对工作的兴趣、对生活条件的满意度、对专业发展和环境的良好评价指数均远远低于城市教师[2]。实事求是地说，由于城乡综合水平的差距，为追求更好的工作、生活条件和更大的个人发展空间，农村教师"单向上位流动"已成为教师流动中普遍的趋势。所谓"单向上位流动"，是指教师从边远落后地区流向经济文化发达地区、从农村学校流向城镇学校、从市县流向省会城市、从普通学校或"薄弱学校"流向重点学校的单一方向的流动。这种自发性的教师流动是我国21世纪以来教师流动的主导模式[3]。

农村教师的流动又引发了农村学生的流动。在条件具备的情况下，为了接受更好的教育，很多学生便"追随"教师相应地形成"单向上位流动"，从农村学校流向城镇学校，从普通学校或"薄弱学校"流向重点

---

①卞民德.农村教师，还稳得住吗？——农村优质师资流失严重 13个教学点均只有1名教师[N].山东科技报,2013-09-11(A1).

②蔡明兰.教师流动:问题与破解——基于安徽省城乡教师流动意愿的调查分析[J].教育研究,2011(2):92-97.

③蔡明兰.教师流动:问题与破解——基于安徽省城乡教师流动意愿的调查分析[J].教育研究,2011(2):92-97.

学校。如此一来便形成恶性循环，到最后，农村学校不但留不住优秀的教师，而且也无法留下那些家庭条件稍好的学生。当下，农村学校的教师整体上与城市学校差距更大。如此情形下，农村学生所享受到的教育资源与城市学生相比则出现了更大的差距。

21世纪以来，在基础教育领域，人们焦虑的不再是有没有学可上，而是能不能上更好的学校，能不能享受更好的师资。一句话，人们期待享受到优质教育资源。从根本上说，优质教育资源配置不均衡，已经成为引发教育公平问题的根源所在。

二、教学视频发展的实践目标

毋庸讳言，就当下我国的国情而言，想让所有学生都能就读优质学校，都能享受优质教育资源的确有些不太现实。在未来很长一段时间里，优质教育资源分布不均衡，都将成为制约我国教育进一步发展的重要挑战之一。如此情形下，与以往一样，人们开始尝试向信息技术求助。自然而然地，促进优质教育资源共享便成为近年来我国教育信息化进程所面临的重要议题。人们之所以会期待信息技术能够在一定程度上缓解教育不公平现象，原因很简单，当前的视听技术的确具有相应的功能。换句话说，复制技术的特殊功能的确能够在一定程度上针对性地解决已成"难解之谜"的教育资源配置不均衡的问题。

（一）复制技术"解放"教育资源

无论在何时，优质教育资源都是有限的。既然是有限的，这就决定它无法使得所有人无限享有。此时，具有复制功能的各类技术便成为人们最大的依赖。对稀缺的有限资源进行复制使其能够得到更广泛的传播，这一做法自印刷技术发明以来便已经开始了。在印刷机器发明之前，人们采用的是手工复制的方式，这使得历史上那些大思想家的作品得以被人们知晓。古登堡以降，机械复制技术进入人类的世界。到今天，随着计算机技术的出现与发展，人类已经走到了数字复制时代。

今天的复制技术更加具备"解放"的特征。这种"解放"特征最先由本雅明提出。如其所言，在机械复制时代，"复制技术把所复制的东西从传统领域解脱了出来……因而它就赋予了所复制的对象以现实的活力"①。他还指出，技术复制品有两点优势：其一，技术复制品更独立于原作，这是因为技术复制可以根据现实的要求"突出那些肉眼不能看见，但镜头可以捕捉的原作部分，而且镜头可以挑选其拍摄角度"；此外，照相摄影技术"还可以通过放大或慢摄等方法摄下那些肉眼未能看见的形象"②。其二，技术复制能把原作的摹本带到原作本身无法达到的境界。尽管本雅明谈论的对象是艺术作品，但其表达的思想却是具有普适性的。应当说，技术的这种"解放"特征在数字时代表现得更为明显，数字化的视听技术不仅能够更轻松更便捷地大量复制他物，还能通过发达的传播技术将其传递至世界的任何一个角落。在教育领域，稀缺的教育资源，特别是优秀教师的课堂教学活动，对于那些无法享受这些资源的农村偏远地区的学生而言，就如同无法触及的"艺术作品"。然而，有了基于视听技术的复制物——教学视频，他们至少可以聆听优秀教师的指导，看到优秀的课堂教学。这起码意味着，在一定程度上，偏远地区的学生真正感受到了这些优质的教育资源。总而言之，正是因为有了教学视频，大山里的学生看到了城市的课堂，城市与农村在这一刻没有了时空的概念；不仅如此，通过交互软件的辅助，农村的学生甚至还可以与城市的老师与学生进行交流讨论。

（二）资源共享缓解教育不公平问题

当发现了复制技术，尤其是数字复制技术的上述"解放"功能后，国家层面便开始尝试充分利用信息技术在一定程度上缓解教育不公平问题。于是，伴随着一系列政策文件的频频下发，优质教育资源共享理念开始成为实践行动的指导方针。譬如，针对基础教育领域，2003年9月，国务院召开了全国农村教育工作会议，下发了《国务院关于进一步加强农村教育工作的决定》，其中明确提出"实施农村中小学现代远程教育工程，促进城乡优质教育资源共享，提高农村教育质量和效益"。再如，针对高等教育领域，同样是在2003年，"为促进现代信息技术在教学中的应

---

① 瓦尔特·本雅明.机械复制时代的艺术作品[M].王才勇，译.北京:中国城市出版,2002:10.
② 瓦尔特·本雅明.机械复制时代的艺术作品[M].王才勇，译.北京:中国城市出版,2002:9.

用，共享优质教学资源"，教育部启动了国家精品课程建设，截至2010年，累计组织建设了近4000门网络精品课程，覆盖了全国31个省份的1000余所高校。概括而言，国家层面通过一系列的政策推进，主要从两个方面采取措施促进优质资源共享。

一方面，自然是要配备技术设备。综观21世纪以来我国教育信息化发展的整个历程，大致经历了四个时代（多媒体时代、计算机时代、数字化时代、智能化时代），技术设备的配备与更新始终是其中最为重要的工作。在多媒体时代，全国范围内的学校纷纷增设电视设备、DVD放映设备；到了计算机时代，每个学校建设一个或多个计算机机房成为标配；随着数字化时代的来临，电子白板、电子书包开始走进课堂；直至今天的智能化时代，智慧课堂的建设已经拉开帷幕。在时代变迁的背后，是国家实施的一系列教育信息化工程：从21世纪初的农村中小学现代远程教育工程（简称"农远工程"）到后来的"金教工程"，从前期的校校通建设到后期的班班通计划，直至现在的"三通两平台建设"。应当说，在学校技术设备配备方面，国家层面一直在努力，也投入了大量经费，其中一个重要目的便是促进"优质教育资源共享"。

另一方面，便是专门开发了相关教育资源。正如美国知名学者托马斯·弗里德曼所说："单单引进技术是远远不够的"，"只有当新技术与新的做事情的方式方法结合起来的时候，生产力方面的巨大受益才会来临！"国家教育主管部门也充分意识到了这一点，配备技术设施只是手段，更关键的是提供优质教育资源。譬如，《国务院关于进一步加强农村教育工作的决定》中专门强调，要制定农村教育教学资源建设规划，加快开发和制作符合课程改革精神，适应不同地区、不同要求的农村教育教学资源和课程资源。国家重点支持开发制作针对中西部农村地区需要的同步课堂、教学资源光盘和卫星数据广播资源，建立农村现代远程教育资源征集、遴选、认证制度。与此同时，在基础教育领域，国家不仅建设了国家层面的教育资源公共服务平台，还推进地方各省份建立省级教育资源服务平台。而在高等教育领域，国家先后推进了国家精品课程建设、视频公开课建设、精品视频共享课程建设。应该说，尽管当前已建成的教育资源在质量、利用率等方面还存在一些问题，但不可否认的是，国家层面已经竭尽全力在推进资源建设。

通过配备技术设施与建设教育资源两方面的措施，应该说，促进教育资源共享这一宏观目标已经从理念层面走向实践层面。而在这一过程中，教学视频作为教育资源最常见也是最重要的呈现形式，发挥了不可或缺的作用。因而我们可以说，人们期待通过教学视频的开发与传播去实现促进优质教育资源共享的宏观目标，更重要的是，以此来从一定程度上缓解教育不公平的问题。

通过以上梳理，21世纪以来基于教学视频的视听学习资源开发的复制范式之所以会形成，主要是因为两方面具有逻辑延续关系的因素：客观上，教育发展中教育公平问题凸显，为了缓解这一教育难题，国家层面秉持着共享的理念推进开发与传播教育资源。于是，在国家及社会对共享教育资源理念的倡导与践行之下产生的景象是：在基础教育领域，复制发达地区的优秀教育资源输送至农村偏远地区；在高等教育领域，复制名牌重点院校的课程资源分享给相对较弱的高校。一句话，客观存在的公平问题促使了资源共享理念的提出，而这一理念及其实践实际上促成了视听学习资源开发复制范式的形成。

至少在教育领域，资源共享理念本身便包含复制的意涵。首先需要说明的是，共享的前提本就是公平正义的分配，它强调的是"人人参与、人人尽力、人人享有"[1]。因而这一理念在理想程度上是可以解决教育公平问题的。那么它与复制之间有什么关系呢？道理其实很简单，我们需要思考一个问题，稀缺的资源如何分配才能保障人人都能共享呢？这涉及资源共享的三种分配方式。第一种是这一资源可以被分配，可以被公平正义地分配给每个人。譬如，一个苹果可以切成很多份分给很多人。第二种是这一资源可以被再次利用，并且先用与后用并没有区别。譬如，一本书大家都可以看，先看后看获取的知识与信息都是一样的。第三种是这一资源可以再生，并且再生的资源与之前的资源没有区别。譬如，同样是书籍，我们除了可以先看后看，还可以通过复印的方式让大家一起看。可以看到，上述三种情况都是可以保证公平正义的分配的。但到了教育领域，情况便有些复杂了。最初，人们期待的是第一种分配方式，

---

[1] 孟鑫.共享理念与分配正义原则[J].科学社会主义,2016(1):21.

便是将优质的教育资源尽量均等地分配到全国各个地区，让大家都能享受到。然而如前所述，因为地区上的客观差异，人们往往选择"单向向上流动"，这便导致优质的师资资源不可能均等分配到所有地方。至于第二种分配方式，适用于物力层面的教育资源，但同样不适用于人力层面的教育资源。譬如我们可以给全国所有地方配备同样的教材、同样的设备，但我们不可能让优秀教师今天给这个地方的学生上课，明天给其他地方的学生上课。当然，一些知名的优秀教师可能会去全国各地现场授课，但那仅仅是极少数，对于大部分的教师群体而言是不可能实现的。于是，第三种分配方式成为最终的选择。我们不能指望很多优秀的教师到全国各地去授课，但是我们可以将这些优秀教师的课堂教学活动录制成教学视频，然后再通过发达的传输技术输送至任何需要的地方。过去我们采取的是光盘传递，现在我们可以直接通过网络即时传送。正是在这个意义上，资源共享理念促成了视听学习资源开发复制范式的形成。为了尽可能保证公平正义的资源共享，所制作的教学视频便要尽量完全复制教师的课堂授课。也就是说，前文所说的"课堂搬家"实际上就是为了保障城市学生与农村学生能够感受完全一样的课堂教学活动。至少在课堂教学方面，为了"共享"，"复制"城市优质教育资源成为一种最易实现也是最体现公平的实践方式。

资源共享理念的推进政策进一步促进现实世界的复制实践。21世纪以来，国家层面先后推行过多项促进优质资源共享的教育政策。在高等教育领域，从最初的国家精品课程建设，到后来的中国大学视频公开课、精品资源共享课建设；在基础教育领域，从农远工程时期的教学视频光盘，到今天的"一师一优课"。一系列的政策要求中，"复制课堂教学活动"始终是一以贯之的要求。仅以近几年的政策要求为例。在高等教育领域，2011年11月教育部为保障中国大学公开课视频拍摄质量，专门发布视频录制技术标准——《精品视频公开课拍摄制作技术标准》，2012年又对该标准进行了修订。其中明确要求："录制场地应选择授课现场，可以是课堂、演播室或礼堂等场地……根据课程内容，采用多机位拍摄（3机位以上），机位设置应满足完整记录课堂全部教学活动的要求。"与基础教育领域的要求几乎一样。教育部关于开展2016—2017年度"一师一优课、一课一名师"活动的通知中，明确提出："鼓励教师上传课堂实录，课堂实录（指教学过程视频）应展现课堂教学的完整过程（最低不少于30分钟）。"可以看到，无论是在高等教育领域还是在基础教育领域，政策的要求十分具体，对录制教学视频的要求都是完整记录课堂教学的全部活动。换句话说，录制教学视频，就是百分之百地复制课堂。如此一来，教学视频开发过程中之所以形成视听学习资源开发的复制范式便不难理解了。

最后，仍需反思的是，即便是百分之百地复制课堂教学的全部活动，视听学习资源开发的复制范式依然存在着客观的局限。本雅明曾经提出过"原真性（Echtheit）"的概念，他认为机械复制时代的复制品丧失了原作的原真性。本雅明指出，"即使在最完美的艺术复制品中也会缺少一种成分：艺术品的即时即地性，即它在问世地点的独一无二性"，"原作的即时即地性组成了它的原真性……完全的原真性是技术——当然不仅仅是技术——复制所达不到的"①。后来，本雅明又将这一概念转化为更易被人们理解的"光韵（aura）"。有学者指出，"光韵"的内涵比原真性更为丰富，它不仅包括原真性，还强调艺术作品的距离感、历史感以及与艺术作品的仪式、对艺术作品的感知方式②。由此来看，实际上无论复制程度多么高的教学视频都缺乏这样一种"原真性"，或者说"光韵"。当然，这没有本雅明在谈艺术作品时说得那么神秘，为了便于理解，用"现场感"来表述应该更为合适。

我们不得不承认，通过教学视频进行学习，必然缺乏"现场感"。何谓"现场感"？最简单的解释便是四个字——身临其境。曾有一线教师指出，好课的教学现场有五感，即人的存在感、情的真实感、思的流动感、理的厚重感以及场的空间感③。回顾过往，教学视频从城市输送至农村，依据传输方式的不同，大体上经历了三个阶段，但是"现场感"始终是最缺乏的。最初，农远工程所采用的是教学资源光盘，通过录像技术将优秀教师的课堂授课制作成教学视频光盘，然后输送至资源不足的地区，

---

① 瓦尔特·本雅明.机械复制时代的艺术作品[M].王才勇,译.北京:中国城市出版,2002:7-8.
② 周颖.《机械复制时代的艺术作品》导读[M].天津:天津人民出版社,2011:56-59.
③ 王凌.好课的教学现场有"五感"[J].湖北教育(教育教学),2013(3):11-13.

在课堂上通过放映设备进行播放。这存在两方面的缺点，一是传输过程需要耗费时间，二是极其缺乏"现场感"，学生事后观看，不仅无法与教学视频中的教师进行互动，更不可能对教学视频中的现场有任何感知。后来，随着校园网络建设的不断完善，国家及地方各省份开始着力建设各级教育资源平台，此时网络存储与即时获取便成为更加便捷的方式。这一阶段避免了光盘传输的过程，但缺乏"现场感"的问题仍然存在。今天，教学视频的传递已经进入同步网络课堂阶段。所谓同步网络课堂，是指在信息技术的支持下实现异地同时授课。这种方式具有"网络面对面"的特征，可以实现文本互动、视频互动、音频互动、小组讨论等功能，有助于学生及时获得反馈信息[①]。同步课堂的模式一定程度上弥补了以往缺乏"现场感"的问题，但笔者依然认为，即便是同步课堂模式可以实现远距离同步授课，但事实上在现场的学生与在远端的学生对课堂的感知还是不一样的。总之，如何最大限度地弥补这一缺陷，增强视听学习资源带给学习者的"现场感"，应当是今后视听学习资源开发过程中始终需要思考的重要课题，这也是促进资源共享、促进教育公平的题中应有之义。

---

① 魏雪峰,杨俊锋.同步网络课堂的理念、应用及未来发展[J].中国电化教育,2014(9):93-99.

第六章 面向新时代的视听学习资源开发范式创生

> 美育者一面使人之感情发达，以达完美之域；一面又为德育与智育之手段，此又教育者所不可不留意也。
>
> ——王国维
>
> 理想的人物不仅要在物质需要的满足上，还要在精神旨趣的满足上得到表现。
>
> ——黑格尔

通过前文分析，不难发现，不同时期视听学习资源开发范式的共同属性是：为社会而谋，为时代而生。过去视听学习资源开发之所以不断转换，并不是由个人或集体的意志所决定，更多地还是为社会变迁与教育发展的方向所转变。无论怎样的实践，都是反映社会的镜子①。在这个意义上说，视听学习资源开发不仅反映了教育技术学科的发展，也从侧面映现了社会变迁与教育发展的脉络。实际上，社会是一个复杂的综合体，每个社会时期都有多种多样的社会需求，但无论需求的种类有多少，总会有一种需求因为契合环境的需要与人们的认知而成为核心需求。总的来看，正是这种核心需求决定了教育发展的核心诉求，从而进一步主导了视听学习资源开发的范式转型。教育电影萌生于民国动乱时期，救亡图存是时代的呼唤，因而纪实范式成为主导；电视教材兴起于改革开放之后，普及教育是社会亟需，因而移植范式自然形成；教学视频发展于网络教育时代，教育公平是大众关切点，因而复制范式不可或缺。这三类

---

① 舒新城.我和教育：三十五年教育生活史（1893—1928）[M].广州：广东人民出版社,2016:2.

视听学习资源都应各自所承载的历史使命而发挥了不可磨灭的历史价值。

那么，站在新时代这个时间节点，我们需要深刻反思的是，教育发展的核心诉求是什么？视听学习资源又将如何回应新时代的教育诉求？仍在延续的视听学习资源开发的复制范式是否能够承担这一使命？如果不能，那么需要创生怎样的新的开发范式？如何创生？在本章中，我们将围绕上述问题展开论述。

第一节　新时代教育发展的核心诉求

关于不同时期教育发展的核心诉求，常常可以从国家层面政策文件的表述中发现端倪。21世纪以来，教育公平一直是国家教育政策中反复强调的重要理念。自2001年第一次提出"教育公平"这一理念以来，十余年间，教育公平一直是国家教育政策的重点话语，国家也一直在不遗余力地推进教育公平向纵深发展。2015年开始，国家教育政策对于教育公平的表述有所变化。2015年的政府工作报告中明确提出了"促进教育公平发展和质量提升"；2016年的政府工作报告中提出"发展更高质量更加公平的教育"；2017年党的十九大报告中又明确提出"努力让每个孩子都能享有公平而有质量的教育"；2018年的两会上，这一表述又成为代表们热议的重点。至此，"公平而有质量的教育"已经替代"教育公平"成为深入人心的教育发展理念与目标。"公平""质量"两个词，彰显出党和政府缩小教育鸿沟的决心，概括出新时代我国教育的新使命，明确了教育改革征程的新方向[①]。在本节中，我们主要围绕"公平而有质量的教育"的内涵及其相关问题进行初步分析，以期更为深刻地认识新时代教育发展的核心诉求，明确创生新的视听学习资源开发范式的时代前提。

一、什么是"公平而有质量的教育"

首先有必要对"公平而有质量的教育"这一核心诉求进行初步解读。近年来，学术界的大家们对于这一表述的内涵的解读已经汗牛充栋，俯

---

① 王莹,余靖静,郑天虹.公平而有质量:新时代教育的新使命[J].半月谈,2017(22):52-54.

拾皆是。无疑，要想在这方面有所超越显然是不自量力。这里，笔者只是尝试换个视角来分析。为方便分析起见，不妨把"公平而有质量的教育"中的关键词"公平"与"质量"视为两个维度。"公平而有质量的教育"兼顾"公平"与"质量"的双重维度。不过需要注意的是，这种双重维度并不是并列关系，而是一种递进关系。只有充分认清教育公平与教育质量的递进关系，才能精准理解"公平有质量的教育"这一新时代教育发展的核心诉求的内涵所在。

公平与质量二者间的递进关系至少有两层含义。一是先后关系。历史已经证明，在我国整个教育发展过程中，公平是首先应解决的问题，其次才是质量问题。简言之，公平在前，质量在后。原因很简单，教育公平是社会公平的基石，倘若教育公平不在，社会公平便不稳，如此一来，公平与质量都无从谈起。只有解决了这一问题，我们才有可能朝着既有公平又有质量的教育前进。通俗地说，只有先解决"有学上"的问题，才有谈"上好学"的可能。二是轻重关系。正因为公平与质量有先有后，所以在不同阶段二者亦是轻重有别。在教育发展的初级阶段，显然应该更加重视教育公平问题；解决或者说基本解决公平问题后，进入教育发展的高级阶段，质量问题自然就更加重要了。换言之，这一时期，对质量的重视应高于公平。于是，到了今天这个新时代，国家层面对教育做出了"公平而有质量"这一精准的顶层设计，这一理念比以往任何时候都更强调教育的质量问题。当然，这里并不是说教育公平不重要，而是说就我国目前教育发展的现状而言，教育公平问题已经趋于消解了。概言之，真正提升教育质量或教育品质才是新时代教育发展的核心诉求——"公平而有质量的教育"的题中应有之义。

二、为谁的"公平而有质量的教育"

这一发问有些社会学的意味，之所以如此，原因在于社会学实质上聚焦的就是社会平等，因而讨论公平与质量问题不妨从社会学的视角切入，或许会有新的见解。在回答为谁的"公平而有质量的教育"这一微观问题之前，我们先来反思一下其上位的宏观问题——教育为谁？抑或说，为谁教育？对此问题，有一个常常被人说在嘴边、挂在墙上的口号可以回答，那便是：办好人民满意的教育。答案不言自明，教育为人民，为人民教育。于是，我们几乎不用思索便可回答上述微观问题，当然是为人民！

无疑，人民——这绝对是一个神圣、庄严而又让人敬畏的概念，却也是一个构成极其复杂的概念[①]。于是，问题随之产生：人民究竟是谁？或者说，人民究竟包含哪些群体？仅从一般意义上看，人民实际上包括所有人。穷人是富人也是，党员是群众也是，你是我是大家都是。显然，这样的答案毫无意义。所以，从与教育相关性的密切程度来看，相对而言，我们有必要先关注一部分特殊"人民"，即作为教育管理者的行政领导、作为教育者的广大教师、作为受教育者的无数学生，当然谈到学生必然要涉及他们的家长。实际上，我们常常谈的办好人民满意的教育，首先要努力使得上述四类与教育密切相关群体的满意。这里，需要继续追问的是，在上述四类群体中，哪一类群体的满意最为重要？当然是作为受教育者的学生。原因很简单，教育的原点在于育人，教育的根本要旨就是促进人的发展，这也是古今中外公认的通理[②]。这里的"人"，自然首先是学生。因而，倘若学生都不满意，育人则无从谈起，教育更不可能让人民满意。正是在这个比较的意义上，办好人民满意的教育首先要办学生满意的教育。换言之，教育为学生，为学生教育。

于是，问题再次随之产生：对于学生而言，"公平而有质量的教育"意味着什么？吴康宁教授曾将教育机会公平划分为三个层次，即"温饱水平"的就学机会公平、"小康水平"的就读优质学校机会公平以及"发达水平"的教育过程参与机会公平。受此启发，笔者以为，改革开放以来我们老生常谈的教育公平，实际上谈的是"温饱水平"的就学机会公平；而近年来，国家所采取的一系列教育政策（譬如改善薄弱学校的办学物质条件、着力推进薄弱学校师资队伍建设等）实际上都是在促进"小康水平"的就读优质学校机会公平。无数的教育统计数据已经证明，我国的"温饱水平"的就学机会公平问题已经基本解决，"小康水平"的就读优质学校机会公平问题的解决也已通过一系列教育政策的实施逐步

---

① 吴康宁."人民满意的教育"何处寻[J].教师，2014(23)：1.

② 鲁洁.教育的原点：育人[J].华东师范大学学报(教育科学版)，2008，26(4)：15-22.

走上正轨。因而，到了今天这个新时代，国家面向未来提出的"公平而有质量的教育"，依笔者愚见，对学生而言实际上意味的是"发达水平"的教育过程参与机会公平。

什么是教育过程参与机会公平？它是指学生在学校教育教学中能够公平地享有各种有利于成长与发展的机会，譬如课堂表达的机会、与教师互动的机会、担任管理角色的机会、组织活动的机会、代表集体的机会等。换言之，在学校教育中，学校和教师不能将上述各种机会长期地或过多地集中在少数人身上，而应公平地、持续地给予所有学生。

要实现这一公平并不容易，它需要我们的学校教育回归到育人的原点，需要我们的学校教育回归到生活世界，需要我们的教育具有较高的品质，需要我们的教育突破应试的樊篱。无疑，应试教育不会促进教育过程参与机会公平的实现。凡是应试，必有成绩；凡有成绩，必有高低。成绩有高低，机会上的差距就容易显现。更关键的是，应试教育遮蔽了教育应有的其他目的。应试教育模式下，成绩是唯一目的，分数是唯一标尺。此时，诸如学生的安全教育、道德教育、劳动教育、体育、美育等必要科目，要么因为不适于进入所谓"应试"体系而被边缘化，要么被"应试"体系所改造而成为应试化的附庸。无论是哪一种情况，教育都被应试所掌控，受教育者的教育过程参与机会公平都难以得到保证。真正有品质的教育的根本要义就是使教育回到人以及人的生活中来，把促进人的发展和生活的完善作为教育的根本出发点和归宿，教育要以"育人为本"。唯有如此，受教育者的教育过程参与机会公平才可能得到保障。

综上所论，从重要性的程度上来看，"公平而有质量的教育"首先是为学生的教育，而为学生的"公平而有质量的教育"实际上是保障学生教育过程参与机会公平的教育。这种教育理念与以往有所不同。改革开放以来，在推进教育公平的道路上，实际上一直盛行着一种社会本位论的社会哲学：只有社会才具有至上的价值，而个人则是无足轻重、微不足道的[①]。一个频频出现在政策文件中的表述可资佐证。国家政策不止一次强调"教育公平是社会公平的重要基础"，所以我们要促进教育公平。

---

① 鲁洁.教育的原点:育人[J].华东师范大学学报(教育科学版),2008,26(4):15-22.

很明显，现在这一理念已经开始转变，"公平而有质量的教育"关注的重心已经由以往的社会本位转向了学生本位。与以往不同的是，以学生为本位的"公平而有质量的教育"不仅关涉显性的物质等公共资源配置方面的平等、均衡或差距缩小，也涵盖诸如尊严、幸福、精神等隐性的"教育系统内部"的教育品质①。简而言之，真正的"公平而有质量的教育"实际上是为学生提供更具品质的教育，是从应试教育的"育分"转向素质教育的"育人"②，是真正把学生培养成真人、善人、正人、能人和个人的教育③。

第二节　视听学习资源开发的应然选择

新时代的教育诉求已经改变，视听学习资源的开发范式应如何转型才能适应时代的变化？这是我们不得不反思、不得不追问的关键问题。不过，需要注意的是，视听学习资源开发范式的转型不仅要考虑时代的教育诉求，还应关注其本身的固有属性。因而，在本节中，我们试图从这两个方面出发，探寻视听学习资源开发范式转型应有的价值取向。

一、以美育人：视听学习资源应用的教育初衷

只要对视听学习资源发展的历史稍加考察便不难发现，实际上视听学习资源本就是与美育相伴而生的。

在世界范围内，一般认为，视听学习资源萌生于感性教育理念的倡导。其萌芽的种子首先可以追溯到捷克教育家夸美纽斯。作为"现代教育技术的先驱"，夸美纽斯的感官教育思想被看作视觉教学运动兴起的思想源头。此外，夸美纽斯曾绘制出一本"最杰出的教科书"——《图画中见到的世界》（*Orbis Sensualium Pictus*，亦译作《世界图解》），该书"以图画来表现和命名世界上全部主要事物以及人的一生中的各类活

---

① 程天君.新教育公平引论：基于我国教育公平模式变迁的思考[J].教育发展研究,2017(2)：1-11.

② 杨九诠."公平而有质量的教育"的双重结构及政策重心转移[J].教育研究,2018(11)：42-49.

③ 吴康宁.教育的品质：教育强国的"软实力"[J].教育发展研究,2015(11)：1-4,48.

动"①。在谈及该书的影响时，有学者指出，该书就是"'视觉教育'早期的具体实践的范例"。与夸美纽斯一脉相承的是，瑞士教育家裴斯泰洛奇"十分重视直观性教学原则"，他认为"直观是一切知识的出发点，因而也是一切教学的基础。如果没有直观教学，就不可能获得关于周围事物的正确观念，不可能发展思维和语言"②。

事实已经表明，源自夸美纽斯与裴斯泰洛奇的感性教育理念对美国教育界产生了深远的影响，为后来视听学习资源的诞生奠定了坚实的思想基石。这一点已经为学界所公认。无论是从最初的教育幻灯片，到后来的教育电影，还是从早期的电教教材，到今日的教学视频，应当说，种种样态的视听学习资源背后蕴含的感性教育理念都是显而易见的。

而感性教育理念实际上是一种美育理念。一方面，从词源上来看，感性教育与美育本就同根而生。美育在德语中原为"asthetische erzie-hung"，而"asthetische"的词源是希腊义的"aesthcsis"，意为感官（感觉）认识。此外，作为形容词的"asthetische"，其名词形式"asthetik"除了有"美学"的意思，还常常翻译为"感性学"。另一方面，在过去的理论生产中，二者也是相伴随行。譬如，1750年，德国哲学家鲍姆加通出版了历史上第一部美学专著——《美学》。在该书中，鲍姆加通不但把美学规定为研究人类感性认识的学科，而且指出"美学对象就是感性认识的完善"。又如，"康德一方面也把美界定为'感性现象'，另一方面却在更接近希腊词源的原初意义上把美学界定为'关于感性认识条件的科学'（the science of 'the conditions of sensuous perception'）"③。再如，我国美学家李泽厚曾提出一个关键的命题——"建立新感性"，并且，他认为这必须倚重美育④。综上，无论是从概念的原本意涵来看，还是从学者的主观认知来看，感性教育都是美育的重要内涵之一。

在我国，视听学习资源兴起之初与教育界的美育倡导亦息息相关。在前文的综述中我们提到，在民国教育电影兴起之初，美育之理念便相

---

① 夸美纽斯.图画中见到的世界[M].杨晓芬,译.上海:上海书店出版社,2001:2.

② 贺国庆.近代欧洲对美国教育的影响[M].保定:河北大学出版社,1994:138.

③ 杜卫.美育论[M].北京:教育科学出版社,2014:67-68.

④ 谭好哲,刘彦顺,等.美育的意义:中国现代美育思想发展史论[M].北京:首都师范大学出版社,2006:432.

伴随行。彼时，这种理念具体表现为对美感教育的倡导。当时的主要倡导者是蔡元培先生。譬如，在电影教育推行之初，蔡元培便明确指出，"此即普通教育中参用美感也"①。又如，在为《教育大辞书》撰写的《美育》一文中，蔡元培又提及，需"设立公立剧院及影戏院，专演文学家所著名剧及有关学术、能引起高级情感之影片……凡卑猥陋劣之作，与真正美感相冲突者，禁之"②，其以电影实施美感教育之理念显而易见。再如，后来由蔡元培领导的中国教育电影协会将"恢复固有的美德"作为条款之一写入《教育电影取材标准》；此外，蔡元培还就教育电影的拍摄创造性地提出"鸟瞰美学"思想③。

综上，无论是因感性教育之利，还是为美感教育之需，以美育人的理念实际上本就是视听学习资源被引入教育领域的题中应有之义。因而，无论处在怎样的社会境遇中，无论有怎样的教育发展诉求，无论创生怎样的开发范式，都有必要首先从视听学习资源这一固有的美育属性出发进行考量。

二、立美教育·新时代视听学习资源开发的思想导引

如前文理论基础部分所述，美育领域在不断的变换发展中已经形成了一种全新的、更加符合教育规律的"立美教育论"。鉴于视听学习资源固有的美育属性，"立美教育论"能够为创生契合新时代教育发展诉求的视听学习资源开发范式提供思想导引。

"立美教育论"指向的是一种全新的大美育观。首先，它突破了我国美育思想发轫以来的知情意三分的樊篱，把美育从教育的侧面扩大至教育的全面，即从美育的学科视野走向了教育的整体视野。换言之，真正的美育应是一个总体性概念，这个总体性概念既包括教育教学的每一个环节要美，也包括教育教学的每一个阶段要美，更包括教育教学的每一个系统要美。其次，它摒弃了传统美育观"非此即彼"的二元方法论，而选择了内容与形式相统一、目标与方法相统一的辩证方法论。所谓

① 高平叔.蔡元培教育论集[M].长沙:湖南教育出版社,1987:146.
② 蔡元培.蔡元培美学文选[M].台北:淑馨出版社,1989:174.
③ 汪滢.蔡元培:我国早期电化教育的推动者[J].现代教育技术,2011,21(2):5-12.

"内容与形式相统一"，即美育不仅包括教育内容的美，还应包括教育形式的美；所谓"目标与方式相统一"，即美育不仅要达至教育目标美，还要达至教育方式美。正因如此，檀传宝教授曾评价说："故这一广义的美育概念无疑具有重要的理论意义。"①

与传统美育观相比，"立美教育论"有不一样的导向，过往的美育观都试图"借美"，而"立美教育论"最大的价值在于"立美"二字。所谓"借美"，简言之即借他山之美，攻教育之玉。借美有其作用所在，它能够扩展教育的内容，却不能真正提升教育的品质。而立美的意义在于，发现教育本身之美，以教育美为目标，按教育应有的规律与原则去追求教育品质的提升。"真正的美育的标准，并不在于是否在教育中借用了艺术作为内容，而在于教育自身是否具有美的精神和形式。"②这里有必要解释一下何谓"教育美"。以李泽厚为代表的实践美学认为，美即"自然的人化"，美感即"自身的人化"，美作为自由的形式，是合规律性与合目的性的统一③。依此，教育美作为美的下位概念，可以被理解为"教育自身的人化"，是合教育规律性与合教育目的性的统一。简言之，教育美是指既遵循合理的教育规律，又遵循合理的教育目的的社会实践活动的结果。

依教育美的内涵来判断，什么是立美教育？立美与否的依据是：其一，方式是否遵循了合理的教育规律；其二，目的是否契合了合理的教育目的。只有合理的，才是美的。那么，什么是合理的教育规律？契合学生主体需要（而不是灌输教育）的才是合理的教育规律。什么是合理的教育目的？指向学生素质发展（而不是应试教育）的才是合理的教育目的。正是在这个意义上，针对应试教育而谈的素质教育、针对灌输教育而谈的主体教育，实际上都是教育美的表现形式④。也是在这个意义上，立美教育论与新时代"公平而有质量的教育"发展诉求是契合的、一致的。

于是，通过以上对美育概念的细查内里式的梳理，本研究方得以明

① 檀传宝.美育三议题[J].教育学术月刊,1997(5):14.
② 陈建翔.有一种美,叫教育:教育美学思想录[M].成都:四川教育出版社,2006:59.
③ 彭文晓.教育美学散论[M].武汉:华中科技大学出版社,2009:118.
④ 彭文晓.教育美学散论[M].武汉:华中科技大学出版社,2009:116.

确新时代"美育"的真正含义。在新时代，美育既不是失之偏颇的美学教育与艺术教育，也不是流于抽象的情感教育，更不是囿于学科的审美教育，它是一种全新的大美育观，即一切教育活动都应追求合教育规律性与合教育目的性相统一的教育美。

第三节　视听学习资源开发范式的时代转向

循着立美教育思想的导引，结合视听学习资源固有的美育属性，笔者尝试创立一种契合时代发展的新的视听学习资源开发范式：立美范式。在本节中，我们主要围绕"立美范式"这一关键词展开论述。所要分析的问题主要有：为何创生立美范式？立美范式的意涵如何？价值如何？

一、视听学习资源开发范式的历史模式

通过前文对我国美育观变迁史的考察，结合视听学习资源开发范式的转换过程，从美育的视角反思，实际上，已有的视听学习资源开发范式都具有一种共有的实践模式："借美教育"。申言之，即借视听技术之美满足教育的实际需求。

譬如，在民国教育电影开发的纪实范式中，这种"借美教育"的实践模式表现得非常明显。民国时期，电影之所以能够为教育所用，其重要原因之一在于其比传统的书籍等媒介更能发挥动员民众的作用。而要达到动员这一目的，实际上主要依赖两方面的因素。其一，电影技术本身的视听特性。1941年，孙明经曾发表《电影与动员民众》一文，文中孙明经列举了电影用于动员民众的诸多益处，譬如电影比文字效能更大、可以打破语言文化的隔阂、可以打破空间、可以缩短时间、可以扩大空间等等[1]，实际上这谈的都是视听技术本身的特点。其二，人民大众的兴趣。民国时期，电影是极其新奇的东西。在城市，也只是少数人有机会能一睹其"真容"；在农村，多数人更是只闻其名，未见其物，甚至还有不少人从来都没有听说过。因而，在这种情形下，视听技术本身便显得

---

① 彭骄雪.民国时期教育电影发展简史[M].北京:中国传媒大学出版社,2009:109-111.

"魅力"十足，绝大多数人都对其兴趣十足。诚如孙明经曾在日记中所记载："电影本身便是吸引群众的对象……其实不一定映什么好片子，而民众只要听到电影两个字，便雀跃三丈，觉得非先观不为快，人人都相信自己的眼睛，胜过相信自己的耳朵。电影正是抓着了这个要点"，在当时，"巴安民众汉人不多，大多是康人应用藏文藏语，电影里的文字都是汉文，但是他们不管懂不懂汉文，还是要看。电影号召力量之伟大，于此可见一斑"①。由此可见，仅仅借助视听技术本身的特点，再加上当时老百姓因为好奇而产生的浓厚兴趣，民国社会教育所要达到的动员民众的目的便自然实现了。

在改革开放之初的移植范式中，电视技术的教育应用基本上延续了民国时期"借美教育"的模式，不过具体情形与民国时期有同有异。相同之处在于，电视技术在教育领域的应用也主要依赖技术的本身特性与人民群众的兴趣。例如，教育部1981年11月7日发布的《关于电化教育工作中几个问题的意见》中指出，电化教育不受时间、空间、宏观、微观的限制，如实地传输、保持和再现信息，形象直观、生动活泼，有利于激发学生学习的积极性和主动性，在开发智力资源、提高效率、节省时间、更好地发挥高水平教学的作用、扩大教学规模等方面都具有很大的优越性。不同之处在于，这一时期的电视技术有了进一步的发展，由此也进一步调动了广大受教育者的兴趣。从电视技术的发展来看，改革开放初期，电视教材已全面走向录像化和彩色化，卫星电视技术也取得了重大进步，有线电视发展迅速。如此，电视正以"无线传播""有线传播""卫星传播"等多种方式，每时每刻都在向人们传播着各种各样的信息。电视传播速度之快，范围之广，信息量之大，受众之多，是前所未有的；这些优势使它在与报纸、广播等大众传播媒介的竞争中具有独特的魅力，备受人们的青睐②。由此，电视技术也实现了当时教育发展"多快好省"的目标。

到了新世纪的复制范式中，"借美"的手法依然在延续，尽管这种做法在宏观层面一定程度上促进了资源共享，实现了教育公平，但实际的

---

① 彭骄雪.民国时期教育电影发展简史[M].北京:中国传媒大学出版社,2009:110.

② 张庆,胡星亮.中国电视史[M].北京:中央广播电视大学出版社,1996:2.

应用效果却并不如之前。如前文所述，这一时期视听学习资源利用效率低即是证明。原因其实不难理解，仅仅依赖技术本身的视听特点，已经不能调动受教育者的积极性与主动性了。心理学上有一种边际效应，通俗的解释是：当我们向往某事物时，情绪投入越多，第一次接触到此事物时情感体验也越为强烈，但是，第二次接触时，会淡一些，第三次，会更淡……以此发展，我们接触该事物的次数越多，我们的情感体验也越为淡漠，一步步趋向乏味。当今社会已经进入了视觉时代，视听技术及其相关产物随处可见，如此环境下，仅仅依赖视频单纯的视听特点，很难再激发受教育者的兴趣与动机。换言之，这种简单的借视听技术之美的视听学习资源开发范式已经不能满足受教育者的需求，由此，其对教育发展的促进作用也会大打折扣。

实际上，过去这种简单的借视听技术之美的视听学习资源开发范式尚处于一种技术教育应用的初级阶段。教育中技术价值的创造可以分为两个阶段：一是初级阶段，二是深入发展阶段。

在初级阶段，来源于教育外部的技术在刚被引入教育领域时，人们对它并不熟悉，对其结构、功能、特性没有深入的了解，因而最初所做的更多是了解其相关知识与操作方法，以求得初步的使用，让它先"动起来"，初步发挥它的教育价值[1]。过去"借美"模式下的视听学习资源开发范式实际上正是如此。不论是纪实范式、移植范式，还是复制范式，更多地都只是发挥视听技术的固有属性，简单地运用视听技术制作与教育相关的主题影像，让视听技术在教育领域运转起来。实际上，这是一种对视听技术的改造与运用，也会发挥一定的作用，并且，这一作用在特殊的历史时期还能取得不错的教育成效，譬如民国时期与改革开放初期。不过，这种运用停留在表面，只会针对那些明显不符合教育需求的部分进行改造（譬如，视听技术外在形态方面的问题、视听技术制作主题选择的问题等），缺乏的是对视听技术的深层次的"教育化"改造。随着教育一般需求的不断被满足，新的高级需求不断显现，这种初级阶段的改造与运用的价值就会大打折扣。技术教育应用的深入发展阶段是指要对技术的使用方法、操作程序、开发原则、开发依据等深层次的元素

---

[1] 李艺，颜士刚.教育技术导论[M].北京:高等教育出版社,2014:100.

进行改造①。这种改造活动一般要依据教育教学的需要，是一种非常"教育化"的改造。时至今日，经过长时间的教育教学实践，人们不但掌握了视听技术的相关知识与操作，而且对其教学特性也有了一定的理解。为了满足更高级的教育教学需求，应该尝试的是对视听技术的使用方法、操作程序、开发原则、开发依据等更深层次的元素进行改造，从而更好地发挥其对教育活动的价值。也就是说，视听技术的教育应用，或者说视听学习资源开发如何从初级阶段走向高级阶段，确立一种更加契合教育发展需求的开发范式，是我们不得不解决的关键问题。

二、视听学习资源开发范式的时代创生

综上，视听学习资源的教育应用不仅仅是感性教育层次的"借美育人"那么简单，它应有更重要的基础部分，它要求开发主体要超越视听技术本身的感性之美，主动建立更契合教育需求的美的形式。套用赵宋光先生曾经说过的一句话，建立美的形式的视听学习资源开发，是人类"按照美的规律来塑造物体"的宏伟历史在教育技术实践中的缩影②。正是在这个意义上，我们尝试提出视听学习资源开发的立美范式。

所谓"立美范式"，实际是针对过去"借美"实践的不足，并结合今日教育之育人诉求而提出的。这里，有必要对立美范式中的"立美"二字进行解释。所谓"立"，其实是相对前文所说的"借"而言的。首先，它有"建立"之意，即让某种事物从无到有的一个过程。它不是从其他地方"拿"或"借"来的，而是新建、新生的。其次，它有"独立"之意，即新建的某物只属于特定的领域，不属于、不依附其他领域，它是专门为在某一领域发挥作用而进行的改造活动。所谓"美"，一般理解为使人感到心情愉悦的一种主观感觉，哲学上通用的解释是"合规律性与合目的性的统一"。具体到教育领域，"美"指的是一种"教育美"，它指向教育主体的心情愉悦，是教育规律性与教育目的性的统一。也就是说，视听学习资源开发之"立美"，不是一种被动的"借美"，而是一种主动

---

① 李艺,颜士刚.教育技术导论[M].北京:高等教育出版社,2014:100.

② 赵先生于1981年发表《论美育的功能》一文时指出:"美育远远不仅是艺术教育,它有更重要的基础部分,关系引导受教育者主动建立美的形式。建立美的形式的教育活动,是人类'按照美的规律来塑造物体'的宏伟历史在教育领域中的缩影,我称之为立美教育。"

的"创美",是一种对视听技术进行深层次的"教育化"改造的过程,这一过程要实现的效果是:帮助视听学习资源建立一种能够使得教育对象感到心情愉悦的改变,使其实现合乎教育规律性与目的性的统一。

对于视听学习资源开发的立美范式,可以从手段和目的两方面来理解。从手段上理解,立美乃是按教育之规律进行的改造技术。视听技术本身就是人类实践的产物,是一种彰显感性之美的形式。在立美范式中,我们要将这种已有的美的形式做"教育化"的再次改造,即要按照教育之应有规律去改造它,使之成为教育的有机组成部分,能够更好地为教育发展服务。这里的"美"不再是视听技术本身的感性之美,而是一种新建立的合乎教育规律性与教育目的性的一系列的使用方法、开发原则等。从目的上理解,按教育之目的进行的应用技术。一方面,教育的目的在于促进政治、经济、社会等方面的发展;另一方面,也是更重要的方面,教育的目的在于育人,在于促进学生的全面发展。因而,视听技术的教育应用的要旨是尊重学生的生命存在和特性,观照其各种社会属性与个性的培养生成,而其终极目的和终极关怀则是引领和帮助每个学生获得身心的健全发展和可持续发展[①]。

更进一步,从技术哲学的角度理解,视听学习资源开发的立美范式实际上是一种技术教育化的实践。所谓技术教育化,是指在教育活动过程中,教育主体运用其智慧通过外部力量作用于技术并使教育主体的本质力量对象化于技术之中,技术因之而发生变化[②]。这里,有两个关键词需要解释,一是"教育主体的本质力量",二是"对象化"。所谓"教育主体的本质力量",是指视听学习资源开发主体作为教育主体应有的一种实践智慧。过去视听学习资源开发之所以长期处于初级阶段,一个重要原因便是开发主体的技术特质太强,而教育特质不足。换言之,开发主体只懂技术,而不懂教育。要实现视听学习资源开发的立美范式,首先必须要求开发主体真正进入教育领域,通过教育理论的学习与教育实践的开展两个方面提升自身应有的"教育主体的本质力量"。所谓"对象化",是指人在劳动活动中借助于生产手段作用于自然物,改变它的形

---

① 姚姿如,杨兆山."以人为本"教育理念的意蕴[J].教育研究,2011(3):17-20.

② 李艺,颜士刚.论技术教育价值问题的困境与出路[J].电化教育研究,2007(8):9-12.

态，使之适合于人的生存和发展的需要①。将视听学习资源开发视为一种劳动过程，这便要求开发主体将其作为教育主体的本质力量作用于视听技术，改变视听学习资源的内外形态，使之适合于教育者的生存与教育活动的发展。也就是说，视听学习资源开发的立美范式，强调的是教育开发主体要充分发挥主观能动性，按照教育的需求改造视听技术，使其按照教育的方式存在于教育之中。这一点，不仅是视听学习资源开发立美范式的关键所在，也是过去的视听学习资源开发所缺乏的。在过去的开发实践中，视听技术与教育之间缺乏互动、缺乏融合，二者是两个独立的个体，视听技术仅仅按照其技术本身的属性而存在，并没有因为进入教育而发生变化。而立美范式的实现，依赖于教育开发主体按照教育的需求和教育的方式改造视听技术。对于视听学习资源而言，只有"按照教育的需求""按照教育的方式"进行的改造才是"美"的改造。这之后，立美范式导引下的视听学习资源不仅有技术属性，更有教育意味，并且，技术属性已经与教育意味实现了融合。

三、视听学习资源开发立美范式的价值意蕴

需要继续追问的是，提出视听学习资源开发的立美范式，对于实践而言体现出怎样的价值？依笔者陋见，其价值在于至少会促进以下三个方面的转变。

（一）从机械复制到设计创作

视听学习资源开发的立美范式要求我们在行动上从机械复制转向设计创作——一种遵循教育应有规律、契合教育应有目的的设计与创作。首先有必要说明设计创作的意涵。所谓设计创作，就是指一种设想、一种目标以及为实现设想和目标所实施的一系列策划方式和实施方式②。具体而言，视听学习资源的设计与创作至少包括两方面的内容。

一是视听学习资源形式上的设计创作。这里所说的形式是指视听学习资源的外在形式，主要指声画设计方面。近年流行的"超级课堂"学

---

① 李艺,颜士刚.论技术教育价值问题的困境与出路[J].电化教育研究,2007(8):9-12.
② 余强.设计学概论[M].重庆:重庆大学出版社,2014:76.

习平台就是一个典型的例子。且不论其教育目的是否正确，需反思的是，为什么"超级课堂"提供的教学视频能够受到学生的欢迎？原因其实很简单，因为它在形式上有契合学生需求的设计创作。如其平台的宣传口号所言，它是一个"中小学大片式学习平台"，它将中小学课程与好莱坞电影工业模式相结合，创造出革命性的、更具表现力的中小学在线学习视频。可以看到，在形式上，它"把局限于一室之内的黑白改写为往来古今的七彩，借助电影、音乐、文学和艺术等元素，让所有的知识活泼地流淌在璀璨迷人的画面中，跳跃在美妙的音符里"，如此一来，学生自然感兴趣。与传统的录播式的"课堂搬家"相比，"超级课堂"学习平台上的教学视频显然更具设计感，并且，这是一种以学生为本，契合学生兴趣的设计，而这正是"超级课堂"成功的关键所在。仅仅从形式上看，"超级课堂"的教学视频开发模式是值得我们学习的，因为它在形式上的设计创作能够激起学生的兴趣，引起学生的热情。兴趣产生时，教育自然开始。如何做好这一点，则是一切教育都应首先注重的重要问题，视听学习资源开发自然也不例外。

二是视听学习资源内容上的设计创作。如果说形式上的设计创作关注的是外在的，那么内容上的设计创作关注的则是内在的。内容上的设计创作主要关注的是教学视频的叙事情节与叙事节奏等问题。仍以"超级课堂"学习平台为例。"超级课堂按照知识伸展的脉络引导学生循序渐进，以媲美电影般的教学情节吸引学生的注意力，并深入研究知识体系的关键点，扭转传统教学的重复性，力求任何知识点的讲解都足以让学生举一反三，以一当十。"①可以看到，"超级课堂"开发的教学视频除了形式上的设计创作外，更重要的是，它按照所描述的知识设计情节，推进节奏。这一点，恰恰是传统录播式教学视频开发所欠缺的。在录播式教学视频开发的过程中，不管教学视频呈现的内容是什么，视频呈现的情节与节奏完全由教师所掌控、所把握，此时，技术的价值其实被大大弱化了。再好的教师在教学节奏上的把握都不可能是尽善尽美的，此时视听技术的应用本可以补缺补差，或者是锦上添花，然而，录播式教学视频开发实践中却并没有这样的设计与创作。于是，此类视听学习资源

① 百度百科.超级课堂[EB/OL]. https://baike.baidu.com/item/超级课堂/5309881?fr=aladdin.

开发实践是很难有针对性与实效性，而没有针对性与实效性的视听学习资源，自然谈不上什么设计与创作了。

（二）从追求效率到追求品质

尽管"公平而有质量的教育"已经由社会本位转向学生本位，但当前的视听学习资源开发领域却并没有完全实现把以学生为本的质量诉求作为核心。事实上，就目前的视听学习资源开发情况来看，开发实践中的"效率至上"的观念惯性依然明显，而这种"效率至上"的观念实际上是不符合宏观上推进"公平而有质量的教育"的目标的。在发展的意义上看，我们仍然处在一个由重"社会"向重"学生"的教育转变的"路上"；换言之，视听学习资源开发立美范式的提出和倡导，正是对"效率至上"这一观念惯性的纠偏与修正。

这里有必要详细描述一下视听学习资源开发领域过去所凸显的"效率至上"的实践观念。在电视教材时期，"效率至上"的观念表现得淋漓尽致。如前所述，之所以要发展电视教材或电视教学，是因为它"多快好省"。但从实际情况来看，曾经我们更看重的是"多快省"三个维度，而"好"的维度却被有意无意地忽视了。譬如，曾经有人在谈到电视教育的发展时指出，电视教育取得了长足进展，"截止到1989年，全国共有广播电视大学39所，已毕业学生104万人，在校学生45万人。广播电视中等专业学校共有113所，已毕业学生20万人，在校学生36万多人……到目前为止，已有100多万中小学教师系统地收看了中国电视师范学院播出的高师、中师课程"①。再如，在总结中国电视师范学院的发展成就时，有人列举：1986年，"共组织编制电视教材1155学时"；1987年，"共组织编制电视教材8000多学时"。从以上数据可知，这些数量层面的统计数据更多体现的是"多快省"的维度，而并没有多少内容涉及"好"的维度。事实上，"效率至上"的实践观念在教学视频时期依然在延续。譬如，21世纪初，在谈及教育资源建设取得突破时我们仍然习惯性强调数量上的指标，"已征集采购了课堂教学资源5300学时，学习辅导、专题教育和教师培训资源1623小时，多媒体教学素材7000多个条目……与此

---

① 国家教育委员会电化教育司.电化教育规章文件选编[M].北京:高等教育出版社,1991:1-2.

同时，国家还免费向农村中小学发放了2300多万张教学光盘"，"教学多媒体资源覆盖了初中9个学科和小学8个学科，共4129个学时；视频资源覆盖初中11个学科和小学7个学科，以及专题教育等，共2099小时；教学素材资源已有7692条"。不可否认，上述涉及"多快省"维度的实践效率自然十分重要，它至少意味着国家编制的电视教材、开发的教学视频在短时期内能为更多人服务，能够满足社会对于教育的更多需求。不过，需要注意的是，倘若只有"多快省"，而不见"好"，只强调"效率"，而忽视"品质"，这样的实践便值得商榷了。"好"是"多快省"的前提与基础，品质是效率的保障与基石，而这正是视听学习资源开发立美范式的要求所在。令人欣喜的是，时至今日，国家在视听学习资源开发方面的政策设计已经呈现由"效率至上"向"品质优先"转变的趋向。这种转变最直接的体现便是发起优质教育资源的开发活动。在基础教育领域，最为典型的便是"一师一优课、一课一名师"活动的开展与推进。自2014年起，为贯彻落实党的十八届三中全会提出的"构建利用信息化手段扩大优质教育资源覆盖面的有效机制"，教育部决定开展"一师一优课、一课一名师"活动。截至2015年5月中旬，就有380多万名教师报名参加活动，并在晒课平台上晒出了200多万堂课。与以往不同的是，如此大数量的教学视频资源并不是直接投入应用，而是要经过多层次遴选才能对外发布。为此，教育部专门拟定了2014年度"优课"的评价指标，并要求地方按照活动要求与评价指标，组织开展省级"优课"遴选工作，最终将各地遴选出来的省级"优课"推荐至国家平台。而在高等教育领域，就是在原有的国家精品课程基础上进一步推行国家精品开放课程建设。2011年11月，教育部发布《关于国家精品开放课程建设的实施意见》（以下简称《意见》），提出要"加强优质教育资源开发和普及共享，进一步提高高等教育质量"。《意见》决定分类建设精品视频公开课与精品资源共享课。前者要求"以名师名课为基础，以选题、内容、效果及社会认可度为课程遴选依据，通过教师的学术水平、教学个性和人格魅力，着力体现课程的思想性、科学性、生动性和新颖性"；后者要求"以原国家精品课程为基础，优化结构、转型升级、多级联动、共建共享"。《意见》同时强调要"整体规划、择优遴选""优化结构，转型升级"。上述实践中，优质视听学习资源开发始终是最为关键的问题之一。尽管目前上述相关实践仍旧存在不少问题，但不可否认的是，至少国家层面的视听学习资源开发观念已有所转变，即从注重数量与效率转向注重质量与品质。

面向未来，视听学习资源开发立美范式的实现，需要的不仅仅是国家顶层设计的转变，更应是基层实践层面的转变。在开发视听学习资源方面，效率不再是重点，品质才是关键。如何开发出更具品质的视听学习资源是立美范式需要反复思考的重要课题。

（三）从提升成绩到发展素质

视听学习资源开发的立美范式还要求我们实现微观层面实践目标的转向。在微观层面，需要有清醒意识的是，视听学习资源开发的立美范式绝对不是生产仅仅为提升学生的学习成绩而服务的视听学习资源。

不难发现，其实自肇始以来，视听学习资源一直都承载着提升教学效果或学习效率的目标。已有事实证明，视听教学之所以20世纪初在美国迅速兴起，原因之一便是具有视听双重特点的有声电影在提高教育效果方面显示了巨大的作用。据有关史料记载，1931年7月，美国辛克斯公司教育电影部用电影教学做了一个实验，结果显示，看电影后比看电影前学生的知识量增加了35%；美国哈佛大学曾经在麻省三个城市的中学进行的实验也表明，用电影教学的学生比不用电影教学的学生成绩提高20.5%[①]。也是因为这方面原因，二战期间及战后的十年，为提高战争培训的效率，视听教学在美国军队训练中发挥了重要作用。据报道，1945年德军投降后，德军总参谋长威廉·凯塔在谈及战争失败原因时说："我们精确计算了一切因素，只是没有算到美国训练军备的速度，我们最大的错误就在于低估了他们迅速掌握电影教育的速度。"[②]视听教学在军队培训中的显著成效，又进一步提高了人们对在学校教育中使用视听学习资源的兴趣和热情。不可否认的是，相对于传统的"言语主义"教育，视听教学的确能在一定程度上通过激起学生的学习兴趣与学习热情进而

---

① 尹俊华.教育技术学导论[M].北京:高等教育出版社,2002:9.
② 尹俊华.教育技术学导论[M].北京:高等教育出版社,2002:10.

提高教育教学的效果，然而，假如过于依赖视听学习资源的这一效用，便容易陷入应试教育的樊篱。

无数教育人不止一次地在呼吁，教育要回归育人的原点。从育人的原点反思，仅仅奉成绩为圭臬的应试教育实际上偏离了教育的本质。如前所述，应试只是教育系统的一个环节，成绩只是教育活动的一个目的，过度地重视这一环节，追求这一目的，教育就会陷入功利主义的樊篱。

反过来说，教育只有回归育人的原点、回归生活世界、回归素质教育，才能避免陷入功利主义，自然地，作为促进教育发展的视听学习资源亦应如此。站在教育学的视域中反思，视听学习资源开发的立美范式要求的是必须实现从提升成绩到发展素质的转向。

综上，与基于教育电影的纪实范式、基于电视教材的移植范式、基于教学视频的复制范式相比，面向新时代的立美范式需要更加体现先进之处。如图6-1所示，无论是从教育属性还是从技术属性看，立美范式所期待达到的目标都比以往更高。如果说，纪实范式与复制范式下，视听技术仅仅是被"加入"教育，移植范式下，视听技术是被"嵌入"教育，那么，到了立美范式时，应该是视听技术被"融入"教育之中。更具体地说，在立美范式下，此时的视听技术已经被富有针对性的"教育化"改造，不但具有技术美，而且具有教育美，如此一来，它实际上已经不是原来的单纯的视听技术了，而是一种教育化了的视听技术。经此过程而形成的视听学习资源将更加遵循教育的基本规律，贴近教育的生活世界，契合教育的应然目标。

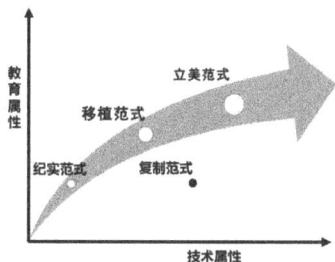

图6-1 视听学习资源开发范式转换关系图（三）

第四节 视听学习资源开发立美范式创生的实践进路

依前文理论基础部分所述，通过对实践美学，特别是其美感思想的考察，我们找到了视听学习资源开发立美范式创生的三个维度——形式、结构与意味。不过，需要再次强调的是，在立美教育论的范畴下，立美范式绝不是单纯地创立一般形式的美，而是要创立具有教育意味的美。因而，我们理应从"二元统一"（实用美学理论与教育理论的统一）的视角对视听学习资源的形式美、结构美及意味美进行双重考量。换言之，无论是形式美，还是结构美，抑或是意味美，其创生过程不但要从美学理论中汲取营养，而且要始终怀有教育关怀，从而避免陷入盲目套用美学理论的樊篱，进而使得教育属性成为视听学习资源开发立美范式创生过程中一以贯之的核心特性。

不过，在进一步考察中我们发现，当前的教育美学理论尽管颇具体系性，但正是因为其对"体系"的追求，而忽视了对具体教育美学问题的深察细究，因而其理论中缺少关于教学资源方面的具体内容。换言之，教育美学理论"系统地"以传统的教育学框架建构了关于教师、教育环境、教育内容、教育活动等方面的理论体系，却并没有就教育资源或学习资源等其他随时代新生出来的美学问题做具体论述。这便意味着，还需要根据视听学习资源的三重美感做进一步探究。

一、视听学习资源之形式美及其创生

此处需要解答两个基本问题，一是何为视听学习资源的形式美，二是这种形式美应当如何创生。下文将围绕二者论述。

（一）视听学习资源的形式美

首先有必要对形式的概念进行具体的阐释。已近乎日常生活词语的"形式"，最初肇始于哲学领域，而后在哲学的派生学科美学（艺术哲学）领域中踵事增华。

在哲学史中，关于"形式"的研究可谓汗牛充栋，难以全观，这里仅列举颇具代表性的论断。一般认为，哲学史上最先提及"形式"的是毕达哥拉斯学派的"数理形式"，他们认为"数"（形式）是统治着宇宙中一切现象的最后法则，并提出了"美是和谐与比例"的论断[①]。随后，与"形式"相关的有名论断是柏拉图的"理式"论。"理式"实际上意为"form"，中文可译为"形式""方法"等。然而，柏拉图的"form"并不是对现实事物的抽象与概括，而是超验的、永恒的精神实体。正是考虑到这一点，国内多译为"理式"[②]。"形式"概念在柏拉图那里是唯心主义的，并且，这种唯心主义影响到了他的弟子亚里士多德的判断。通过对柏拉图脱离物的"理式"的批判，亚里士多德提出了"质料因与形式因"（又称"四因说"），他认为，"形式与模型"作为一种原因，即"是其所是"的原理及它们的种[③]。然而，一般认为，亚里士多德在唯物主义和唯心主义之间摇摆不定而充满矛盾：当他指出"质料"的"基础"和"底层"作用时是唯物主义的，而当他强调"形式"的"本体"地位时又陷入了唯心主义[④]。"他一方面说，世界上之所以存在千差万别的事物是由形式决定的"，"另一方面又说，一个圆可以存在于铜或木之中，但圆的形式则可以脱离某一材料而在另一材料上表现出来"[⑤]。在亚里士多德这里，形式的意涵并不明确：前者"形式"有本质之意，后者"形式"又有形状之意。此外，在形式问题上，康德的"先验形式"理论同样影响深远。按照康德的认识论，"先验形式"有三种，其一是时间和空间，这是直观感性的先验形式；其二是知性范畴，主要指人的主观的知性形式；其三是理性的先验形式。概言之，康德所谓"先验形式"是一种先天地存在着的现成形式，与物本身无关，而是人的"主观形式"[⑥]。尽管康德的"先验形式"与柏拉图的"理式"有所不同，但它仍未能突破唯

---

① 董学文.美学概论[M].北京:北京大学出版社,2003:2-3.

② 赵宪章.柏拉图理式论美学臆说[J].文艺理论研究,1992(5):56-62.

③ 苗力田.亚里士多德全集:第二卷[M].北京:中国人民大学出版社,1991:37.

④ 叶侨健.系统哲学探源:亚里士多德"四因说"新透视[J].中山大学学报(社会科学版),1995(4):26-31.

⑤ 徐恒醇.技术美学[M].上海:上海人民出版社,1989:177.

⑥ 赵宪章,张辉,王雄.西方形式美学:关于形式的美学研究[M].南京:南京大学出版社,2008:128.

心主义的樊篱。

　　本部分所谈的视听学习资源的形式美实际上聚焦的是亚里士多德所说的"形状之意"——外部形式。基于此，视听学习资源的形式美至少包括两层含义。

　　一是一般意义上的视听学习资源之形式美。这里所说的一般意义上的形式美实际上就是视听技术作为一种表现形式的自身之美。一分为二地看，视听技术乃是视的技术与听的技术的结合。视的技术有彰显其自身之美的规则，譬如构图的基本原则、用光的常用技法等；听的技术同样有彰显其自身之美的规则，譬如有关节奏、旋律、和声和音色的基本要求等。视的技术与听的技术的结合又涉及一系列的基本方法与技巧。上述这些都属于一般意义上关于视听学习资源的形式美。这些原则、技法、规律等知识乃是视听技术在所有领域应用都需要遵循的一般规律，在教育领域应用后所形成的视听学习资源当然也不例外。不过，作为一种特殊对象，视听学习资源仅仅具有这些一般意义上的形式美显然是不够的，它还需要具备专门为教育服务的形式美。这就是我们要强调的第二点——教育视域下的视听学习资源之形式美。与一般意义上的形式美相比，教育视域下的视听学习资源之形式美无疑是特殊的。如果说一般意义上的形式美是一种一般艺术，那么教育视域下的视听学习资源之形式美就是一种特殊艺术。这种特殊艺术的关键在于它是一种专为教育服务的具有结合性的艺术。这种结合性实际上在视听技术上本就有体现。上文中我们说，视听技术可分为视的技术与听的技术，但视听技术本质上是视的技术与听的技术的结合体，这种结合不是一加一的拼接形式，而更类似于水乳交融的结合。教育视域下的视听学习资源之形式美实际上说的也是这个意思。它要求的是更深层次、更具体的结合。于视听学习资源而言，也可以一分为二地被看作视听技术与教育任务的结合。同样，这种结合最终的关键既不在于视听技术本身，也不在于教育任务本身，而在于二者如何结合。简言之，它是指视听学习资源所依托的视听技术与所承载的教育任务之间的结合。正是在这个意义上，我们说教育视域下的视听学习资源之形式美强调的正是这种结合的程度，程度越高，这种美便越得到彰显。也正是这种结合的程度的高低，决定了视听学习资源能够在多大意义上"无形中增强教育的力量"①，相应地，如何提升这种结合的程度，就成为教育现代化赋予教育技术人义不容辞的学科使命。

同时，还需要认清的一点是，尽管强调的不是彼此而是彼此的结合，但反过来看，离开了彼此，彼此的结合也无从谈起。视听技术之美离不开视之美与听之美，视听学习资源亦如此，它也离不开视听之美与教育之美。也就是说，虽然我们的目标是创生视听学习资源之形式美，但这种创生一定是以视听之美与教育之美为前提与基础。只有以二者为依托，目标才有实现的可能。这也是前文我们说应从"二元统一"（美学与教育）的视角进行考察的原因所在。

（二）视听学习资源之形式美如何创生

如果说上文更多地是从理念层面进行阐释，那么这里谈的则是理念如何落地的问题。这是一个很难有标准答案的问题，原因在于理念的落地会因时、因地、因人、因事而各不相同，常常难有绝对正确的标准或规律可循。因而，这里我们最多只能谈到一般性的原则或方法。在笔者看来，创生视听学习资源之形式美，至少需着重考虑以下三个维度。

首先，视听学习资源之形式美在于创设适宜的学习环境。人类的生存和发展离不开环境，人的任何活动都与环境的影响密不可分。人的学习活动亦不例外，学习环境是影响人的学习活动的重要因素之一。那么，视听学习资源的形式美与学习环境有何关联呢？美国学者R.L.Sinclair认为，教学环境"就是那些促进学生身心发展的条件、力量和各种外部刺激因素"②。《国际教学与师范教育百科全书》曾将教学环境分为物理环境（Physical Environment）和心理环境（Psychological Environment）两种类型③。相较而言，视听学习资源的形式美在很大程度上会对人的心理环境产生影响。因为美的形式常常能够引发人的心理（譬如情绪、思维等）的变化，进而引起人的心智活动和行为的变化。本杰明·布鲁姆曾指出，

---

① 舒新城.电化教育讲话[M].上海：中华书局，1948：75.

② 田慧生.教学环境论[M].南昌：江西教育出版社，1996：6.

③ 田慧生.教学环境论[M].南昌：江西教育出版社，1996：7.

教学环境是一种能够塑造和强化学生行为的重要力量。我国古代也有成语叫作"宁静以致远"，意思是说，在宁静的环境里，人的智力活动可以达到最佳效果，能把问题想得又深又透。环境影响人，人同时也能改造环境。马克思认为："环境的改变和人的活动的一致，只能被看作是并合理地理解为革命的实践。"那么，在视听学习资源的开发过程中，我们是否考虑过通过视听形式的变换从而改善学生的心理环境，进而促进其学习活动效果的提升呢？目前来看，教学环境论领域的相关研究对于视听学习资源形式美的设计是有一定参考价值的。譬如，教学环境的研究表明，颜色在促进人的智力活动方面扮演着重要角色：浅绿色和浅蓝色可使人平静，易于消除大脑疲劳，提高用脑效率，而深红色、深黄色可对人产生强烈刺激使大脑兴奋，有利于学生开展短时间高强度的学习思考。又譬如，有研究发现，过强或闪烁频率过度的光线会给学生脑发育带来极大危害[1]。因此，我们在进行视听学习资源开发时，同样有必要考虑资源其他的外在形式对学习者心理环境的影响。总之，为学习者创设促进学习活动发生的心理环境，是创设视听学习资源形式美所需要考虑的重要维度之一。面向未来的在线教育时代，这是一项很值得探寻且有必要尝试的课题。

其次，视听学习资源之形式美在于契合学习对象。这是教育领域的一个基本常识，却常常在视听学习资源开发领域被人们"视而不见"。譬如，在前文中，我们谈到视听学习资源开发领域的一个不可忽视的现象是——"课堂搬家"。试想，如果所有的视听学习资源都是"课堂搬家"，那便意味着所有的视听学习资源在呈现形式上几乎是一样的。显然，这样的视听学习资源便不是针对学习对象的，道理很简单，视听学习资源并没有依据学习对象的不同而有所变化，不论怎样的教育对象看到的都是"课堂搬家"式的视听学习资源[2]。又如，为什么时至今日"微课"这一形式的视听学习资源如此流行？很多人认为是因为"微课"本身的诸多优点。对此，笔者则认为，是因为"微课"契合了教育对象的需求。

---

① 田慧生.教学环境论[M].南昌:江西教育出版社,1996:65.

② 有人也许会认为,如何契合教育对象的任务由视频中的授课教师来把握,关于这一点前文第五章已有论述,此处不再赘言。

原因在于，在今天的"快文化""微文化"的浸染下，传统的冗长的"课堂搬家"式的视听学习资源不再符合"微时代"学生的要求，而碎片化、零散化的"微课"则恰恰相反。换句话说，对于"微课"流行这一现象，我们更应关注的不是"微课"本身的特征，而是"微课"究竟是如何契合教育对象的。其实"是否微"不是关键，视听学习资源的形式随教育对象的认知特点的变化而变化才是关键。因为短小精悍的"微课"适合学习者，此时，短的即是美的。不只是视听学习资源的长短形式，还有视听学习资源其他方面的形式（譬如色彩、风格等）应当如何创作设计，均应以契合教育对象的认知特点为要。

最后，视听学习资源之形式美在于契合学习内容。这同样是一个基本的教育常识，却也是一个难以把握的教育常识。原因在于，形式如何契合内容没有绝对的标准，常常因人、因事、因时、因境而不同。一句话，外在的影响因素太过复杂，因而此时更需要依赖的是实践经验与实践智慧。以视听学习资源听觉维度的配音或配乐为例。视听学习资源如何通过听觉的变化调动学生的学习热情，激发他们的学习活力，就是一门极富艺术的学问。同样一个教学内容，加入不同的配音或配乐，会产生完全不同的效果。如果配音或配乐始终低沉平淡，好似阴晦天气里的一潭死水，会使学生产生厌倦和压抑感。相反，如果从头至尾紧锣密鼓，学生应接不暇，时间长了学生会由于高度紧张感到头昏脑涨，注意力难以集中。一个有经验的开发者应当善于根据教材的内容和学生的情绪巧妙地调整配音的语调或配乐的节奏，使配音或配乐有时如山间瀑布，飞流直下，创造一种酣畅淋漓的学习氛围，有时则像村边小溪，涓涓而去，使学生沉浸在一种轻松愉悦的学习体验中。这不仅是视听学习资源开发所追寻的一种境界，也是判断视听学习资源是否具有形式美的一类标准。听觉维度的要求如此，视觉维度的要求如此，视听结合的要求更是如此。

综上，不难看出，就视听学习资源形式美的创生而言，可以总结出上位的抽象的创生理念，却很难提出下位的具体的操作手法。原因无他，这是一个极度依赖实践经验的实践智慧的课题，不仅有待于后续研究的继续深入与探寻，更要依靠今后学科内理论学者与实践专家的共同思考。

二、视听学习资源之结构美及其创生

同样，此部分亦需要回答两个问题，一是何为视听学习资源的结构美，二是这种结构美应当如何创生。下文将围绕二者论述。

（一）何为视听学习资源的结构美

在这里，"结构"实际上是与上面的"形式"相对的一个概念，指向的是"内容"。对此，黑格尔以辩证法的思维进行了论证。他指出："内容并不是没有形式的，而是内容既在其自身中具有形式，同时形式对于内容也是一种外在东西。这样就有了双重的形式，它有时作为映现在自身中的东西是内容，有时作为不映现在自身中的东西则是外在的、与内容漠不相关的实存。在这里潜在地存在着内容与形式的绝对关系，也就是存在着内容与形式的相互转化，所以，内容无非是形式之转化为内容，形式无非是内容之转化为形式。这种转化是最重要的规定之一。"①黑格尔这一论断的价值在于他基于唯物主义指明了形式的双重意涵以及形式与内容的转化关系。然而，不足的是，因为没有完全摆脱唯心主义的规限，黑格尔的论证存在两点矛盾：一是错将内在形式等同于内容，二是认为外在形式又与内容不相关。

直至马克思唯物主义辩证法的突破，二者的关系才趋于明晰。作为唯物辩证法基本范畴之一的"内容"是指事物内在要素的总和，而"形式"则是指外部表现方式（外部形式）②。另有学者从现代系统论的视角进一步确认，所谓内容，就是构成一个系统的一切内在要素（子系统）及其特性、属性、运动过程的总和；所谓形式，则是系统的诸要素（子系统）相互作用所形成的系统外部特征（外部形式）③。上述两种观点的意涵差别不大。概言之，依据唯物主义辩证法，视听学习资源之结构指的是视听学习资源内在要素及其特性、属性、运动过程的总和。基于此，视听学习资源之结构美实际上说的是视听学习资源的内在要素按照教育

---

① 黑格尔.逻辑学:哲学全书·第一部分[M].梁志学,译.北京:人民出版社,2002:249.

② 王鹏令.内容和形式范畴新议[J].中国社会科学,1983(6):145-154.

③ 汪信砚.从系统论看内容与形式范畴:与王鹏令同志商榷[J].中国社会科学,1986(1):153-156.

的要求重构，从而促进学习与教育发生。

（二）视听学习资源之结构美如何创生

重视故事性，以故事化方式建构课程内容，将会给视听学习资源结构美的创生提供全新的创作思路。原因在于，从结构上看，视听学习资源与叙事作品有所相通，二者均为传递信息（知识）的一种特有方式，并且，在传递方式上，二者均把知识凝冻在一个具体有限的形象里（前者是视觉形象，后者是文学形象），通过这个凝冻的形象来反映知识。

在现实生活中常常存在这样一个有趣的现象：逻辑推演的知识往往仅被部分理论工作者推崇而普通人却毫无兴致，尽管它对于追求真理不可或缺；而形象展现的知识常常因其直观性、趣味性或艺术性令普通人着迷，并且，理论工作者们似乎也不排斥。笔者此言想表达的观点是，形象展现的知识（或称作"直观的知识"①）很多时候显现出逻辑的知识所不具备的美感。在视听学习资源按照逻辑"循规蹈矩"地呈现而令人生厌时，以"讲故事"的方式来转述或重构知识或许更加有益且有效。这如同"事序结构"与"叙事结构"的概念，前者是事件的自然延续（知识的逻辑延续），后者则是事件得以"故事化"而呈现出新的独特方式，这种相对"陌生化"的重构往往更能引起人们的美感和新鲜感②。简言之，"逻辑式说教"常常不如"故事化讲述"。这一点，对于"启发性的普通教育"而言无疑更为重要，国外"数字故事创作"在教育领域的广泛应用与备受认可即是明证。

当然，也需要承认的是，尽管并不是所有的教育知识都适合以故事化的方式来讲述，然而，只要"故事化叙述"这种方式对视听学习资源之教育效果与意义有促进作用，不论作用大小，我们都有必要进行一次尝试性的探索。具体来说，这种探索需要从叙事理论中寻找智慧，可从以下三个方面深入：

一是在叙事方式上，有机整合叙事视角。在影像叙事中，叙事者往

---

① "知识有两种形式，不是直觉的，就是逻辑的"，这是克罗齐的名言（详见：克罗齐.美学原理[M].朱光潜，译.北京：商务印书馆，2012:1.）。

② 胡亚敏.叙事学[M].武汉：华中师范大学出版社，2004:6.

往是叙事视角的承担者，叙事者身份的选择决定了叙事主体和故事的距离以及介入程度，依此可以分为三种叙事视角：零视角、内视角和外视角。所谓零视角，是指叙述者以第三人称叙事，全知全能，洞悉一切，随时对人物的思想及行为作出解释和评价；所谓内视角，是指叙述者以第一人称叙事，可以是事件目击者，也可以是事件主人公，它不仅能够调动观众的兴趣，还具有强烈的真实感；所谓外视角，是指叙述者以第三人称叙事，外在于叙事事件，作为旁观者或回忆者客观陈述，具有一定的客观性和权威性。以上三种视角各有优缺点，也各有适应场合。然而，当前的视听学习资源在结构安排上过多地采用了零视角，而较少使用内视角与外视角。更好的方式是，要深入了解视听学习资源所承载的教育内容，依据内容的不同，恰当地应用视角，最好是将上述三种视角有机结合起来使用①。

二是在叙事程序上，精心设置叙事进程。冲突是叙事的灵魂，悬念是故事的动力，节奏是叙事的变化。此三要素是叙事进程设置中最基本、最重要的元素，视听学习资源叙事进程的设置要创新对上述三要素的运用。具体而言，设置冲突，可尝试使用二元对立的方式。即通过设置主体与反主体的二元对立，如真善美与假恶丑的对立，人与人、人与自我、人与社会的对立，来搭建学习资源的故事结构，满足学习者建构秩序的心理快感。设置悬念，可尝试采用大小结合的方式。将大悬念贯穿学习资源的始终，建构整体结构，运用小悬念铺垫学习资源中的情节段落，进行有效叙事。设置节奏，可尝试使用内外结合的方式。内节奏是指故事发展变化引起主讲教师或者学习者情感情绪的变化，外节奏就是视频的声画结合后整体运动的节奏。外节奏的变化要以内节奏的运动为条件和依据，一般原则是快慢相间，动静有序，虚实结合，根据叙事内节奏调整外节奏②。

三是在叙事时空上，适当设计时空变换。视听设计故事化的实质是叙事时间和叙事空间的编排，任何叙事都包含时空两大要素。一般而言，

① 王念春,张舒予.视觉文化的视角:人文社科类网络视频课程叙事策略探究[J].电化教育研究,2015(1):89-95,114.

② 王念春,张舒予.视觉文化的视角:人文社科类网络视频课程叙事策略探究[J].电化教育研究,2015(1):89-95,114.

故事都是按照一定的时间顺序发展的，也是在特定的空间场景中发生的。至于时间顺序，一般包括顺序、倒叙、插叙等几种。当前的视听学习资源开发大多采用顺序方式，用得多了，学习者自然觉得乏味。更好的方式是，依据教育教学内容，适当、灵活地变换叙事的时间顺序，以调动学习者的学习兴趣。至于空间场景，一般可包括真实空间、演播空间以及虚拟空间等几类①。目前，演播空间（譬如一般的课堂、专门的录播室等）的应用是最常见的，却也是最缺乏生机的。因而，视听学习资源中的空间场景同样需要灵活变换，是否可以依据内容适当增加真实空间的应用？对于无法再现的真实空间（譬如历史事件），是否可以尝试利用新兴技术打造虚拟空间？这些都是视听学习资源开发过程中设计时空场景时有必要考虑的。

以上三个方面的开发手段是对既有叙事研究领域的一种总结与借鉴，更多更丰富的方式还有待我们在实践中进一步探寻。与此同时，从视听学习资源的核心属性（教育性）来看，在我们从叙事理论中进行智慧借鉴的同时，必须显扬这种借鉴在教育学上的价值担当。在这一方面，教学艺术论可以给予本研究以理论观照。原因在于，首先，从本质上看，"教学艺术乃是教师娴熟地运用综合的教学技能技巧，按照美的规律而进行的独创性教学实践活动"，"教学艺术的教育性本质特点是借助寓教于乐的审美形式表现出来的"，是"教育与审美完善地结合"②。这与本研究对于视听学习资源的结构美的考察无疑是共通的。其次，从内容上看，教学艺术论呼吁将乐学思想有效地实施于教学实践的中介环节③；教学艺术论强调要把握教学艺术节奏，即教师教学活动的组织要富有美感的规律性变化，有快慢得宜、动静相生、疏密相间、起伏有致、抑扬顿挫、整体和谐等④。上述教学艺术论的思想不仅对于彰显视听学习资源的结构美有启发意义，还能使我们在借鉴叙事理论的过程中始终把握视听学习资源之教育性这一核心属性。

---

① 王念春,张舒予.视觉文化的视角:人文社科类网络视频课程叙事策略探究[J].电化教育研究,2015(1):89-95,114.

② 李如密.教学艺术论[M].济南:山东教育出版社,1995:85-86.

③ 李如密.教学艺术论[M].济南:山东教育出版社,1995:164.

④ 李如密.教学艺术论[M].济南:山东教育出版社,1995:209-212.

三、视听学习资源之意味美及其创生

这里也需要回答两个基本问题，一是何为视听学习资源的意味美，二是这种结构美应当如何创生。下文将围绕二者论述。

（一）何为视听学习资源的意味美

首先，有必要简单阐释一下"意味"的内涵。"意味"作为一个名词或概念缘起于何处目前已难以考证，不过，其作为一个艺术术语后来在美学界踵事增华。意味是什么？这是英国文艺批评家克莱夫·贝尔留给世界的永恒之问。"艺术品中必定存在着某种特性：离开它，艺术品就不能作为艺术品存在；有了它，任何作品至少不会一点价值也没有。这是一种什么性质呢？什么性质存在于一切能唤起我们审美感情的客体之中呢？什么性质是圣·索菲教堂、卡尔特修道院的窗子、墨西哥的雕塑、波斯的古碗、中国的地毯、帕多瓦（Padua）的乔托的壁画，以及普辛（Poussin）、皮埃罗·德拉、弗朗切斯卡和塞尚的作品中所共有的性质呢？看来，可做解释的回答只有一个，那就是'有意味的形式'。"无疑，贝尔的叙说成为美学史上的经典，"有意味的形式"如同晴天霹雳炸响了美学界的天空。在贝尔看来，"有意味的形式"是指"在各个不同的作品中，线条、色彩以某种特殊方式组成某种形式或形式间的关系"，是指"这种线、色的关系和组合，这些审美地感人的形式"[①]。那么"意味"究竟是什么呢？贝尔自己的回答是感情，确切地说是审美感情。他说："一切艺术问题（以及可能与艺术有关的任何问题）都必然涉及到某种特殊的感情，而且这种感情（我认为是对终极实在的感情）一般要通过形式而被知觉到。然而，这种感情从本质上说来还是非物质的，我虽然无绝对把握，也敢断定：这两个方面，即感情和形式，实质上是同一的。"[②]这种"同一"在席勒的叙述中也有体现。席勒说："艺术大师的独特的艺术秘密就是在于，他要通过形式来消除素材。"[③]这里的"形式"

---

① 克莱夫·贝尔.艺术[M].周金环,马金元,译.北京:中国文联出版公司,1984:4.

② 克莱夫·贝尔.艺术[M].周金环,马金元,译.北京:中国文联出版公司,1984:44-45.

③ 席勒.美育书简[M].徐恒醇,译.北京:中国文联出版公司,1984:114-115.

与前文论述的形式不同，它有"意味"的内涵，是指"使审美接近道德和知性活动，使内容获得生命的东西"[①]。

对于"意味"的解读，李泽厚的观点也许更加通俗易懂。他说："它有某种意义在里面，但又不能清楚的讲出来。""这'意味'不脱离'感知''形象'或'形式'，但又超越了它们。其超越处在于它既不只是五官感知的人化，也不只是情欲的人化，不只是情欲在艺术幻相中的实现和满足。而是第一，它所人化的是整个心理状态，从而第二，它有一种长久的持续的可品味性。"[②]尽管如此解释，李泽厚同时也承认，"这很难用语言说清楚，只可意会，难以言传。'即之愈希、味之无穷'"，"它不是意义，只是意味，意义诉诸认识，意味诉诸情感的品味"。或许，在对"意味"的解释上，"追问必须是有限的，过分追问不是深刻，反而会把问题一点一点引向荒谬"[③]。

确实，艺术界的很多概念都难以过分追问，但站在教育领域反思，适当的解释还是必要的。"意味美"作为视听学习资源立美范式创生的核心维度，究竟意味着什么？

在笔者看来，视听学习资源的意味美指的是视听学习资源开发应为教育的应然目标——"育人"服务，如此才有可能回应新时代发展"公平而有质量的教育"的核心诉求。所谓"育人"，即"以人之生成、完善为基本出发点，将人的发展作为衡量的根本尺度，用人自我生成的逻辑去理解和运作教育"[④]。"育人"言及的乃是一项极其深刻且神圣的教育目标，是一切教育的原点。视听学习资源作为教育系统的一个构件，自然不能脱离于此。显而易明，如果说视听学习资源的形式与结构指向的是开发手段，这里的意味指向的则是视听学习资源的开发目标。无论是"形式"，还是"结构"，作为手段均应为最终的目标——"意味"服务。前文已提及，"意味"不脱离"形式"，但超越"形式"（总体意义上的形式）。也就是说，视听学习资源之意味不脱离其外在形式与内在结构，但同时又超越了它们。如果没有意味美，视听学习资源的形式美

① 徐恒醇.技术美学[M].上海：上海人民出版社,1989:177.
② 李泽厚.美学四讲[M].北京：生活·读书·新知三联书店,1989:236-237.
③ 李泽厚.美学四讲[M].北京：生活·读书·新知三联书店,1989:238-239.
④ 鲁洁.教育的原点：育人[J].华东师范大学学报（教育科学版）,2008,26(4):15-22.

与结构美也如同无本之木、无源之水，难以生存。目标指向出错了，即指向了不合适的意味，而一味聚焦于形式与结构，则极易陷入南辕北辙的误区。意味不美，形式美与结构美非但没有意义，有些时候还可能会带来负面影响。譬如，假如视听学习资源开发目标不是指向"育人"，而是"育分"，那么，视听学习资源的形式美与结构美则自然成为应试教育与功利教育的"帮手"。

（二）视听学习资源之意味美如何创生

这一问题可以转换为怎样才能使得视听学习资源具有"育人"的意味。在这一点上，至少要求我们在开发视听学习资源时应遵循以下两个原则：

一是全面性原则。所谓全面性原则，指的是我们在开发视听学习资源时不能片面地只强调这一方面，而有意无意地忽视另一方面，如此便难免会因为"片面"而不合逻辑，有违教育规律。具体而言，这至少包括三个方面的内容：一是覆盖全面学科。我们不能只片面地强调为应试学科的教育教学开发视听学习资源，而没有对应试学科之外的譬如道德、劳动、美术、体育等领域提供足够的重视。显然，这样的"片面"操作是不可能进行完整的教育的。原因很简单，促进学生的全面发展是回归育人原点的基本常识与核心目标。因而，面向新时代，为促进"公平而有质量的教育"发展目标的实现，不仅需要我们为应试学科的教育教学开发视听学习资源，也需要我们围绕非应试学科的教育教学开发视听学习资源。许多事实证明，长期以来，在这方面我们的实践行动是欠缺的，这也是今后需要进一步弥补的。一句话，为了培养完整的人，为了进行完整的教育，不能不开发覆盖全面学科的视听学习资源。二是覆盖全面维度。我们也不能只片面地强调为学校的教育教学开发视听学习资源，而没有对学校之外的譬如社会教育、家庭教育等领域给予足够的重视。众所周知，学校教育、社会教育与家庭教育是教育系统的三个核心维度，三者之间既是相互独立的教育领域，也是教育系统中密切关联的子系统。要想充分发挥教育的功能，三者不仅缺一不可，还需要有机协同，形成合力。然而，同样有许多事实证明，长期以来，在社会教育与家庭教育领域，视听学习资源并没有或者很少发挥应有的作用，这也是今后需要进一步关注的。同样一句话，为了培养完整的人，为了进行完整的教育，不能不开发覆盖全面维度的视听学习资源。三是覆盖全面阶段。我们还不能只片面地强调为某些阶段（譬如基础教育①与高等教育）的教育教学开发视听学习资源，而没有对其他阶段给予足够的重视。学前教育、成人教育、终身教育等教育阶段也是教育的重要组成部分，却是视听学习资源开发过程中关注较为薄弱的教育阶段。如何使视听学习资源更好地为学前教育、成人教育、终身教育等服务，也是今后需要着重关注的。还是一句话，为了培养完整的人，为了进行完整的教育，不能不开发覆盖全面阶段的视听学习资源。

二是连接性原则。所谓连接性原则，指的是我们在开发视听学习资源时不能单独地只注重内部教育，而有意无意地忽视外部教育，如此便难免会因为"割裂"而不合常识，有违教育要求。"连接性（continuity）"是经验美学首先强调的。杜威认为，艺术哲学（美学）的重要任务是"恢复作为艺术品的经验的精致与强烈的形式，与普遍承认的构成经验的日常事件、活动以及苦难之间的连续性"。因为正是这种连续性，使得艺术能够成为"一个人的一个经验"，从而"在美学上具有地位"②。相反，对于缺乏"连接性"的博物馆艺术来说，杜威是持批判态度的。他认为，当"艺术与普通经验的对象和景象区分开来"，"以至于'艺术'被人们高高地供奉起来"，"人民大众就觉得它苍白无力"③。并且，在杜威的论述中，这种连接性大致包括三个层次，即艺术品的经验与日常生活经验的连续性、高雅艺术与通俗艺术的连续性以及美的艺术与实用的或技术的艺术之间的连续性④。以此思想来省视视听学习资源，我们理应强调的是：现今颇受诟病的视听学习资源实际上需要的是恢复这种"连接性"——一种教育影像与生活世界的连续性。

站在教育的立场来看，如果说杜威的经验美学思想是一种委婉的叙

---

① 这里的基础教育主要指小学、初中、高中三个阶段的教育，不包括幼儿教育。

② 约翰·杜威.艺术即经验[M].高建平，译.北京：商务印书馆，2005:1-2.

③ 约翰·杜威.艺术即经验[M].高建平，译.北京：商务印书馆，2005:4.

④ 高建平.从自然王国走向艺术王国：读杜威美学[J].中国社会科学研究生院学报，2006(5)：103-109.

说，那么其提出的生活教育理论，特别是关于教材的论述则是一种更为直接的呼吁。杜威在论述生活教育思想的过程中反复提及教材及其改造。这种改造，杜威有两个理解：一是"教材必须由日常生活经验产生"，原因在于，"任何事物，凡是能称为学习的，不论是算术、历史、地理或者任何一种自然科学，在最初的时候，必然都是由生活经验中产生的材料，逐步发展而成"；二是"教材必须渐进发展而成为较具成人意味的"，即"渐进地将所经验的材料发展得更完整和更丰富，而且要以更组织的形式呈现出来"[①]。简言之，杜威认为教材应源于生活经验，并渐进地发展，这种渐进关键在于依据"教育经验的连续性原则"，"新的经验必须与旧的经验相联结"。那么，该怎样做呢？杜威认为，"要将模糊的经验的统一体化作具有特征的典型阶段"，"需要把各门学科的教材或知识各部分恢复到原来的经验。它必须恢复到它所被抽象出来的原来的经验……变为直接的和个人的经验"。杜威将这一过程称为"使教材心理化"，在这一过程中，教师的任务不可或缺。具体而言，"作为一个教师，他并不关心对他所教的科目增加些新的事实，提出新臆说或证实它们。他考虑的是科学的教材代表经验发展的某一阶段或状态。他的问题是引导学生有一种生动的和个人亲身的体验。因此，作为教师，他考虑的是怎样使教材变成经验的一部分；在儿童的可以利用的现在情况里有什么和教材有关；怎样利用这些因素；他自己的教材知识怎样可以帮助解释儿童的需要和行动，并确定儿童应处的环境，以便使他的成长获得适当的指导。他考虑的不限于教材本身，他是把教材作为在全部的和生长的经验中相关的因素来考虑的"[②]。尽管杜威基于生活教育理论的教材观具有极大的合理性，但对于传统文本教材与传统教师而言，完成上述这些任务无疑太难了，这也是他的教材观并未对实践产生太大影响的主要原因。然而，这种难度在新时代的教材——视听学习资源这里大大降低了。换言之，在视听学习资源的开发中，充分发挥先进视听技术的优势，完全能够实现上述任务。视听技术在电影领域的发展即是明证。

---

① 约翰·杜威.经验与教育[M].单文经,译.台北:联经出版公司,2015:179.

② 约翰·杜威.学校与社会·明日之学校[M].赵祥麟,任钟印,吴志宏,译.北京:人民教育出版社,1994:128.

黑格尔曾说："美的要素可分为两种：一种是内在的，即内容，另一种是外在的，即内容所借以现出意蕴和特性的东西。"①如果说前文所说的视听学习资源之形式美与结构美分别关注不同维度（外在呈现与内在结构）的形式本身，那么"悦志悦神"之意味美追求的则是形式所借以显出意蕴的东西。这种意蕴体现在学生的学习活动中，即是由艺术到情感，由快感到美感，由形式到意味，由"悦耳悦目"到"悦神悦志"，由"错彩镂金"到"芙蓉出水"……从而不断引导学生的审美活动，丰富其情感世界，进而让学生步入物我同一的自由生活天地②。如果实现了这种升华，视听学习资源便能在"三位一体"的美感中超越至一种"有意味的形式"。

① 黑格尔.美学:第一卷[M].朱光潜,译.北京:商务印书馆,1996:25.
② 彭文晓.教育美学观构建的理论思考[J].湖北大学学报(哲学社会科学版),2008,35(4):120-124.

第七章　研究总结与展望

　　每一项研究都很难能够完满完成，总有所缺陷；每一项研究也都可以提升拓展，总有所期待；每一项研究也仍需不断反思，总有所不及。本研究亦不例外。最后的结语，一方面，提纲挈领地汇总本研究的主要观点，简明扼要地阐述本研究的些许创新，直截了当地承认本研究的各种不足；另一方面，旨在将视野从本书的研究对象——视听学习资源开发——拓展至教育技术实践的一般领域，从言明研究的期待、反思研究的意义等方面进一步展开。总之，是为总结，是为展望，是为再出发。

第一节　视听学习资源开发范式的转换

　　在总结部分，需要言明的内容有三个方面。其一，研究总结。要叙述的是，本研究完成了怎样的研究任务？是否回答了需要回答的研究问题？形成了怎样的研究结论？其二，研究创新。要提炼的是，与过往研究相比，本研究的创新之处何在？其三，研究不足。要承认的是，尽管完成了本书的撰写，但本研究未来还应在哪些方面进一步完善与补充？下面将依此顺序阐述。

一、研究结论

　　在绪论部分，笔者已将本研究总体上的研究问题分解为具有逻辑延续关系的五个小的研究问题。这里的总结，实际上就是对之前提出的五个问题的概括回答。为方便理解，这里用图示呈现，如图7-1所示：

图7-1　研究结论总结图示

本研究形成的主要结论如下：

（一）视听学习资源的三种历史样态

本研究首先解答的问题是，视听学习资源在我国的发展历程中呈现过哪些具体样态？对此，本书在概念界定部分进行了论述。从时间维度上看，依据视听学习资源在我国发展的百年史实，其大致呈现出了以下三种主要的历史样态。肇始之初便是民国时期的教育电影。民国早期，视听一词尚未流行，电影才是被人们认可的时尚。彼时的视听学习资源也被人们称为教育电影。随后，伴随着改革开放，电视教材走在时代前沿。从改革开放到21世纪初的很长一段时间里，电视教材一直都是视听学习资源领域的主力军。最后便是21世纪以来的教学视频。21世纪初，视频技术逐渐成熟，教学视频进入舞台中心，并一直盛行至今。需要补充说明的是，历史地看，上述三种历史样态均是其所处历史时期的主流形式，而并不是说它只是那个时期的唯一形式。客观的事实是，一方面，每个历史阶段的视听学习资源都必然呈现出多种具体样态；另一方面，在诸多样态之中，总会有某一种样态因为契合当时的历史、文化、社会等条件而成为主角，期待某个时期各种样态均衡发展实际上不大可能。

（二）视听学习资源开发的三种范式

进而，不同样态的视听学习资源背后隐藏着什么样的开发范式？本书第二章、第三章、第四章分别做了针对性的解答。笔者通过历史研究法、文本分析法、经验归纳法等方法进行探索后，将三种视听学习资源具体样态背后的制作方式分别概括为纪实范式、移植范式以及复制范式。所谓纪实范式，是指资源开发者以社会生活中的真实事件为视听影像制作来源，在调查采访的基础上，挖掘与事实有关的教育性因素，用实录的材料构造相应的教育意图，从而期待达到相应的教育目标。所谓移植范式，是指资源开发者创新性地将电视编导领域的各类理论与技术移至教育教材开发领域，并期待这些理论与技术能够在教育领域"生根发芽"，以修补教育领域的传统缺陷或促进教育领域的优化发展。所谓复制范式，是指资源开发者在实践中偏重对教育世界（以传统课堂为主）的单一化复制，而缺少基于教育教学活动的创作设计。

在归纳概括出上述三种开发范式的同时，我们也发现这三种范式在不断转换的过程中存在着有"起"有"落"的现象。至于"起"，说的是从纪实范式到移植范式的转换。与基于教育电影的纪实范式相比，基于电视教材的移植范式无论是技术属性还是教育属性均有所提升。至于"落"，说的是从移植范式到复制范式的转换。与基于电视教材的移植范式相比，基于教学视频的复制范式脱离了正常的轨道，没有按照循序渐进的方向发展，反而有点倒退的意味。在技术属性上，视听学习资源开发的复制范式无疑要比之前的两种范式都有所提升。然而，从考察情况来看，在教育属性方面，视听学习资源开发的复制范式并没有表现出明显的进步之处。

仍需补充说明的两点是：其一，上述结论同样是一种总体上的归纳，是对总体上或者说大部分实践特征的概括，而并不是说在某一时期所有的视听学习资源开发实践都是纪实范式或移植范式或复制范式。原因在于，凡事都不是绝对的，无论哪一时期视听学习资源的开发范式都不会是整齐划一的，有主有次，有多数有少数，才是事物的常态。而在此之中，我们需要关注的是推动视听学习资源开发实践向前发展的、影响更大的主流范式。其二，任何时候，评价一种范式合理与否，都应该放在当时的历史背景下进行客观公正的考察。因而，今天重新审视上述三种范式，我们发现，它们不但在特定的历史时期发挥了不容忽视的历史贡献，而且其生成也是有特殊的历史原因的。种种原因，便是我们解答的第三个问题。

（三）视听学习资源开发历史范式的生成动因

需要继续追问的是，究竟是什么原因促使了上述三种开发范式的生成？在本书中，为使行文更加合理，对此问题的解答也紧随上述三种开发范式之后。笔者考察认为：首先，基于教育电影的纪实范式之所以成为民国时期教育电影开发的主流，主要原因在于当时教育救国思想的推动；其次，基于电视教材的移植范式之所以在当时产生广泛影响，主要原因在于完成当时艰巨的教育普及任务；最后，基于教学视频的复制范式之所以从21世纪初开始走上舞台，主要原因在于教育公平问题的凸显与资源共享理念的倡导。在对三种范式生成动因的追问之余，笔者研究发现，历史地看，过往视听学习资源开发范式之所以呈现如此特征，不是受少数个人的能力影响的，而是随教育的发展而产生的；无论怎样的实践，严格来说，都是教育的镜子。教育是一个复杂的综合体，每个时期都有多种多样的教育需求，但无论需求的种类有多少，总会有一种需求因为契合环境的需要与人们的认知而成为核心需求，正是这种核心需求主导了视听学习资源开发范式的转型。正是由于发现了视听学习资源开发范式转型的这一历史规律，所以，研究自然需要继续追问第四个问题。

（四）新时代教育发展对视听学习资源开发提出的新要求

站在新时代的起点，教育发展是否对视听学习资源开发提出了新要求？如前所述，无论是从现实要求方面来看，还是从历史规律方面来看，关注新时代教育发展的核心诉求都是必要的。通过对宏观教育政策的分析不难得出，新时代教育发展的核心诉求可以精炼地概括为"公平而有质量的教育"。何谓"公平而有质量的教育"？顾名思义，就是既彰显公平又凸显质量的教育。不过，需要注意的是，当前这一理念包含着一种轻重关系。也就是说，这一理念比以往任何时候都更强调教育的质量问题。当然，这里并不是说教育公平不重要，而是说就我国目前教育发展的现状而言，教育公平问题已经趋于消解了。此外，从主体上看，"公平而有质量的教育"首先是为学生的教育，而为学生的"公平而有质量的教育"实际上是真正把学生培养成真人、善人、正人、能人和个人的教育。正是在这个意义上看，当前以教育公平为旨归的视听学习资源开发的复制范式已经不再契合新时代的要求，因而，有必要结合新时代教育发展的核心诉求，借鉴上游思想宝库中的合用理论工具，创生出符合新时代要求的视听学习资源开发范式。这也便是对第五个问题的解答。

（五）面向新时代的视听学习资源开发范式及其创生进路

本研究需要解答的最后一个问题是，符合新时代要求的视听学习资源开发范式如何创生？实际上，这一问题包含两个子问题：一是创生何种范式；二是如何创生这种范式。

对于前者，笔者结合视听学习资源自身的美育属性，在阐明过往视听学习资源开发范式"借美"属性的基础上，提出了视听学习资源开发的立美范式。所谓立美范式，可以从手段和目的两个方面来理解。从手段上理解，立美乃是按教育之规律改造技术，将视听技术已有的美的形式做"教育化"的再次改造，即按照教育之应有规律去改造它，使其成为教育的有机组成部分，从而更好地为教育发展服务；从目的上理解，视听技术在教育中应用的要旨是尊重学生的生命存在和特性，观照学生各种社会属性与个性的培养生成，而其终极目的和终极关怀则是引领和帮助每个学生实现身心的健全发展和可持续发展。视听学习资源开发立美范式的价值至少体现为促进三个转变，即从资源的移植复制到资源的设计创作，从追求资源的教育效率到追求资源的教育品质，从为学生提升成绩到为学生发展素质。

关于后者，笔者以实践美学中的美感思想为前提，认为立美范式的关键在于创生视听学习资源的三重美感形态，即形式美、结构美、意味美。视听学习资源形式美的创生至少需要考虑学习环境、学习对象、学习内容三个方面；而视听学习资源结构美的创生则需要在叙事范式、叙事程序、叙事时空三个维度上深入推进；至于视听学习资源意味美的创生，则要着重考虑全面性与连接性两大原则。上述视听学习资源的三重美感形态不是孤立的，而应是三位一体地推进，其最终价值在于提升教育的品质，回归育人的原点。唯有如此，视听学习资源才能实现立美的旨归，升华至一种"有教育意味的技术形式"。

二、研究创新

一般来看，所谓研究的创新之处，实际上说的是一项研究相对于过往研究的不同之处与贡献之处。每每想到这一点，笔者总是深感惶恐，因为真正有意义的学术创新实际上是很难形成的。作为一个初入学术之门的博士生，笔者实不敢谈本研究有多少贡献，以下所说的最多只能是本研究与过往研究的些许不同而已。

（一）视角创新：从范式理论视角深入考察视听学习资源开发

众所周知，"视听学习资源开发"实际上是一个老问题，即便是用"汗牛充栋"来形容其多年来的相关研究之多，亦不夸张。因而，如何针对老问题完成新发现，是本研究能否体现一点新意的重要所在。具体而言，针对"视听学习资源开发"这个"老问题"，本研究选用了一个过去鲜见的视角——范式视角——来考察。之所以如此，原因有二。其一，范式理论已经形成一个较为成熟的理论体系。且不论历史上伟大先哲及库恩本人针对范式的理论积淀，自库恩以降，社会科学界对这一理论进行了大量的探索。已有研究表明，利用范式考察某一共同体在某一历史阶段的科学研究或实践行动的方式是值得尝试的，并且，这种尝试常常能够为人们更理性且更上位地认识实践提供启示。其二，范式视角已在多个领域得到合理性的验证。无论是其肇始的科学史领域，还是后来的社会科学领域，抑或是更为微观的教育学领域，诸多学者们围绕相关主题展开了一系列的范式考察。应当说，从范式视角考察实践思想或观念的这种思考方式，已经大体上得到了学界的认可。

事实上，很多时候，之所以要转换视角看"老问题"，实际上追求的是通过视角的转换来看"老问题"的另一面，达致一种"横看成岭侧成峰"的效果。在本研究中，选择范式的视角考察视听学习资源开发实践，最大的价值在于由对显性的视听学习资源本身的聚焦转向了对隐性的视听学习资源开发观念的追问，由此实现了从更上位的理念层面对视听学习资源开发进行考察的意图。在这个意义上说，完成这样一种转换，看似研究的还是"老问题"，实际上已经在一定程度上引发出"新问题"——视听学习资源的开发范式问题。综上，由视角创新所带来的问题创新，或许可以称得上本研究的第一点创新所在。

（二）方法创新：以历史方法系统检视视听学习资源百年实践

在一项研究的种种创新中，除了有"横看成岭侧成峰"的视角创新，还有一种"新瓶装旧酒"的方法创新。申言之，它是指针对一个"老问题"采取与过往有别的方法进行探索，即采用方法的不同。

不难看出，本研究最终所形成的文本具有明显的历史色彩，原因便在于本研究努力地尝试使用历史研究法来考察问题。对学科研究动态稍有了解的同仁们一定知晓，教育技术史研究近十年来已成为本领域的一个重要方向，这种研究范式与相关研究成果也备受大家认可，这是本书采用历史研究法的原因之一。原因之二在于，在视听学习资源开发这个主题上，采用历史研究范式纵向地对视听学习资源百年发展历程进行探索的研究并不多见，因而笔者斗胆尝试。概言之，此处笔者所言的"新瓶装旧酒"的方法创新便是指采用了"新瓶"——历史研究法——来考察视听学习资源开发这个"旧酒"。

（三）观点创新：视听学习资源开发范式的精练归纳与逻辑创生

于本研究而言，有两个关键任务：一是要归纳概括出历史上视听学习资源开发的三种范式及其生成动因；二是要面向新时代提出合理的视听学习资源开发范式，并阐明其创生进路。在此过程中，笔者努力地进行更为精练的归纳、更为逻辑的演绎。

针对前者，笔者力求精练简洁。关于范式归纳，依据笔者研究考察的教育电影摄制史料、电视教材编制文本以及教学视频拍制经验，分别探寻到了视听学习资源开发的纪实范式、移植范式以及复制范式。与此同时，笔者发现三种范式的生成动因大体上可分别概括为"教育救国""教育普及"与"教育共享"。从精练的角度看，以上概括大体上达到了促进和便于他人理解与认识我国视听学习资源开发百年发展历程的目标。

针对后者，笔者秉持演绎逻辑。如前所述，在视听学习资源开发的新范式创生部分，笔者始终谨记从上游思想宝库中寻求理论工具的原则。经过对相关理论智慧的深入而艰难的梳理，最终选取了实践美学领域的美感理论作为演绎的起点，认为视听学习资源开发立美范式要想从理念走向实践，关键在于要使视听学习资源具有教育意味的美感，因而，需要从三维路径——形式、结构、意味中一体化地创生视听学习资源的教育美感。对于这一过程，本研究努力遵循演绎逻辑的程序与规范，试图实现了"自圆其说"的基本要求。

最后，需要特别强调的是，上述所言创新之处，更多只是笔者限于学识的一孔之见，至于是否合理，还有待学识更为渊博、认识更加高深的学界专家的批评指正。

三、研究不足

毋庸讳言，限于笔者学识、能力等，本研究必然存在不足之处。具体而言，本研究最关键的不足至少有以下两点：

（一）方法的规范性有待完善

如前所述，本研究显著依赖历史研究法，而历史研究法又是一种要求非常严格，程序极其规范的研究方法。在本研究中，笔者自感方法的运用离规范要求还有一定的距离，主要表现在两个方面：其一，对史料的收集不够全面。不得不承认的是，由于时间与精力的限制，笔者尚未搜集到更多更广的历史上有关我国视听学习资源的史实材料，而这在一定程度上给本研究带来了更大的困难。其二，对史料的分析不够深入。学界前辈李龙教授曾有言，（教育技术领域的）历史研究有三个层次：第一层次是事实判断，第二层次是认识判断，第三层次是价值判断[①]。以此

---

① 李龙.加强史学研究,促进学科发展（一）:"教育技术史"学科初探[J].电化教育研究,2006(11):3-8.

为尺度考量，笔者自认为本研究最多完成了前两个层次的要求（即事实判断与认识判断，论文的第三章与第四章尤其如此），而离第三层次的价值判断仍有差距。于是，上述两个方面均是本研究今后需要着重完善的。

（二）概念的精准性有待提升

在前文阐述研究创新时，笔者提到在研究中力求用更为精练简洁的语言进行归纳概括。完成本书写作之际再反思，虽然看似达到了精练简洁的要求，但部分概念在表述的精准性上仍有待提升，这尤其表现在对视听学习资源开发范式的归纳概括上。库恩曾指出，不同的范式之间存在不可通约性[①]。不过，这并不适用于本研究中所界定的四种范式。相反，笔者认为，本研究提出的四种范式之间是存在着一定的"转换"关系的。然而，尽管笔者已经尽可能地在行文中阐明了四种范式之间的内在关联，但限于文字功底与概括能力，严格地说，仅从概念表述上看，目前所归纳出的四类范式还是没有鲜明地体现出这种"转换"关系。无疑，这一点仍旧需要在后续的研究中继续优化。

第二节　从技术到艺术：教育技术实践的美育之维

从更高的哲学层面审视，尽管所处的社会境遇不同，尽管所依据的实践主体不同，但无论是民国时期的纪实范式，还是改革开放之初的移植范式，抑或是21世纪初至今的复制范式，其背后都隐藏着一种共有的且愈发明显的技术理性思维。民国时期的纪实范式尚且注重对社会实践的反思，改革开放以后的移植范式至少需要开发主体的改造，而到了如今的复制范式阶段，技术理性的僭越显露无遗。在这个意义上，视听学习资源开发立美范式的提出，实质上便是对上述技术理性的一种批判与超越。

时至今日，不单单是在视听学习资源开发领域，这种技术理性思维

[①] 托马斯·库恩.科学革命的结构：第四版[M].金吾伦,胡新和,译.北京：北京大学出版社，2003：4.

已经有蔓延至整个教育技术实践系统的趋势。如何挣脱技术理性"牢笼",消解技术理性僭越所引发的危机,是我国教育技术领域今后很长一段时间都不得不认真反思与妥善应对的重要理论课题。

一、技术理性:教育技术实践的潜在意识

关于技术理性的学术史,至少可以追溯到古希腊的柏拉图与亚里士多德时期,不过,此处探讨的重点不在于此。这里,更需要关注的问题是:什么是技术理性?它在教育技术领域表现如何?在技术理性的影响下,我国教育技术实践又呈现出怎样的具体情形?

(一)技术理性及其教育表现

什么是技术理性?综观技术理性思想的发展脉络,我们发现,对于技术理性的认识实际上有两种截然不同的代表性观点。其一,肯定主义的技术理性观。肯定主义认为,技术理性是作为一种特殊的实践理性而存在的,是基于人与自然关系基础上的人类理性,是一种扎根于人类物质需求及人对自然界永恒依赖的实践理性和技术精神[1]。正如马克思·韦伯所言,技术理性是社会发展的动力系统。其二,批判主义的技术理性观。综观技术理性研究的学术史,批判主义一直是占据主流的观点。其中,最具代表性的是法兰克福学派的"社会批判理论",技术理性是其理论的重要批判对象。该学派认为,技术理性是理性观念演变的当代形态,它已经渗透到社会的总体结构和社会生活的各个方面,造成了单面性的社会和单面性的思想文化,成为这个社会对人进行统治、控制和奴役的基础[2]。在其代表人物马尔库塞看来,技术理性就是工具理性,它不仅使人们在对技术理性的把握上趋于简单、片面,而且带来实践上的混乱[3]。概言之,批判主义的技术理性观认为,技术是一种控制人、自然和社会的主要手段,在其统治下,人处于压抑、异化、痛苦之中。技术一方面造成物质生活的丰富,另一方面却造成压抑和奴役。技术越发展,就越

---

① 王桂山.技术理性的认识论研究[M].沈阳:东北大学出版社,2006:62-63.
② 王桂山.技术理性的认识论研究[M].沈阳:东北大学出版社,2006:21-22.
③ 马尔库塞.理性与革命[M].贾振勇,译.重庆:重庆出版社,1990:58.

扩大对人的奴役。真正危险的不是技术开始像人一样思考，而是人类开始像技术一样思考。技术本是少数人发明的工具，却反过来成为奴役多数人的桎梏。

以上梳理告诉我们，技术理性实际上是隐藏在现代技术背后的一种意识形态，它如同技术一样，对人类生活产生了一种"双刃剑"的效应。在当代，技术及其背后的意识形态以其强大的功能介入人类生活的方方面面。正像海德格尔所说的，它已成为现代人的历史命运。一方面，技术理性给人类带来了巨大的物质财富和空前的生活便利，产生了强大的合主体效应；另一方面，技术理性对价值理性的僭越也给人类的生存和发展带来了巨大的反主体或负主体效应。简言之，技术理性之所以成为现代性的关键特征，就在于其不可替代的功能与相伴随行的危险。

不可否认，技术理性是人类追求自由和解放的重要动力，是促进社会进步和发展的积极力量之一，也是教育现代化发展的重要基础之一。科学技术的飞速发展已经将教育带到了一个全新的时代，先进的视听展示技术、高速的网络传输技术、智能的数据处理技术，技术的发展使得远程教育、网络教育、智能教育变成现实。应当说，上述技术的发展与应用已成为推进教育现代化发展强有力的杠杆。然而，与此同时，批判主义技术理性观所言及的技术所带来的对人的奴役同样已经在教育中显现。放眼当下的整个教育技术实践，这种影响的具体表现至少有两个方面：其一，教育技术实践越来越注重实用与效率，这在一定程度上导致了教育的工具化和功能化。其二，教育技术实践越来越注重标准与数量，这在一定程度上导致了教育的单向度与趋同化[①]。在当下的教育技术实践中，表面上是技术服务于教育，而实际上技术理性思维的僭越已经导致人受技术控制，教育受技术控制。

综上所述，需要重申的一个认识是，技术理性有其积极作用所在，但同样存在消极影响。任何技术从来都不是自发起作用的，技术必须通过人来起作用。技术理性亦是如此。技术理性究竟是起到积极作用，还是产生消极影响，主要由技术理性与人的主体性之间"斗争"的结果所决定。倘若技术理性控制了人的主体性，那么，必然造成一系列反主体

---

① 刘景超.技术时代教学的价值审视[J].湖南师范大学教育科学学报,2012,11(6):7-9.

性效应，就会产生批判主义技术理性观所言及的诸多危机。相反，如果技术理性能够被人正确控制，以有利于人类自身的方式持久地服务于人类社会，那么，就会产生具有主体性效应的积极结果。一言以蔽之，我们应该站在哲学辩证的高度认识技术理性，既要看到技术理性作为社会发展动力系统的价值所在，也应清醒地认识到其过度泛滥后可能带来的后果。也唯有如此，我们才有可能控制技术理性朝着正确的方向向纵深发展。

（二）技术理性介入教育的三个层次

倘若我们不能辩证地认识到技术理性的价值与危机所在，那么，我们便极容易陷入被技术理性所奴役的泥潭。尤其是在教育领域，一些人常常惊叹于技术的效率，沉迷于技术的效果，因而对其潜在的消极影响认识不足；一些人过分强调技术应用的教育结果，忽略教师与学生的主体性，由此导致了技术理性的盛行。通过前文对视听学习资源开发范式的考察，笔者发现，视听学习资源开发范式的转换过程实际上恰恰展现了技术理性介入教育的发展过程。依据技术理性介入教育的强弱程度，这一过程大体上可以分为以下三个层次。

1.器物层面

器物层面的介入是最低的层次，也是技术进入教育首先要经历的层次。在电影技术刚刚进入教育之初，人们无不惊叹此种技术的先进，并对电影技术的教育功效抱有极大期望。1916年，法国巴黎华工学校开办之日，蔡元培在其撰写的《华工学校讲义》中说道：电影"有象无声，其感化力虽不及戏剧之巨，然名手所编，亦能以种种动作，写达意境；而自然之胜景、科学之成绩，尤能画其层累曲折之状态，补图书之所未及。亦社会教育之所利赖也"[①]。不仅电影技术如此，每一种技术之所以会进入教育领域，皆是因为人们对此种技术的认同与对其在教育领域中应用的期待。在技术介入教育的过程中，器物层面的技术转变是最先发生的。一定程度上看，投影幕布取代了黑板，电子书包取代了课本，计算机取代了人工计算，摄像头取代了人的监督，到了今天，我们发现智

---

① 汪滢.蔡元培:我国早期电化教育的推动者[J].现代教育技术,2011,21(2):6.

慧教学系统开始取代传统的教学过程……在发展的意义上看，技术理性介入教育往往都是从器物层面的转变开始的，并且这种转变发生之时，人们还没有意识到技术应用可能带来的负面影响，此时技术背后的技术理性尚处于"沉睡"阶段，因而器物层面的介入也并没有侵害到教育内部原有的价值体系，于是器物层面的介入实际上是比较容易的。

2.制度层面

制度层面的技术介入较之器物层面的技术介入又深了一层，因而它对教育的影响又大了一层。仍以本书的研究对象——视听学习资源开发为例。到了改革开放之后的电视教材时期，制度层面的介入开始显现：人们不仅开始大规模地将电视技术引入教育，与此同时，教育教学实际上已经受到电视技术更深的制度层面的影响。其表现至少有两点：其一，电视教材的编制流程完全照搬电视节目制作程序；其二，更关键的是，很长一段时间里，某些领域的教育教学不再是教师与学生的沟通交流，而完全是学生通过电视节目进行学习，换言之，教育教学的过程已经被电视技术所控制。在这个过程中，现场的个性化教师已不复存在，学生面对的都是电视教材中的同一个教师。如此情形下，很多有个性的学生实际上也在被塑造成一种类型的学生。制度层面的介入并不意味着教育真正接受某种技术性的制度的管理，而是说在更深一层，教育已经按照技术的模式在运转、在执行。此时教师的价值一定程度上被消解，学生的学习开始陷入单向度的模式。

3.思维层面

到了思维层面，技术对教育的影响又深了一层，技术已经开始牵涉教育的信仰系统、价值系统、行动习惯等最内层的元素。较之器物层面与制度层面，思维层面的介入实际上是比较缓慢的，但这种介入的影响却是最深刻的。到了这一层面，技术应用背后的技术理性思维便开始有了"控制"教育的倾向。如同复制范式主导下的视听学习资源开发，此时，开发资源等同于复制课堂，作为开发者的人实施的实际上完全是机械化的行为，不需要太多的思考、设计以及创作。将视线转向一般的教育系统，我们会发现，技术已经无处不在，更重要的是，技术理性的影响也已经逐渐显现。从早期倡导的斯金纳程序教学、泰勒的目标评价理念，到后来布鲁纳的结构主义教学观以及巴班斯基的最优化教学，在诸多的教育模式与教育理念中，我们都能窥见技术理性的影响。在今天的教育系统中，技术理性首先体现为精确化、计算化的特征。我们倾尽全力地利用技术去统计、计算学生的各种数据，试图从数据中洞察学生的一切，然而，学生的不同真的仅凭数据就可以计算出来吗？殊不知，很多东西，譬如情感、态度、思想等都是无法用数据表征的。技术理性在教育中的第二种体现是机械化、格式化的操作。回望教育技术的发展过程，其实践形态已经由最初的作为弥补的辅助教育走到后来的作为支撑的数字教育，继而走向今天占据主导地位的智慧教育。在这一过程中，如果人完全依赖技术实施教育，那么就会导致技术不再是人的延伸，相反，人成了技术的延伸，沦为技术的附庸，人的全部任务就在于按照技术的机械的、程序化的模式实施教育。为此，我们要警醒的是，"只懂得应用科学本身是不够的。关心人的本身，应当始终成为一切技术上奋斗的主要目标"①。

毋庸置疑，关心人的本身，不仅是教育的信仰，也是教育技术实践应有的信仰。那么，什么是人的本身？德国哲学家恩斯特·卡西尔概括得极为简明扼要："人之为人的特性就在于他的本性的丰富性、微妙性、多样性和多面性。"②如此，教育技术实践如何努力突破"技术理性"的遮蔽，不忽视对人之特性的关注，才是我们理应不断反思的核心问题所在。

二、艺术理性：教育技术实践的理想图景

于是，问题随之而来：究竟如何做才不会忽视对人之特性的关注呢？德国著名哲学家马克思·韦伯的理论能给我们一些启示。韦伯曾将理性区分为工具理性与价值理性。他所说的工具理性几乎等同于前文所说的技术理性。他认为，工具理性表现为追求效率，价值理性则代表人对价值的肯定。合理的现代化社会不仅要实现工具理性，也必须实现价值理性。如果说，工具理性是社会发展的动力系统，那么，价值理性才是社

---

① 王大珩，于光远.论科学精神[M].北京：中央编译出版社，2001：192.

② 恩斯特·卡西尔.人论[M].甘阳，译.上海：上海译文出版社，2004：16-17.

会发展的控制系统，才是决定性的。受此启发，笔者认为，在教育领域，技术实践的理性分为技术理性与艺术理性更为恰当。关于技术理性及其影响，前文已经阐明。那么，艺术理性为何物？它对教育而言意味着什么？

（一）艺术理性及其教育意涵

首先需要说明的是，艺术理性这一术语并不是笔者率先提出的，国内外学者早有使用。早在20世纪初，西班牙著名美学家乔治·桑塔亚纳出版的五卷本的"理性的生活"丛书中就包括名为《艺术中的理性》的著作，该书系统地论述了艺术与理性的关系。如其所言，艺术不仅仅是本能和经验，其中也包含理性，"艺术是一种创造本能，它对自己的目的有充分的认识"[①]。他还指出，"尽管艺术源于本能，但正是在理性的引导下，具有创造性的、自然而然形成的习惯逐渐孕育了本能，并将本能培养成为艺术"，因而，他明确指出，"理性是艺术的原则"[②]。我国著名文艺学者赵宪章也曾著有《艺术理性漫议》一书。他在书中指出，"艺术理性是艺术实践的经验总结和理性观照，她来自艺术实践又反作用于艺术实践"，"关于艺术的理性观照是整个人类艺术活动的有机组成部分，艺术理性是与艺术创作同步发生和发展的"，艺术理性是整个人类理解和把握艺术规律的逻辑范式[③]。

从以上论述中笔者发现，上述学者对于艺术理性的认识与哲学上对于美的认识殊途同归。哲学上一般认为，美是合规律性与合目的性的统一，而艺术理性实际上指的便是这种艺术所蕴含的规律性与目的性。正是因为艺术理性的存在，正是因为合规律性与合目的性的统一，艺术方能称为艺术，艺术之美方能敞现。综观现有研究，对于艺术理性的探讨更多是聚焦于艺术领域，目前尚未生发至一般领域。此处，笔者意在将艺术理性引至教育领域，试图寻觅技术理性主导下的教育技术实践的理想追求。

① 乔治·桑塔亚纳.艺术中的理性[M].张旭春,译.北京:北京大学出版社,2014:2-3.

② 乔治·桑塔亚纳.艺术中的理性[M].张旭春,译.北京:北京大学出版社,2014:201.

③ 赵宪章.艺术理性漫议[M].沈阳:辽海出版社,2001:2.

那么，对于教育技术实践而言，对艺术理性的追求意味着什么？答案理应是技术在教育中的艺术化应用。需要阐明的是，这种艺术化的应用与纯粹的艺术创作既有相同点又有所区别。相同之处在于，二者都十分强调主体性与创造性。所谓主体性，意指艺术实践注重关怀主体的需求与感受。艺术创作自不用说，它是艺术创作主体内心灵感的输出。而对于技术在教育中的艺术化应用而言，主体性不仅体现为实施主体（教育者）自身的感知，也体现为接受主体（受教育者）的感知。至于创造性，它是任何艺术的灵魂所在，它不是模仿，不是移植，不是复制，它贵在超越，贵在独有，贵在意会。艺术创作必然如此，技术在教育中的艺术化应用亦应如此。在教育技术实践中，由于教育活动面临的教学事件千差万别、千变万化，所以技术的应用也必须随教育对象、教育目标、教育时机的变化而变化。这种以变应变的应用方式便是创造性的体现，也是创造性的精髓所在。而二者的不同之处在于，二者的美之所在不尽相同。如前所述，美是合规律性与合目的性的统一。因而换句话说，二者的不同在于它们所循守的规律性与目的性不同。于艺术创作而言，其所依存的规律性与目的性可能是形形色色、千变万化的，不同领域有不同的规律性与目的性；而技术在教育中的艺术化应用所遵循的必然是教育应有的规律性与教育应然的目的性。在这个意义上说，技术在教育中的艺术化应用实际上又属于艺术创作的子范畴。教育技术实践绝不是简单地将技术直接搬至教育现场，而是要依据教育现场的各种变化与需求恰当地进行艺术化应用，甚至在某些情况下，不用技术也是技术在教育中的艺术化应用的一种表现。一言以蔽之，对于教育技术实践而言，其对艺术理性的追求实际上意味着教育技术实践应遵循教育的规律性，合乎教育的目的性。

（二）艺术理性主导下的教育技术实践

我们常说，教育既是一门科学，又是一门艺术。显然，只要我们将技术的教育应用视为教育整体的一个部分，逻辑地看，技术的教育应用自然也既是一门科学，又是一门艺术。换言之，艺术理性的追求本就是技术的教育应用之题中应有之义。那么，怎样的教育技术实践才是具有艺术理性追求的呢？

有艺术理性追求的教育技术实践首先应是有信仰的。雅斯贝尔斯曾提醒教育工作者："教育需有信仰，没有信仰就不成为教育，只是教学技术而已。"事实上，这句名言用来警醒教育技术实践更为贴切。教育技术实践需要有教育信仰。教育技术实践不同于其他领域的技术实践，它同教育一样，是以现实人的培养为使命，不能实行严格的程式化、制度化、计算化和数量化。当教育技术实践开始以程式化、制度化、计算化和数量化的方式作为要求时，它便在不知不觉间被技术所奴役。黑格尔说，艺术即理想。技术理性奴役下的教育技术实践不是理想的技术运用，当教育技术实践从技术层面发展至技艺层面乃至艺术层面，理想的教育技术实践才会显现。

有艺术理性追求的教育技术实践也应是有情感的。尽管很多学术大家认为技术本质上是自带意识形态或者说是负荷价值的，但笔者认为，即便如此，技术本身是缺乏情感的，至少技术理性主导下的教育技术实践是如此。与之相反，艺术一定是有情感的。譬如，列夫·托尔斯泰便认为，艺术通过使用诸如色彩、声音和行动等手段，向观众传达了一种艺术家曾经经历的感受或情绪。尽管广大的教育工作者称不上艺术家，但这并不影响他们通过技术实践来传递情感。当下，教育技术实践应在传递情感方面有所行动。如果我们的观众——受教育者——能够通过我们的技术实践体会到教育者的情感流动，并且被这种流动的情感所感染、所感动，那么，这样的教育技术实践一定是有艺术理性的实践。做一个简单的假设，倘若学生看完某一个教学视频后，首先感知到的不是在学习知识，而是他的情感被打动，他的意识被激发，那么，这样的教学视频一定比纯粹输出知识的教学视频更有价值，更具教育功效。

有艺术理性追求的教育技术实践还应是有生活气息的。如杜威所言，艺术即经验，艺术即生活。杜威认为，艺术不应该被看作迥异于人类生活的一个方面，美的艺术应当与日常生活紧密联系，如果艺术与生活兴趣相距遥远的话，就变得苍白无力了[①]。艺术如此，教育更是如此。著名学者王国维曾言："教育之目的，就广义解之，不可不以人类生活之目的

① 约翰·杜威.艺术即经验[M].高建平,译.北京:商务印书馆,2009:7-8.

为其目的。"①今天，教育应当回归生活世界已成为教育界的一般常识与共同呼吁。因而，有艺术理性追求的教育技术实践应当建立"与生活的正常过程间的连续性"②，这不仅是应当的，也是可行的。事实上，尽管我们都知道教育要回归生活世界，但在传统的教育实践中很多时候并不太容易实现，而恰在此时，技术的作用便能体现出来。将抽象的知识与具体的生活连接起来，这是传统教育先天的不足，却是技术理应发挥关键作用的地方所在。有艺术理性追求的教育技术实践绝不能是应试教育、灌输教育的"同伙"，相反，它应该促进我们的教育更好地回归生活世界，应该从生活中寻找素材去更好地解释抽象知识，将抽象的知识用富有生活气息的形式表达出来。

事实上，无论是信仰、情感，抑或是生活气息，都是人之所在。而这些，恰恰是技术理性主导下的教育技术实践所缺失的。教育技术实践要重新让"人之特性"彰显得更鲜活、更生动、更有意义，要让人成为技术的主导，要让技术为人之特性的彰显服务。说到底，有艺术理性的教育技术实践就是"目中有人"的技术实践。在前文中，我们强调"公平而有质量的教育"应从社会本位回归学生本位，同样地，教育技术实践也要从技术本位回归至教育本位，回归至人之本位。而要实现这种回归，就意味着教育技术实践要使技术的教育应用真正站到人的立场上来，以人之生成、完善为基本出发点，将人的发展作为衡量的根本尺度，用人自我生成的逻辑去理解和运作教育③。而这一点，才是教育技术实践之艺术理性的真正所在。

三、技艺之间：教育技术实践的美育之维

问题又一次随之而来，究竟怎样才能实现教育技术实践的艺术理性呢？受美国美学家门罗·比尔兹利思想的启发，笔者认为，有艺术理性追求的教育技术实践应是一种教育美感的制作与应用。

---

① 王国维.教育学[M].福州:福建教育出版社,2008:3.

② 约翰·杜威.艺术即经验[M].高建平,译.北京:商务印书馆,2009:12.

③ 鲁洁.教育的原点:育人[J].华东师范大学学报(教育科学版),2008,26(4):15-22.

（一）美感制作：教育技术实践的美育之维

教育技术实践应追求一种有教育意味的美感。门罗·比尔兹利曾指出，艺术即美感制作，艺术品是带着赋予它满足美感旨趣的能力的意图而制作出来的物件。与艺术相同，教育同样有美感的追求。教育美感是人对美的教育的反映中所得到的精神上的愉悦和享受①。因而，逻辑地看，作为教育整体的一部分，教育技术实践亦应有美感的追求。换言之，我们需要反思的是，技术在教育中的应用是否让师生得到了精神上的愉悦和享受呢？如果说追求美感制作是艺术品的关键所在，那么追求有教育意味的美感应用则是教育技术实践的重要目标。正是在这个意义上说，美育本就是教育技术实践的题中应有之义。那么，有教育意味的美感应用怎样才能实现呢？教育技术实践怎样追求有教育意味的美感应用？站在教育领域反思，其关键在于"适用"，它大体上包括以下几个方面的含义。

首先是适度应用，不能滥用。这是一个人人皆知的常识，却不是一个人人皆遵守的准则。一如美国教育学者拉里·库班所言，"卖得太多，用得太次"。就目前而言，不仅是我国，放眼世界范围内的教育领域，都普遍存在这个倾向，技术引进得太多，应用得太多，但是人们的应用方式太差了。之所以如此，是因为人们经常混淆了人与技术的关系。著名教育技术专家赵勇教授曾经出版过一本专著，名为《不要让人去做机器的工作》，其中便讨论了这一问题。混淆教育中人与机器的工作内容所在，是我们教育技术实践常常容易犯的一个错误。尽管今天的技术已经先进得超乎人们的想象，但依旧不可否认的是，无论在哪一个领域，都有技术可以替代人的机械性工作，也都有技术无法替代人的创造性工作。教育亦不例外。然而，现实的问题是，我们不但努力地让技术能替代人去完成一些机械性工作（譬如人工阅卷、统计评分等），而且还经常期望机器能完成那些必须由人才能完成的创造性工作。笔者曾经遇到一位老师向我咨询目前是否有让"德育工作"变得轻松简单的智慧技术工具，这让我感觉异常诧异。德育本就是情感方面的教育工作，技术如何能替

---

① 何齐宗.教育美学[M].重庆:重庆出版社,1995:180.

代?！一如作家马克·肯尼迪所言："人类最伟大的技术发明——飞机、汽车、计算机——倒不能证明人的智慧有多高，而恰恰说明了人有多懒。"随着技术魅力的不断显现，教育中的人们对技术的依赖性也愈发强烈，乃至于他们期待技术能够替代他们完成教育的一切。事实上，这永远不可能。我们必须区分哪些是技术能够胜任的机械性工作，哪些是必须由人完成的创造性工作，这是教育领域的人们永远需要细心探寻的。

其次是适切应用，不能误用。这里要说的是技术与教育对象之间的适应性问题。教育实践要尊重教育对象的身心发展特点，这是一个基本的教育常识，但教育技术实践却常常忽视这一点。面对不同的教育对象，有不同的教育内容、不同的教育方式等，但我们使用的技术、使用技术的方式却经常是统一的、不变的。当然，这有时候并不是教师的责任，可能更多的是教育技术开发者的责任。不过，无论是谁的责任，这种现象所凸显出来的问题是，现有的教育技术并没有完全按照教育对象的特点去设计、去开发。这是值得我们审视的重要问题。要想教育技术实践能够得到适切应用，至少需要做好两方面的工作。一方面，技术本身的设计要适合教育对象身心的发展特点。举个简单的例子，比如针对中小学生的计算机或平板电脑的显示屏幕的设计，要区别于成人使用的电子屏幕，考虑眼部尚未发育完全的中小学生的生理特点。另一方面，技术的应用方式要符合教育对象的身心发展特点。说到底，教育技术实践本就是教育实践中的一类。如此，怎样应用技术实际上也是教育方式中的一类。因而，技术应用方式自然要循守教育实践的应有规律。在这个意义上说，如何应用技术，关键不在于学习技术，而在于懂得教育。只有先摸清教育的规律，才有可能应用好技术。

最后是适时应用，不能急用。这里说的是教育时机的问题。很多时候，一项技术未能在教育领域普及既不是因为技术本身的问题，也不是因为缺乏正确的策略，而是因为引入的时机不对。例如，应用的需求没有得到普遍认可，应用的效果还没有让人们觉得它比现存方式更好，或者应用缺乏相关支持的基础机制，等等，这些都是时机不成熟的表现。比如，自可视电话的概念在19世纪末被提出之后，整个20世纪就出现了各种形式的可视电话，但无一成功推广。直至进入21世纪，视频电话才被人们接受并成为一种常用的通信工具。回到教育技术实践，视听教学从诞生到彻底成为远程教育的核心形式，同样历经了近百年，但它不是纯粹地等了这么多年，而是在研究和开发上付出了很多努力，也经历了很多失败，最终才逐渐走向成熟的。从这个角度说，如何提升教育技术实践的成功率与效果，关键在于找准技术进入教育的时机。不是技术越创新越先进，就越容易成功越有效果，而是当某一项技术契合了教育的时机时，才会有好的应用结果。

前文中提到，有艺术理性追求的教育技术实践是有信仰、有情感、有生活气息的技术实践，说的是教育的目的性。简言之，有艺术理性追求的教育技术实践应是合乎教育目的性的。而这里所说的适度、适切、适时应用，实际上说的都是技术应用要契合教育的规律性。也就是说，有艺术理性追求的教育技术实践不仅要合乎教育的目的性，还应合乎教育的规律性。众所周知，美是合规律性与合目的性的统一，依此，有艺术理性追求的教育技术实践是能够彰显教育之美的技术实践。也是在这个意义上说，教育技术实践需注重美育之维度。

（二）技艺兼具：教育技术实践的融合之道

最后，需要进一步说明的是，我们提出并强调教育技术实践之艺术理性追求的重要性，并不意味着这种实践就完全可以无视技术理性的存在。只要有技术存在的地方，技术理性都是不可能消逝的。重要的是，教育中的人要控制技术理性，而不是让技术理性控制教育中的人。只有控制了技术理性，才有可能追求艺术理性。实际上，技术理性与艺术理性是教育技术实践中必须恰当处理好的两个维度。

倘若从这两个维度出发，实际上可以将教育技术实践区分为四种类型。第一种是有技术理性无艺术理性的实践。这种类型便是前文所说的技术理性主导下的教育技术实践。人被技术所奴役，教育技术实践也因而异化成"目中无人"的技术实践。第二种是有艺术理性无技术理性的实践。实际上，这种类型是不可能实现的。技术在教育中的艺术化应用是建立在技术的基础上的，没有了技术，这种艺术化应用也无从谈起。一如李芒教授所言，随着技术时代的全面来临，讨论在教育中用不用信息技术已经毫无意义，这是一个典型的假问题。而真问题是"怎样使用"，这是一个真正的教育技术问题。对技术理想反思的意义绝不是为了拒斥现代工具的有效合理的使用①。依此，第三种类型实际上也是不存在的。无技术理性无艺术理性的教育技术实践本身就称不上教育技术实践了，它可能只是传统的灌输教育、应试教育而已。最后，第四种类型才是我们追求的理想所在。教育技术实践应当是融合技术理性与艺术理性的行动。此时，这种融合建立在人的主动性的基础之上。技术本就是人的行为，暗含在技术之后的理性实际上也是一种人的理性。不过这种人的理性在进入教育领域之后，自然地成为一种客体。教育中的人才是教育中的主体，而艺术理性正是教育中的人的主体性的体现。至少在教育领域，教育主体应充分发挥主观能动性，将客体之技术理性与主体之艺术理性充分融合。唯有如此，方能敞开一个有美感的教育技术实践的理想世界，最终达到一个技艺共融的"澄明之境"。在这个"澄明之境"中，教育主体与教育技术和谐相处，教育主体的主观能动性能够得到最大限度的张扬，而教育技术也能够发挥出最佳的教育效用。最终，于技艺之间，追寻一种有教育美感的技术实践。

---

① 李芒.对教育技术"工具理性"的批判[J].教育研究,2008(5):56-61.

主要参考文献

[1]巴巴拉·西尔斯，丽塔·里齐.教学技术：领域的定义和范畴[M].乌美娜，刘雍潜，译.北京：中央广播电视大学出版社，1999.

[2]巴拉兹·贝拉.电影美学[M].何力，译.北京：中国电影出版社，2003.

[3]本尼迪克特·安德森.想象的共同体：民族主义的起源与散布[M].吴叡人，译.上海：上海人民出版社，2005.

[4]蔡元培.蔡元培美学文选[M].台北：淑馨出版社，1989.

[5]蔡元培.蔡元培全集：第一卷[M].杭州：浙江教育出版社，1997.

[6]曾繁仁，高旭东.审美教育新论[M].北京：北京大学出版社，1997.

[7]陈建翔.有一种美，叫教育：教育美学思想录[M].成都：四川教育出版社，2006.

[8]陈友松.有声的教育电影[M].上海：商务印书馆，1937.

[9]杜卫.美育论[M].2版.北京：教育科学出版社，2014.

[10]费尔迪南·德·索绪尔.普通语言学教程[M].高名凯，译.北京：商务印书馆，1980.

[11]冯友兰.中国哲学简史[M].涂又光，译.北京：北京大学出版社，1985.

[12]高丽.教育公平与教育资源配置[M].北京：中国社会科学出版社，2009.

[13]谷剑尘.教育电影[M].上海：中华书局，1937.

[14]何齐宗.教育美学[M].重庆：重庆出版社，1995.

[15]黑格尔.美学：第一卷[M].朱光潜，译.北京：商务印书馆，1996.

[16]黑格尔.哲学史讲演录[M].贺麟，王太庆，译.北京：商务印书馆，1978.

[17]胡亚敏.叙事学[M].武汉：华中师范大学出版社，2004.

[18]怀特海.观念的冒险[M].周邦宪，译.贵阳：贵州人民出版社，2000.

[19]克罗齐.美学原理[M].朱光潜，译.北京：商务印书馆，2012.

[20]克罗齐.作为表现的科学和一般语言学的美学的历史[M].王天清，译.北京：中国社会科学出版社，1984.

[21]夸美纽斯.图画中见到的世界[M].杨晓芬，译.上海：上海书店出版社，2001.

[22]李国俊.现代性批判的技术理性之维[M].北京：光明日报出版社，2010.

[23]李泽厚.美学论集[M].上海：上海文艺出版社，1980.

[24]李泽厚.美学四讲[M].北京：生活·读书·新知三联书店，1989.

[25]李泽厚.走我自己的路[M].北京：中国盲文出版社，2002.

[26]理查德·C.伯克.教学电视[M].周南照，译.北京：文化教育出版社，1980.

[27]梁启超.中国近三百年学术史[M].芜湖：安徽师范大学出版社，2016.

[28]罗惠明.电视技术基础[M].广州：华南理工大学出版社，1988.

[29]马尔库塞.理性与革命[M].贾振勇，译.重庆：重庆出版社，1990.

[30]南国农.电化教育学 [M].2版.北京：高等教育出版社，1985.

[31]南国农.中国电化教育（教育技术）史[M].北京：人民教育出版社，2013.

[32]尼葛洛庞帝.数字化生存[M].胡泳，范海燕，译.海口：海南出版社，1997.

[33]裴娣娜.教育研究方法导论[M].合肥：安徽教育出版社，2000.

[34]彭锋.美学的意蕴[M].北京：中国人民大学出版社，2000.

主要参考文献

[35]彭骄雪.民国时期教育电影发展简史[M].北京：中国传媒大学出版社，2009.

[36]乔治·桑塔亚纳.艺术中的理性[M].张旭春，译.北京：北京大学出版社，2014.

[37]史兴庆.民国教育电影研究：以孙明经为个案[M].北京：中国传媒大学出版社，2014.

[38]舒新城.电化教育讲话[M].上海：中华书局，1948.

[39]舒新城.我和教育：三十五年教育生活史（1893—1928）[M].广州：广东人民出版社，2016.

[40]孙健三.中国电影：你不知道的那些事儿[M].北京：世界图书出版公司北京公司，2010.

[41]孙建秋，孙建和.孙明经手记：抗战初期西南诸省民生写实[M].北京：世界图书出版公司北京公司，2011.

[42]檀传宝.德育美学观[M].北京：教育科学出版社，2006.

[43]托马斯·弗里德曼.世界是平的[M].何帆，肖莹莹，郝正非，译.长沙：湖南科学技术出版社，2006.

[44]瓦尔特·本雅明.机械复制时代的艺术作品[M].王才勇，译.北京：中国城市出版社，2002.

[45]王大珩，于光远.论科学精神[M].北京：中央编译出版社，2001.

[46]王桂山.技术理性的认识论研究[M].沈阳：东北大学出版社，2006.

[47]王国维.王国维学术文化随笔[M].北京：中国青年出版社，1996.

[48]席勒.秀美与尊严：席勒艺术和美学文集[M].张玉能，译.北京：文化艺术出版社，1996.

[49]徐恒醇.技术美学[M].上海：上海人民出版社，1989.

[50]雅斯贝尔斯.什么是教育[M].邹进，译.北京：生活·读书·新知三联书店，1991.

[51]伊恩·艾德肯.纪录电影运动文选[M].爱丁堡：英国爱丁堡大学出版社，1998.

[52]约翰·杜威.我的教育信条：杜威教育论[M].彭正梅，译.上海：

上海人民出版社，2013.

[53]约翰·杜威.我们怎样思维·经验与教育[M].姜文闵，译.北京：人民教育出版社，2005.

[54]约翰·杜威.学校与社会·明日之学校[M].赵祥麟，任钟印，吴志宏，译.北京：人民教育出版社，1994.

[55]约翰·杜威.艺术即经验[M].高建平，译.北京：商务印书馆，2005.

[56]翟华，张代芹，等.观念世界探幽[M].济南：山东文艺出版社，1989.

[57]赵汀阳.没有世界观的世界[M].北京：中国人民大学出版社，2005.

[58]赵宪章.艺术理性漫议[M].沈阳：辽海出版社，2001.

[59]中国大百科全书编辑部.中国大百科全书：教育卷[M].北京：中国大百科全书出版社，1985.

[60]朱敬.影音教育中国之路探源：关于中国早期电化教育史的理解与解释[M].天津：天津大学出版社，2010.

[61]宗秉新，蒋社村.教育电影实施指导[M].上海：中华书局，1936.